ここから日本語をスタート

新起点日语

第二册

一课一练

主编 ❀ 朱桂荣

编者 / 赵香玉

外语教学与研究出版社
北京

图书在版编目（CIP）数据

新起点日语第二册一课一练 / 朱桂荣主编；赵香玉编． —— 北京：外语教学与研究出版社，2023.10
ISBN 978-7-5213-4851-4

Ⅰ．①新… Ⅱ．①朱… ②赵… Ⅲ．①日语－习题集 Ⅳ．①H369.6

中国国家版本馆 CIP 数据核字 (2023) 第 193242 号

出 版 人　王　芳
责任编辑　何玲玲
责任校对　王晓晴
封面设计　彩奇风
出版发行　外语教学与研究出版社
社　　址　北京市西三环北路 19 号（100089）
网　　址　https://www.fltrp.com
印　　刷　廊坊十环印刷有限公司
开　　本　889×1194　1/16
印　　张　15.5
版　　次　2023 年 10 月第 1 版　2023 年 10 月第 1 次印刷
书　　号　ISBN 978-7-5213-4851-4
定　　价　45.00 元

如有图书采购需求，图书内容或印刷装订等问题，侵权、盗版书籍等线索，请拨打以下电话或关注官方服务号：
客服电话：400 898 7008
官方服务号：微信搜索并关注公众号"外研社官方服务号"
外研社购书网址：https://fltrp.tmall.com

物料号：348510001

▌使用说明

作为《新起点日语》系列教材的配套练习册，《新起点日语同步练习册》系列已经出版，但是广大日语师生希望进一步扩充教材配套习题的呼声不断。基于此，我们又编写了《新起点日语一课一练》系列教辅材料。希望通过本系列练习册，帮助中等日语学习者在日常的语言学习中提高学习兴趣、提升学习效果，打下良好、坚实的基础。

本系列练习册依据《普通高中日语课程标准（2017年版2020年修订）》《义务教育日语课程标准（2022年版）》编写而成。我们深知高中零起点日语学习者学习时间紧、任务重，需要在有限的学习时间内高效地完成日语学习任务、发展多方面的能力、提升素养水平。因此，我们要遵循语言学习规律，为他们提供科学而有效的配套练习。

毋庸置疑，学习者语言能力的获得离不开对语言知识的反复运用。而语言知识也需要学习者在理解的基础上不断运用才能逐渐内化于心。本系列练习册是将课堂学习与课后自主学习紧密连接起来的桥梁。学生可以在每个课时的学习任务结束后，及时通过《新起点日语一课一练》巩固所学知识，而后再使用《新起点日语同步练习册》检测学习成果。

《新起点日语第二册一课一练》以《新起点日语第二册》为纲，包括24套练习题和3套单元测试题。编者在题型的编写方面做了积极尝试，且在每课练习题之前梳理了本课的重点词语和语法项目。每课均设两组练习题，其中ステップ1、ステップ2为一组，ステップ3、ステップ4为另一组。在各组练习题中，分别设计了听力、词汇、语法、语言表达等多种不同题型。旨在通过听、说、读、写等方面的强化训练，帮助学生巩固所学知识，提升日语综合运用能力。

本练习册在内容方面具有以下特点：

1. 从听力练习开始，由词到句再到段落、篇章，循序渐进，难度逐步提升。

2. 重视单词和词组的识记，加强外来语、副词、连词等专项训练。

3. 重视语法的活学活用，通过选择、语句排序、改错等多种题型，在情境中强化语言知识的应用。

4. 重视交际能力的培养，在练习中创设真实的交际情境。

5. 加强课文的背诵与默写，巩固基础知识。

本练习册的内容紧贴教材，注重开展基础性的语言实践活动；在呈现方式上，注重在具体情境中考查语言知识的运用；在语篇选取上，注重导入文化知识；在难度编排上，注重循序渐进，由浅入深、由易到难。

本书的音频均由日本专业播音员录制，可登录 http://mlp.fltrp.com 免费下载。

　　《新起点日语第二册一课一练》的日语校对得到了天津外国语大学附属外国语学校日籍教师须贝翔吾老师的大力协助，在此致以诚挚的谢意。囿于我们的学识和经验，本练习册尚存在不足之处，恳请各位日语界的专家、广大一线教师和日语学习者提出批评和建议。我们将不断改进，为广大日语师生提供更好的支持和服务。

《新起点日语一课一练》编写组

2023 年 5 月

目录

第1課　学校生活

语言知识要点

1. 重点词语

名词		高校、意義、ため、美術、数学、家庭科、地理、習慣、親友、時代、留学生活、久しぶり、最初、字、周り、現在、線、理由、最近、旅館、姿、小説、お酒、背、会議、以下、スピーチ、専門、メニュー、おかず、研究、政治、経済、バドミントン、スケジュール、大学、レストラン、身分、必要、迷惑、テーマ
动词	V₁	通う、付き合う、結ぶ、配る、治る
	V₂	立てる、見つける、分ける、まとめる、揃える
	V₃	計画する、準備する、活動する、参加する、留学する、失敗する、理解する、連絡する、競争する、苦労する、説明する、予習する、散歩する、成長する
形容词	A₁	激しい
	A₂	熱心
副词		やっぱり、かなり、特に、直接、なかなか、ぜひ、必ず
叹词		ごめん
量词		個

2. 语法项目

序号	语法项目	含义	例句
1	～の（疑問）	表示疑问。	どんなことが一番大変だった<u>の</u>？
2	動詞の可能形	①动作主体具备某种能力。②存在某种可能性。	最初は黒板の字が<u>読め</u>なくて、よく<u>理解</u>できなかった。
3	N ずつ	①等量反复。②等量分配。	少し<u>ずつ</u>授業で質問できるようになったよ。
4	V ようになる	①能力的获得。②动作行为的习惯化。③现象的出现。	少しずつ授業で質問できる<u>ようになったよ</u>。
5	S よね	表示确认。	日本の高校生は周りを気にすることが多い<u>よね</u>。

（续表）

序号	语法项目	含义	例句
6	V ようにする	表示努力使某种行为、状况变成现实。	英語の発音をよくしたいので、今は勇気を出して、話す<u>ようにしている</u>。
7	V/A ても	表示逆态接续，后项所叙述的事物或现象不受前项制约。	中国料理は毎日食べ<u>ても</u>おいしい。
8	N について	表示思考、谈论的对象或内容。	学校生活<u>について</u>取材を受けた。
9	N/A₂ となる	表示变化或转变的结果。	今日も忙しかったが、充実した一日<u>となった</u>。

ステップ1とステップ2

🎧 **一、听录音，选择与录音内容相符的选项。每段录音只播放1遍。**

（　　）1. A 鈴木さんはよく眠れました。

B 鈴木さんはよく眠れませんでした。

（　　）2. A 真希さんはかばんをもらった。

B 真希さんは傘をもらった。

（　　）3. A 紙を3枚ずつ配る。

B 紙を4枚ずつ配る。

（　　）4. A 田中さんはピアノが弾けます。

B 田中さんは三味線は弾けません。

（　　）5. A 日本語で日記が書ける。

B 日本語の新聞が読める。

（　　）6. A 天気がいい日は30分ぐらい走る。

B 雨の日も30分ぐらい走る。

🎧 **二、听录音，根据录音内容补全句子。每段录音播放2遍。**

1. 机の上に本を＿＿＿＿＿＿ます。

2. 先週、おいしいレストランを＿＿＿＿＿＿ました。

3. あの人はいつも仕事に＿＿＿＿＿＿です。

4. 私は毎日、バスで学校に＿＿＿＿＿＿います。

5. 仕事が忙しかったので、＿＿＿＿＿＿故郷へ帰りました。

6. 試験の前に病気になったので、試験に＿＿＿＿＿＿しまいました。

7. 日本に来て一番大変なことは、＿＿＿＿＿＿お母さんの手料理が食べられないことです。

8. 中国は広いので、北と南では食べ物が＿＿＿＿＿＿違います。

9. 外国人と＿＿＿＿＿＿ようになってから、文化の多様性（たようせい）に気付きました。

10. この町は10年前と比べると変化が＿＿＿＿＿＿です。

三、先通读文章并推测空白处内容，再听录音，补全短文。录音播放2遍。

　　『ドラえもん』は私が好きな漫画の一つです。日本の子供たちはドラえもんが大好きです。ドラえもんは漫画の主人公（しゅじんこう）で、猫の形のロボットです。不思議（ふしぎ）なポケット（神奇的口袋）を持っていて、いろいろな物が①＿＿＿＿＿＿ます。例えば「タケコプター」（竹蜻蜓）や「タイムテレビ」（时光电视）や「どこでもドア」（任意门）などです。「タケコプター」を頭につけると、自由に②＿＿＿＿＿＿＿ます。「タイムテレビ」では昔の自分や将来の自分が③＿＿＿＿＿＿ます。

　　私が一番欲しい物は「どこでもドア」です。このドアを開けると、行きたい所はどこへでも④＿＿＿＿＿ます。みなさん、ドラえもんに⑤＿＿＿＿＿たら、どんな物を出してもらいたいですか。

四、用平假名写出下列日语单词的读音。

1. 計画＿＿＿＿＿＿　　2. 熱心＿＿＿＿＿＿　　3. 準備＿＿＿＿＿＿　　4. 理由＿＿＿＿＿＿

5. 連絡＿＿＿＿＿＿　　6. 習慣＿＿＿＿＿＿　　7. 直接＿＿＿＿＿＿　　8. 競争＿＿＿＿＿＿

9. 理解＿＿＿＿＿＿　　10. 小説＿＿＿＿＿＿　　11. 失敗＿＿＿＿＿＿　　12. 姿＿＿＿＿＿＿

13. 会議＿＿＿＿＿＿　　14. 最初＿＿＿＿＿＿　　15. 現在＿＿＿＿＿＿

五、将下列中文翻译成日语。

1. 制订计划＿＿＿＿＿＿＿＿＿＿＿＿＿＿　　　2. 拥有梦想＿＿＿＿＿＿＿＿＿＿＿＿＿＿

3. 将读书作为习惯＿＿＿＿＿＿＿＿＿＿＿＿　　4. 和家人联系＿＿＿＿＿＿＿＿＿＿＿＿＿

5. 竞争激烈＿＿＿＿＿＿＿＿＿＿＿＿＿＿＿　　6. 使用手机＿＿＿＿＿＿＿＿＿＿＿＿＿＿

7. 发书＿＿＿＿＿＿＿＿＿＿＿＿＿＿＿＿＿　　8. 看小说＿＿＿＿＿＿＿＿＿＿＿＿＿＿＿

9. 分成两组＿＿＿＿＿＿＿＿＿＿＿＿＿＿＿　　10. 能够轻松地交往＿＿＿＿＿＿＿＿＿＿＿

11. 体验留学生活＿＿＿＿＿＿＿＿＿＿＿＿＿　　12. 愉快地生活＿＿＿＿＿＿＿＿＿＿＿＿＿

13. 直接说出所想的事＿＿＿＿＿＿＿＿＿＿　　14. 在意周围的人＿＿＿＿＿＿＿＿＿＿＿＿

15. 看不懂板书＿＿＿＿＿＿＿＿＿＿＿＿＿

六、仿照示例，填写动词的正确形式，完成表格。

动词的基本形	动词的可能形
（例）行く	行ける
付き合う	
立てる	
理解する	
準備する	
来る	

（续表）

动词的基本形	动词的可能形
結ぶ	
まとめる	
読む	
参加する	
起きる	

七、根据下列情境，使用动词的可能形写出能做或不能做的事情。

1. 【情境】ここは図書館です。

　　①ここで＿＿＿＿＿＿＿＿＿＿＿＿＿ます。

　　②ここで＿＿＿＿＿＿＿＿＿＿＿＿＿ます。

　　③ここで＿＿＿＿＿＿＿＿＿＿＿＿＿ません。

　　④ここで＿＿＿＿＿＿＿＿＿＿＿＿＿ません

2. 【情境】今日は体調がよくありません。熱が38度もあります。

　　①今日は＿＿＿＿＿＿＿＿＿＿＿＿＿ません。

　　②今日は＿＿＿＿＿＿＿＿＿＿＿＿＿ません。

　　③今日は＿＿＿＿＿＿＿＿＿＿＿＿＿ません。

　　④今日は＿＿＿＿＿＿＿＿＿＿＿＿＿ません。

　　⑤今日は＿＿＿＿＿＿＿＿＿＿＿＿＿ます。

八、使用动词的可能形，介绍家乡或祖国其他地方的美好事物。（专有名词等可以使用中文）

1. 私の故郷では＿＿＿＿＿＿＿＿＿＿が食べられます。

2. ＿＿＿＿＿＿＿＿＿では＿＿＿＿＿＿＿＿が食べられます。

3. 私の故郷では＿＿＿＿＿＿＿＿＿＿が見られます。

4. ＿＿＿＿＿＿＿＿＿では＿＿＿＿＿＿＿＿が見られます。

5. 私の故郷では＿＿＿＿＿＿＿＿＿＿が楽しめます。

6. ＿＿＿＿＿＿＿＿＿では＿＿＿＿＿＿＿＿が楽しめます。

九、仿照示例，使用动词的可能形和「～ようになる」的表达方式，写出自身的成长变化。

例 私は6歳の時に、自転車に乗れるようになりました。

　　私は＿＿＿＿歳の時に、＿＿＿＿＿＿＿＿＿＿＿＿＿＿＿＿＿＿ようになりました。

　　私は＿＿＿＿歳の時に、＿＿＿＿＿＿＿＿＿＿＿＿＿＿＿＿＿＿ようになりました。

　　私は＿＿＿＿歳の時に、＿＿＿＿＿＿＿＿＿＿＿＿＿＿＿＿＿＿ようになりました。

十、找出下列句子中有误的部分，画线并改正。

1. 外国へ行っても、インターネットで家族と簡単に連絡が取るから、とても便利だ。

　　_____

2. ノートは1人で3冊ずつ配ります。

　　_____

3. 高校生活の中に一番大変だと思っていることは何ですか。

　　_____

4. 祖母の元気な姿を見て、楽しいです。

　　_____

5. 先週の温泉旅行ではどの旅館に泊まるの？

　　_____

6. 高校の生活はどんなですか。

　　_____

7. 甲：お久しぶりです。お元気ですか。

　　乙：初めまして、元気です。

　　_____

十一、使用动词可能形反思自己的日语学习成果。

	よくできる◎ / できる〇 / あまりできない△
日本語の単語が速く覚えられる。	
日本語であいさつができる。	
日本語で自分の名前が言える。	
日本語の歌が歌える。	
日本語の新聞や小説が読める。	
日本人と会話ができる。	
日本語で作文が書ける。	
日本語でメールが書ける。	
日本語で電話が掛けられる。	
ほか_____	

[まとめ]

　私は日本語で_____ます。_____も_____ます。でも、_____はまだ_____ません。これから頑張って、早く_____ようになりたいです。

十二、将下列中文翻译成日语。

在古代，即使是很远的地方（人们）也是走着去。虽然也会利用马或船，但是能去的地方很少，所以人们对世界的了解有限。后来，人们能够坐船去很远的地方了。欧洲人坐船到了遥远的国家，并带回稀有物品。到了19世纪的时候，有了火车和汽船，能够运送很多的人和物品了，去国外的人也多了起来。

（参考：火车/汽車(きしゃ)；汽船/汽船(きせん)）

_____

_____

_____

_____

_____

十三、默写课文。

畑中：生活の中で何か不便なことはある？

鈴木：やっぱり、①_____。そのほかは特にないかな。インターネットで、②_____から。

畑中：中国の高校生は日本の高校生とどう違うの？

鈴木：そうだなあ。日本の高校生は、③_____ことが多いよね。でも、中国の高校生は④_____から、わかりやすくて、⑤_____。それから、勉強の競争が激しいので、⑥_____よ。

畑中：そうなんだ。私も⑦_____なあ。あ、ごめん、電車が来たから、またね。

鈴木：うん、元気でね！

ステップ3とステップ4

一、听录音，选择与录音内容相符的选项。每段录音只播放1遍。

（　　）1. A 政治について勉強したい。
　　　　　 B 経済について勉強したい。

（　　）2. A 毎日散歩します。
　　　　　 B 忙しい時は散歩しません。

（　　）3. A お元気ですか。
　　　　　 B どうぞお大事に。

（　　）4. A ハワイの旅行は楽しかった。
　　　　　 B ハワイへ旅行に行く予定だ。

（　　）5. A 今日は入(はい)れません。
　　　　　 B 今日、入(はい)れます。

🎧 **二、听录音，根据录音内容补全句子。每段录音播放2遍。**

1. 寝る前に、お菓子をたくさん＿＿＿＿＿＿＿＿ようにします。
2. 野菜は＿＿＿＿＿＿＿＿、毎日食べてください。
3. 靴を脱いだ後には、必ず＿＿＿＿＿＿＿ようにしています。
4. 弟は高校に入ってから、たくさん＿＿＿＿＿＿＿したと思います。
5. 今は日本語の単語が速く＿＿＿＿＿＿＿＿ようになりました。
6. 学校の＿＿＿＿＿＿＿＿＿についてどう思いますか。

🎧 **三、听录音，选择与录音内容相符的选项。**

(一)每段录音后面有1道小题，录音只播放1遍。

1. 男の人は温泉旅行についてどう言っていますか。

   A ホテルは静かできれいでした。

   B 食事はあまりおいしくなかった。

   C ホテルの値段が安かった。

2. さようならパーティーはいつしますか。

   A 22日　　　　　　　　　　B 24日　　　　　　　　　　C 26日

3. 東京の今日の夕方の天気はどうなりますか。

   A 曇り　　　　　　　　　　B 雨　　　　　　　　　　C 激しい雨と風

(二)每段录音后面有2道小题，录音播放2遍。

4. 女の学生は日本に来てどれぐらい経ちましたか。

   A 3か月　　　　　　　　　　B 9か月　　　　　　　　　　C 12か月

5. 女の学生がまだ困っていることは何ですか。

   A 先生の話が理解できない。　B 黒板の字が読めない。　　C 母の料理が食べられない。

6. このロボットは何ができますか。

   A 英語の会話もできる。　　B 食事が作れる。　　　　C 掃除ができる。

7. このロボットは怒った時にどうなりますか。

   A 顔が赤くなる。　　　　　　B 顔が黒くなる。　　　　C 顔が青くなる。

四、用平假名写出下列日语单词的读音。

1. 予習＿＿＿＿＿＿　　2. 苦労＿＿＿＿＿＿　　3. 迷惑＿＿＿＿＿＿　　4. 必要＿＿＿＿＿＿
5. 研究＿＿＿＿＿＿　　6. 成長＿＿＿＿＿＿　　7. 散歩＿＿＿＿＿＿　　8. 身分＿＿＿＿＿＿
9. 専門＿＿＿＿＿＿　　10. 説明＿＿＿＿＿＿　　11. 経済＿＿＿＿＿＿　　12. 大学＿＿＿＿＿＿

五、将下列中文翻译成日语。

1. 用外语演讲＿＿＿＿＿＿＿＿＿＿＿＿　　2. 发音好＿＿＿＿＿＿＿＿＿＿＿＿＿＿
3. 鼓起勇气＿＿＿＿＿＿＿＿＿＿＿＿　　4. 研究历史＿＿＿＿＿＿＿＿＿＿＿＿＿＿

5. 向老师提问＿＿＿＿＿＿＿＿＿＿＿＿＿＿＿＿ 6. 感冒好了＿＿＿＿＿＿＿＿＿＿＿＿＿＿＿＿

7. 预习新单词＿＿＿＿＿＿＿＿＿＿＿＿＿＿＿ 8. 菜品丰富＿＿＿＿＿＿＿＿＿＿＿＿＿＿＿＿

9. 接受采访＿＿＿＿＿＿＿＿＿＿＿＿＿＿＿＿ 10. 升国旗＿＿＿＿＿＿＿＿＿＿＿＿＿＿＿＿＿

六、在括号中填写适当的助词。（每个括号中只写1个假名）

1. クラス全員を5人（　　）（　　）7つの組（　　）分けました。

2. 眼鏡をかけ（　　）（　　）、黒板の字がはっきり見えるようになった。

3. 田中さん（　　）背（　　）高いですね。

4. 田中さんは辛いものが苦手な（　　）？

5. 生徒の代表がたくさんの人の前（　　）流暢なスピーチをした。

6. 新聞記者（　　）（　　）留学生活について、取材（　　）受けた。

7. 久しぶりに中学時代の友達とウィーチャット（　　）話した。

8. 辞書で調べ（　　）（　　）、この単語の意味はよく分かりません。

9. 中国では高鉄の切符を買う時に、身分証明書が必要（　　）なります。

10. 最近少し（　　）（　　）数学の勉強が好きになった。

七、从方框中选择合适的副词，将对应的选项填写在横线上。（每个单词只用1次）

A やっぱり	B かなり	C 特に	D 直接	E なかなか	F ぜひ	G 必ず

1. 明日は会社に行かないで、家から＿＿＿＿＿＿会場_{かいじょう}に行きます。

1. 明日は会社に行かないで、家から＿＿＿＿＿＿会場に行きます。

2. 新しい車がほしいですが、高くて＿＿＿＿＿＿買えません。

3. 旅行の時の写真ができたら＿＿＿＿＿＿見せてください。

4. 私は食事の後と寝る前は＿＿＿＿＿＿歯を磨きます。

5. 彼の新しい家は庭もあって、＿＿＿＿＿＿広いです。

6. 私は日本料理が好きです。＿＿＿＿＿＿お寿司が好きです。

7. いいものは＿＿＿＿＿＿いいね。この時計、10年以上使ったけど、まだ使えるよ。

八、从方框中选择合适的外来语，将对应的选项填写在横线上。（每个单词只用1次）

A セーター	B スピード	C ベル	D レストラン	E スピーチ
F スケジュール	G バドミントン	H テーマ	I メニュー	J メートル

1. これは私の一週間の＿＿＿＿＿＿です。毎日とても充実しています。

2. 私は放課後、いつも友達と体育館で＿＿＿＿＿＿をします。

3. 昨日家族と家の近くの＿＿＿＿＿＿で四川料理を食べました。おいしかったです。

4. 今日の作文は自分で＿＿＿＿＿＿を決めてください。

5. あの赤い＿＿＿＿＿＿を着ている人は佐藤さんです。

6. 高速鉄道は＿＿＿＿＿＿が速いです。北京から上海まで5時間ぐらいで着きます。

7. この大学の食堂は＿＿＿＿＿＿がとても豊富です。辛い料理も甘い料理もあります。

8. この木は30＿＿＿＿＿もあります。本当に高いですね。

9. 午後5時に授業の終わる＿＿＿＿＿が鳴ります。

10. 日本語の授業では、毎日1人ずつ日本語で＿＿＿＿＿をします。

九、从方框中选择合适的表达方式并改为适当的形式，补全句子。（可重复使用）

ようにする　　　　ようになる

ミドリ会社の方針：環境に優しく！ <節電のためにみんなで行動しましょう> 1. 夏、気温が28度以下の日はエアコンを付けない①＿＿＿＿＿＿＿ましょう。 2. 1〜4階に行くときはエレベーターに乗らない②＿＿＿＿＿＿ましょう。 3. 使っていないパソコンやプリンターの電源は切る③＿＿＿＿＿＿ましょう。

（公司职员向记者介绍自从倡导节电行动以来发生的变化。）

社員：最初はエアコンについて、みんな嫌だと言っていました。でも、社長が一回みんなと環境の話を
　　　してから、誰も嫌だと言わない④＿＿＿＿＿ました。また、社員の意識も変わりましたね。自
　　　分の箸やコップを会社へ持ってくる⑤＿＿＿＿＿＿、一度使った紙はもう一度メモ（記録）
　　　に使うために、すぐに捨てない⑥＿＿＿＿＿＿＿ています。家庭でも変わったことがあります。
　　　す。エアコンをできるだけ使わない⑦＿＿＿＿＿＿ました。そして、家族と環境問題につい
　　　ていろいろと話す⑧＿＿＿＿＿ました。

十、从方框中选择合适的动词并改为适当的形式，补全短文。（可重复使用）

聞く　　　　話す　　　　走る

（这是在中国留学的田中写给日本国内的学长的一封邮件。）

佐藤さん

お元気ですか。

私は今年の9月に大学2年生になりました。中国に来たばかりの時、中国語がよく分からなくて、いつ
も辞書を引いていたんですが、分からない言葉を中国人の友達に①＿＿＿＿＿＿ようにしたら、だん
だん聞き取れるようになりました。そして、前より自信を持って中国語が②＿＿＿＿＿＿ようになり
ました。

それから、半年前から、毎朝③＿＿＿＿＿＿＿ようにしています。最初は1キロ走るのも苦しかっ
たですが、今では3キロも④＿＿＿＿＿＿＿ようになりました。

では、またメールをします。お元気で。
田中

十一、使用「V/Aても」的表达方式，在横线上填写适当的内容补全对话。

1. 息子：あ～、眠い。コーヒーでも飲もうか。

　　母：もう寝たら？もう11時過ぎだし。

　　子供：いや、明日大切な試験があるから、①_____ても、もう少し勉強するよ。

2. 　田中：すみません、この大学の学生じゃないんですが、図書館は利用できますか。

　管理人：はい、この学校の学生さん②_____ても、本は借りられますよ。

　　田中：よかった。ありがとうございます。

3. 鈴木：今度一緒に歌舞伎を見に行きませんか。

　　王：歌舞伎の言葉は難しいですよね。私はぜんぜん分かりませんが……

　鈴木：イヤホン（耳机）で説明を聞きながら見ることができますから、言葉が③_____

　　　ても、大丈夫ですよ。

4. 子供：これ、<u>トマトソース（番茄酱）</u>？僕、トマト嫌いだよ。

　　母：④トマトは_____でも、体にいいから食べてよ。それに、ソース（酱汁）に

　　　なっているから、生（なま）のトマトとは違うよ。

　子供：ソースに⑤_____でも、トマトはトマトだよ。

5. （あなたは最近、元気が出ないので、病院に来ました。医者の質問に答えてください。）

　医者：よく寝ても、元気が出ませんか。

　　私：はい、⑥_____ても、元気が出ません。

　医者：食事の時間になったら、おなかがすいていますか。

　　私：いいえ、⑦_____ても、おなかがすいていません。

　医者：そうですか。⑧_____ても、必ず食べてください。

　　私：はい。

　医者：仕事は忙しいですか。

　　私：はい、毎日とても忙しいです。

　医者：そうですか。仕事が⑨_____ても、毎日1時間ぐらいは運動してください。

　　私：はい。

　医者：それから、できるだけリラックス（放松）してくださいね。

　　私：はい。薬は⑩_____ても大丈夫ですね。

　医者：ええ。

十二、找出下列句子中有误的部分，画线并改正。

1. 薬を飲んでも、風邪を治りません。

　_____

2. 明日から毎日日本語の単語を10個ずつ覚えるようになります。

　_____

3. 東京では普通、3月の末（すえ）ごろになると、桜の花が見られるようにします。

　_____

4. 数学について問題は鈴木さんに聞いてください。

　　_____

5. 台風で学校は休校するとなりました。

　　_____

十三、默写课文。

（一）

　午前中の授業は私の得意な数学と英語だった。数学の授業は、最初の頃、①_____苦労したが、今は②_____ようになって、③_____。中国の生徒たちは④_____と思う。最初は恥ずかしくて、⑤_____。しかし、英語の発音をよくしたいので、今は⑥_____ようにしている。

（二）

　午後は私が日本にいた時から好きな歴史の授業だった。⑦_____なので、毎回、⑧_____ようにしている。その後は、政治の授業だった。⑨_____は、ちょっと難しかった。最後の授業は体育の授業で、⑩_____。

第2課　課外活動

语言知识要点

1. 重点词语

名詞		バランス、自信、アフレコ、劇、パーセント、基礎、伝統、休日、茶道、着物、結果、課題、自由、オリンピック、体操、セーター、態度、間接、商品、パーティー、バレーボール、坂、スピード、アドバイス、気候、差、料金、地方、意見
动词	V₁	行う、通す、叱る、踏む、破る、贈る、はやる、驚く、悩む、下がる、断る
	V₂	得る、褒める、求める、落ちる
	V₃	努力する、発表する、分類する、平均する、実験する、見学する、集中する、承知する、完成する
形容詞	A₂	盛ん、不愉快、簡単、逆、無理
副詞		結構、もちろん、すべて、なるほど

2. 语法项目

序号	语法项目	含义	例句
1	動詞の受身	描述某种被动的事态或状况。	日本の高校では、課外活動として、授業の後や休みの日に「部活動」が行われています。
2	V ために /N のために	表示目的，意为"为了……"。	餃子を作るために、野菜と肉を買いました。
3	～なければならない	意为"必须……""不得不……"。	そのためには、まず都道府県の大会に出なければなりません。
4	N だけでなく、N も	表示递进关系，意为"不仅……而且"。	基礎練習だけでなく、休日にはほかの高校と練習試合をすることもあります。
5	N を通して	表示利用某种媒介或通过某种手段、途径来达到某种目的，意为"通过……"。	好きな「部活動」を通して、新しい目標を見つけることができます。

（续表）

序号	语法项目	含义	例句
6	～のではない でしょうか	反问句，以反问的形式表示断定，意为"难道不是……吗""也许是……吧"。	そして、長い期間、一緒に活動をすることを通して、一生の友達ができる人も多いのではないでしょうか。
7	V てもいい	表示允许，意为"可以……"。	あのう……、バレーボール部の練習、見学してもいい？
8	N によって	表示某类事物在某条件下的个体差别，意为"因……而不同"。	学校によって違うんだね。
9	S ぞ	表示主张、叮嘱、提醒、恐吓、警告等含义。用于加强语气。	おーい、川口、走るスピードが落ちているぞ。

ステップ１とステップ２

一、听录音，选择与录音内容相符的选项。每段录音只播放1遍。

（　）1. A 女の学生は今、運動部に参加しています。
　　　　 B 女の学生は今、茶道部に参加しています。

（　）2. A 李さんは知らない人に足を踏まれました。
　　　　 B 李さんは知らない人の足を踏みました。

（　）3. A 女の人は毎日走ります。　　　　 B 女の人は毎日体操をします。

（　）4. A 女の人は明日7時に起きる。　　　　 B 女の人は明日6時半に起きる。

（　）5. A 女の人は母に日記を読まれた。　　　 B 女の人は母の日記を読んだ。

（　）6. A 男の人はサッカーだけでなく、野球もできる。
　　　　 B 男の人はサッカーだけでなく、テニスもできる。

二、听录音，根据录音内容补全句子。每段录音播放2遍。

1. デパートの店員の話によると、今年は緑色が＿＿＿＿＿＿いるそうです。

2. 私の学校では男子サッカーがとても＿＿＿＿＿＿です。

3. 野球部では休日にはほかの高校と＿＿＿＿＿＿をすることもあります。

4. ＿＿＿＿＿＿は日本の伝統文化の一つです。

5. 環境をよくするために、＿＿＿＿＿＿ました。

6. 日本人は＿＿＿＿＿＿だけでなく、＿＿＿＿＿＿もよく漫画を読んでいます。

7. 友達に約束を＿＿＿＿＿＿、とても残念でした。

8. 成績を上げるためには、まず＿＿＿＿＿＿がまじめでなければなりません。

9. インターネットを通して、＿＿＿＿＿＿＿＿でも簡単に買えます。

10. 物理部では好きな内容を＿＿＿＿＿＿研究できます。

三、先通读文章并推测空白处内容，再听录音，补全短文。录音播放2遍。

みなさんは日本の京都を知っていますか。京都には①_____するところがたくさんあります。その中で一つ②_____なのは金閣寺です。一般には「金閣寺」と③_____いますが、正式の名前は「鹿苑寺」と言います。金閣寺は1397年に足利義満によって④_____ました。700年以上の歴史があります。⑤_____の建物は1950年に火事で焼けてしまいました。今の建物は1955年に新しく⑥_____ もので、世界文化遺産に登録されています。

四、用平假名写出下列日语单词的读音。

1. 努力_____
2. 発表_____
3. 基礎_____
4. 実験_____
5. 結果_____
6. 自由_____
7. 茶道_____
8. 着物_____
9. 態度_____
10. 商品_____
11. 間接_____
12. 休日_____
13. 分類_____
14. 伝統_____
15. 結構_____

五、将下列中文翻译成日语。

1. 参加课外活动_____
2. 增强体力_____
3. 交朋友_____
4. 设定目标_____
5. 获得成就感_____
6. 有自信_____
7. 参加比赛_____
8. 制作点心_____
9. 公布结果_____
10. 传达信息_____

六、仿照示例，填写动词的正确形式，完成表格。

动词的基本形	动词的被动形
例 行く	行かれる
喜ぶ	
得る	
発表する	
理解する	
来る	
褒める	
断る	
配る	
書く	
食べる	

七、阅读对话，使用动词被动态的表达方式总结对话内容。

1. 父：あれ？ここに置いておいたラジオは？

   娘：あのラジオ、まだ使えるの？

   父：もちろんだよ。

   娘：ああ、ごめん！結構古いから、もう使えないと思って、ごみ箱に捨てちゃったの。

   →父は娘に_____。

2. 高橋：昨日のテスト、お母さんに見せた？

   山田：うん、成績が悪かったので、見せるのが怖かったけど、見せたよ。でも、いつもはすごく怒
   　　　るのに、昨日は何も言わなかったんだ。

   高橋：へえ、よかったね。

   山田：これからもっと頑張ろうと思ったよ。

   →山田さんはテストの成績が悪かったが、母に何も_____。

3. 佐藤：あのう、この机どうですか。もし必要だったら、どうぞ。

   田中：えっ、この机、要らないんですか。

   佐藤：この間、姉が引っ越して、要らなくなった机をうちに持ってきたんですよ。でも、私の部屋
   　　　には大きすぎて、ちょっと困るんですよ。

   →佐藤さんはお姉さんに_____、困っています。

4. 店員：社長、今佐藤さんから電話が来て、急に用事ができて、今日来られないそうです。

   社長：困ったなあ。土曜日はいつもお客さんが多くて忙しいのに……。

   →社長は急に店員が_____、困っています。

八、从方框中选择合适的动词并改为被动态的形式，补全对话。（可重复使用）

（一）

聞く　　　　入る　　　　取る

（邻居聊天。）

甲：こんにちは。

乙：こんにちは。近所で盗難事件があったそうですが、知っていますか。

甲：ええ、私の隣の家ですよ。家に誰もいない時に、泥棒（小偷）に①_____、金庫の中のお
　　金を②_____そうですよ。

乙：そうですか。怖いですね。

甲：ええ、私も昨日警察にいろいろと③_____ました。

（二）

愛する　　　　書く　　　　読む　　　　翻訳する　　　　使う　　　　作る　　　　知る

（日本留学生铃木在中国向大家介绍日本的名著。）

　　今日は日本で古い小説の1つとして、昔からよく④_____いる小説『源氏物語』を紹介し

ます。『源氏物語』は、今から1000年ぐらい前に、紫式部<ruby>むらさきしきぶ</ruby>という女の人によって⑤＿＿＿＿＿＿＿ました。とても長くて難しいので、読むのはとても大変です。実は、昔の日本では漢字は男の人にだけ、平仮名は女の人にだけ⑥＿＿＿＿＿＿＿いました。だから、『源氏物語』は平仮名だけで⑦＿＿＿＿＿ました。

『源氏物語』はいろいろな国の言葉に⑧＿＿＿＿＿＿＿いて、世界各国の人々に⑨＿＿＿＿＿＿＿います。それから、日本では今、『源氏物語』の漫画やゲーム、テレビドラマや映画などが⑩＿＿＿＿＿＿います。『源氏物語』は今も昔も、日本人に心から⑪＿＿＿＿＿＿＿います。

九、使用「Vために/Nのために」的表达方式，补全对话。

（一）

　　鈴木：王さんは何のために日本へ来ましたか。

　　　王：①＿＿＿＿＿＿＿＿＿ために日本に来ました。

　　鈴木：政治経済学ですか。すばらしいですね。

（二）

　　（田中和铃木是邻居，一天早晨他们在公园相遇。）

　　田中：あ、鈴木さん、こんにちは。ジョギング（慢跑）ですか。

　　鈴木：ええ、②＿＿＿＿＿＿＿＿＿ために、最近始めたんです。

　　田中：そうですか。健康は一番大切ですからね。

　　鈴木：田中さんは散歩ですか。

　　田中：ええ、今日は桜を見ながら。

　　鈴木：そうですか。このごろは③＿＿＿＿＿＿＿＿ために、この公園に来る人が多くて、いつもより賑やかですね。

十、为保持身心健康，你平时会注意哪些事情呢？请做自我评估并基于表格内容做总结。

記号	項目	はい◎/ときどき○/いいえ×
ア	毎日朝ご飯を食べる。	
イ	毎日７時間以上寝る。	
ウ	毎日30分以上運動する。	
エ	できるだけエレベーターを使わない。	
オ	毎日野菜や果物を食べる。	
カ	甘い物や油の多い物はできるだけ食べない。	
キ	悩みがあったら、友達や家族に言う。	
ク	好きなことをして、気持ちを楽にする。	
	ほか＿＿＿＿＿＿＿＿＿＿＿＿＿。	

［まとめ］

　私は体と心の健康のために、普段「＿＿＿＿＿＿＿＿＿＿＿＿＿＿＿＿」こと、「＿＿＿＿＿＿＿＿＿＿＿＿＿＿＿＿」こと、「＿＿＿＿＿＿＿＿＿＿＿＿＿＿＿＿」ことなどに気を付けています。でも、「＿＿＿＿＿＿＿＿＿＿＿＿＿＿」こと、「＿＿＿＿＿＿＿＿＿＿＿＿＿＿＿」ことなどはまだ習慣になっていません。健康のために、これから改善（かいぜん）するようにしたいと思います。

十一、仿照示例，使用「～なければならない」的表达方式，向老师确认写作文的具体要求。

例　　［漢字を使う］→作文は漢字を使わなければなりませんか。

　　　［明日出す］→＿＿＿＿＿＿＿＿＿＿＿＿＿＿＿＿＿＿＿＿＿＿＿＿＿＿＿＿＿

　　　［300字以上］→＿＿＿＿＿＿＿＿＿＿＿＿＿＿＿＿＿＿＿＿＿＿＿＿＿＿＿＿

　　　［「です・ます」体で書く］→＿＿＿＿＿＿＿＿＿＿＿＿＿＿＿＿＿＿＿＿＿

　　　［テーマを自分で決める］→＿＿＿＿＿＿＿＿＿＿＿＿＿＿＿＿＿＿＿＿＿＿

十二、将下列中文翻译成日语。

　　中国的莫高窟是广为人知的世界文化遗产之一，1987年被列入《世界遗产名录》。自莫高窟建成至今已有一千多年，据说明朝以后，莫高窟曾经被人们遗忘过一段时间，到了20世纪初又逐渐被发现。莫高窟的壁画内容很丰富，据说价值非常高。

（参考：莫高窟/莫高窟（ばっこうくつ）；世界文化遗产/世界文化遺産（せかいぶんかいさん）；列入/登録（とうろく）する；明朝/明（みん）；
　　　　世纪/世紀（せいき）；壁画/壁画（へきが）；世界遗产名录/世界遺産リスト）

＿＿＿＿＿＿＿＿＿＿＿＿＿＿＿＿＿＿＿＿＿＿＿＿＿＿＿＿＿＿＿＿＿＿＿＿＿＿

＿＿＿＿＿＿＿＿＿＿＿＿＿＿＿＿＿＿＿＿＿＿＿＿＿＿＿＿＿＿＿＿＿＿＿＿＿＿

＿＿＿＿＿＿＿＿＿＿＿＿＿＿＿＿＿＿＿＿＿＿＿＿＿＿＿＿＿＿＿＿＿＿＿＿＿＿

＿＿＿＿＿＿＿＿＿＿＿＿＿＿＿＿＿＿＿＿＿＿＿＿＿＿＿＿＿＿＿＿＿＿＿＿＿＿

＿＿＿＿＿＿＿＿＿＿＿＿＿＿＿＿＿＿＿＿＿＿＿＿＿＿＿＿＿＿＿＿＿＿＿＿＿＿

十三、默写课文。

　　理科室で活動をしているのは物理部です。物理部では、実験の結果を①＿＿＿＿＿＿＿＿＿＿＿＿＿＿しています。②＿＿＿＿＿＿＿＿＿＿＿＿＿＿ことが課題です。好きな内容を③＿＿＿＿＿＿＿＿＿＿＿＿＿ことが楽しいのだそうです。

　　好きな「部活動」を通して、④＿＿＿＿＿＿＿＿＿＿＿＿＿＿＿＿＿ことができます。そして、長い期間、一緒に活動をすることを通して、⑤＿＿＿＿＿＿＿＿＿＿＿＿＿＿＿＿＿のではないでしょうか。

ステップ3とステップ4

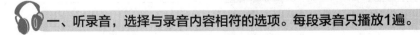　**一、听录音，选择与录音内容相符的选项。每段录音只播放1遍。**

（　　）1. A 男の人は去年漢字大会に参加した。

　　　　　B 男の人は今年も漢字大会に参加したいと言った。

（　　）2.　A 今この部屋に入ってもいいです。

　　　　　　B 今この部屋に入ってはだめです。

（　　）3.　A 亮君は母に褒められた。

　　　　　　B 亮君は先生に褒められた。

（　　）4.　A 男の人は父から時計をもらった。

　　　　　　B 男の人は母から時計をもらった。

（　　）5.　A 試合で男のチームは勝った。

　　　　　　B 試合で男のチームは負けた。

（　　）6.　A 昨日男の人は友達の家に行った。

　　　　　　B 昨日友達が男の人の家に来た。

🎧 **二、听录音，根据录音内容补全句子。每段录音播放2遍。**

1.　人に誘われた時、嫌ならば無理をしないで、＿＿＿＿＿＿＿＿＿いいですよ。

2.　あの歌手は5年前より＿＿＿＿＿＿＿＿＿ましたね。

3.　高校に入ってから、＿＿＿＿＿＿＿＿＿悩むようになりました。

4.　りんごは種類によって＿＿＿＿＿＿＿＿＿ます。

5.　一人一人が部活に＿＿＿＿＿＿＿＿＿ことは違いますね。

6.　中国は広いですから、地方によって＿＿＿＿＿＿＿＿＿に大きな＿＿＿＿＿＿＿＿＿がありますね。

🎧 **三、听录音，在与录音内容相符的句子前画〇，不符的画×。**

（　　）1.　アトムは子供たちに人気があります。

（　　）2.　アトムは絵を描くロボットです。

（　　）3.　アトムは車の工場で働いています。

（　　）4.　日本にはピアノを弾くロボットもあります。

（　　）5.　危ない所で仕事ができるロボットはまだありません。

四、用平假名写出下列日语单词的读音。

1.　見学＿＿＿＿＿＿　　　2.　驚く＿＿＿＿＿＿　　　3.　無理＿＿＿＿＿＿　　　4.　意見＿＿＿＿＿＿

5.　集中＿＿＿＿＿＿　　　6.　完成＿＿＿＿＿＿　　　7.　気候＿＿＿＿＿＿　　　8.　料金＿＿＿＿＿＿

9.　地方＿＿＿＿＿＿　　　10.　承知＿＿＿＿＿＿

五、将下列中文翻译成日语。

1.　对健康有益＿＿＿＿＿＿＿＿＿＿＿　　　2.　集中精力学习＿＿＿＿＿＿＿＿＿＿＿

3.　速度下降＿＿＿＿＿＿＿＿＿＿＿　　　4.　上高中＿＿＿＿＿＿＿＿＿＿＿

5.　成绩下降＿＿＿＿＿＿＿＿＿＿＿　　　6.　参加比赛＿＿＿＿＿＿＿＿＿＿＿

7.　发表意见＿＿＿＿＿＿＿＿＿＿＿　　　8.　价格变动＿＿＿＿＿＿＿＿＿＿＿

9.　因人而异＿＿＿＿＿＿＿＿＿＿＿　　　10.　在学校周围跑步＿＿＿＿＿＿＿＿＿＿＿

六、从方框中选择合适的外来语，将对应的选项填写在横线上。（每个单词只用1次）

A バランス	B パーセント	C セーター
D パーティー	E アドバイス	F バレーボール

1. 今日は寒いですから、厚い＿＿＿＿＿＿を着てください。

2. 高校に入って勉強が難しくなって、悩んでいます。だれかにいい＿＿＿＿＿＿＿をもらいたいです。

3. 先週、学校の＿＿＿＿＿＿の試合でうちのクラスが優勝しました。

4. 中国の高校でスマホを持っている学生はだいたい何＿＿＿＿＿＿ぐらいですか。

5. どうすれば勉強と課外活動の＿＿＿＿＿＿をうまく取ることができるのでしょうか。

6. 明日はクラスメートの誕生日＿＿＿＿＿＿があります。楽しみです。

七、在括号中填写适当的助词。（每个括号中只写1个假名）

1. 日本の学校（　）（　）課外活動として、授業の後や休みの日に「部活動」（　）行われます。

2. 「部活動」は「運動部」と「文化部」（　）分類することができます。

3. 70％以上の高校生が「部活動」（　）参加していて、その中（　）、50％以上の高校生が「運動部」（　）参加しています。

4. 日本では「高校野球」（　）盛んです。この野球部では兵庫県の「甲子園球場」（　）行われる全国大会への出場（　）目標（　）練習をしています。

5. 私は先生（　）日本語の発音（　）褒められました。

6. 鈴木さんは英語（　）（　）でなく、数学（　）得意です。

7. 孔子学院（　）通して、中国の文化が世界（　）伝えられています。

8. この問題は小学生（　）（　）難しいのではないでしょうか。

9. すみません、ここ（　）田中さんを待っ（　）（　）いいですか。

10. 父：もう7時だよ。学校に遅れる（　）。

八、从方框中选择合适的副词，将对应的选项填写在横线上。（可重复使用）

A 結構	B もちろん	C すべて	D なるほど	E ぜひ

1. 話には聞いていたが、＿＿＿＿＿＿美しい桜だ。

2. 甲：この雑誌、ちょっと見てもいいですか。

　　乙：＿＿＿＿＿＿いいですよ。

3. これはとてもいい本ですよ。＿＿＿＿＿＿読んでみてください。

4. 甲：ビール、もう一杯いかがですか。

　　乙：いいえ、もう＿＿＿＿＿＿です。

5. 王さんは事件の＿＿＿＿＿＿を詳しく説明してくれました。

6. 妻：朝ご飯のおにぎりは2つでいい？

　　夫：1つで＿＿＿＿＿＿だよ。

7. 佐藤さんは英語は＿＿＿＿＿＿、フランス語もできます。

九、从方框中选择合适的表达方式，将对应的选项填写在横线上。（可重复使用）

A を通して	B について	C によって	D ために

1. 環境保護の＿＿＿＿＿＿＿＿＿、どんなことができるか考えてみました。
2. 何回かの失敗＿＿＿＿＿＿＿＿＿、効率的な勉強方法を見つけました。
3. メールの書き方＿＿＿＿＿＿＿＿＿先生に聞きました。
4. 中国は広いですから、地方＿＿＿＿＿＿＿＿＿、生活習慣が違います。
5. インターネット＿＿＿＿＿＿＿＿＿、日本の高校生たちと交流しました。
6. この学校では成績＿＿＿＿＿＿＿＿＿クラスを分けます。
7. 今日、私は「中国の春節」＿＿＿＿＿＿＿＿＿紹介したいです。
8. 新しい携帯電話を買う＿＿＿＿＿＿＿＿＿、先月からアルバイトを始めました。

十、判断画线部分的语法含义，在括号内填写适当的选项。

A 可能	B 被动

（　）1. 母：夕べは子供に何回も起き<u>られ</u>て、よく寝ることができなかったよ。
　　　　父：それは大変だったね。
（　）2. 高校生になってからは朝早く起き<u>られる</u>ようになった。
（　）3. 犬にお菓子を食べ<u>られ</u>てしまった。
（　）4. 祖母は歯がよくないから、かたいお菓子は食べ<u>られ</u>ないよ。
（　）5. 佐藤：李さんの誕生会に山本さんも来<u>られ</u>たらいいなあ。
　　　　李：そうですね。
（　）6. 昨日突然友達に来<u>られ</u>て、勉強できませんでした。

十一、仿照示例，使用「〜なければならない」「〜てもいい」「〜なくてもいい」等表达方式，编写对话。

（李惠刚到日本，向留学项目负责人田中老师询问入住日本人家庭的注意事项。）

例1 ［靴を脱ぐ。］
　　　李：部屋に入る時は、<u>靴を脱がなければなりませんか</u>。
　　田中：はい、部屋に入る時は、<u>靴を脱がなければなりません</u>。

例2 ［嫌いなものを食べる。］
　　　李：嫌いなものも<u>食べなければなりませんか</u>。
　　田中：いいえ、嫌いなものは<u>食べなくてもいいです</u>。

1. ［自分の部屋は自分で掃除する。］
　　　李：＿＿＿＿＿＿＿＿＿＿＿＿＿＿＿＿＿＿＿＿＿。
　　田中：はい、＿＿＿＿＿＿＿＿＿＿＿＿＿＿＿＿＿＿。

2.　〔学校に行く。〕

　　　李：台風が来ても、＿＿＿＿＿＿＿＿＿＿＿＿＿＿＿＿＿＿。

　　田中：いいえ、台風が来たら、＿＿＿＿＿＿＿＿＿＿＿＿＿＿。

3.　〔毎日お弁当を持って学校に行く。〕

　　　李：＿＿＿＿＿＿＿＿＿＿＿＿＿＿＿＿＿＿＿＿＿＿＿＿。

　　田中：はい、＿＿＿＿＿＿＿＿＿＿＿＿＿＿＿＿＿＿＿＿＿。

　　田中：いいえ、＿＿＿＿＿＿＿＿＿＿＿＿＿＿＿。食堂があります。

4.　〔目上の人には敬語を使う。〕

　　　李：＿＿＿＿＿＿＿＿＿＿＿＿＿＿＿＿＿＿＿＿＿＿＿＿。

　　田中：はい、＿＿＿＿＿＿＿＿＿＿＿＿＿＿＿＿＿＿＿＿＿。

5.　〔毎日部活に参加する。〕

　　　李：＿＿＿＿＿＿＿＿＿＿＿＿＿＿＿＿＿＿＿＿＿＿＿＿。

　　田中：はい、スポーツ部は＿＿＿＿＿＿＿＿＿＿＿＿＿＿＿。

　　田中：いいえ、＿＿＿＿＿＿＿＿＿＿＿＿＿＿＿＿＿＿＿。

十二、找出下列句子中有误的部分，画线并改正。

1.　来週の旅行に持ってくるために、新しいカメラを買った。

　　＿＿＿＿＿＿＿＿＿＿＿＿＿＿＿＿＿＿＿＿

2.　電車の中で、私の足は知らない人に踏まれました。

　　＿＿＿＿＿＿＿＿＿＿＿＿＿＿＿＿＿＿＿＿

3.　明日は大切な試験があるのに、夜友達に誘って、困りました。

　　＿＿＿＿＿＿＿＿＿＿＿＿＿＿＿＿＿＿＿＿＿＿＿＿＿＿

4.　毎年、この町で国際会議を開かれます。

　　＿＿＿＿＿＿＿＿＿＿＿＿＿＿＿＿＿＿＿＿＿＿＿＿＿＿

5.　そのパンはすぐ食べますから、冷蔵庫に入れてもいいです。

　　＿＿＿＿＿＿＿＿＿＿＿＿＿＿＿＿＿＿＿＿＿＿＿＿＿＿

6.　この花は土の種類について、色が変わります。

　　＿＿＿＿＿＿＿＿＿＿＿＿＿＿＿＿＿＿＿＿＿＿＿＿＿＿

7.　友達との約束を守らなかったので、友達は怒られました。

　　＿＿＿＿＿＿＿＿＿＿＿＿＿＿＿＿＿＿＿＿＿＿＿＿＿＿

8.　好きな「部活動」を通して、新しい目標を見つけることができるようにした。

　　＿＿＿＿＿＿＿＿＿＿＿＿＿＿＿＿＿＿＿＿＿＿＿＿＿＿

十三、默写课文。

二人は高校の周りを走りながら話しています。劉さんは「部活動」について川口さんに質問しました。

川口：まだ、1年生だから、先輩の① ＿＿＿＿＿＿＿＿＿＿＿＿＿＿＿＿＿＿＿＿、基礎練習で

　　　② ＿＿＿＿＿＿＿＿＿＿＿＿＿＿＿＿が多いなあ。「ボール」を使った練習は、まだ少ないかな。

　劉：「部活」は何年間するの？

川口：高校3年生の春に、③ ＿＿＿＿＿＿＿＿＿＿＿＿んだよ。だから、2年くらいだね。あ、でも、

　　　④ ＿＿＿＿＿＿＿＿＿＿＿＿＿＿ではないよ。

　劉：⑤ ＿＿＿＿＿＿＿＿＿＿＿＿＿＿よね。夜10時まで練習している野球部があると、⑥ ＿＿＿＿＿＿

　　　＿＿＿＿＿＿＿驚いた。その野球部には150人もいるんだよ。

川口：150人は多いなあ。それに、⑦ ＿＿＿＿＿＿＿＿＿＿＿＿＿＿＿＿＿＿＿＿＿＿みたい。逆に、

　　　⑧ ＿＿＿＿＿＿＿＿＿＿＿＿＿ために、1年間しか「部活」ができない高校もあるよ。

　劉：学校によって違うんだね。なるほど、⑨ ＿＿＿＿＿＿＿＿＿＿＿＿＿ものは違うのかな。

先輩：おーい、川口、⑩ ＿＿＿＿＿＿＿＿＿＿＿＿ぞ！

川口：あ、先輩、すみません！頑張ります。

第3課　「食」から見る世界

语言知识要点

1. 重点词语

名词		違い、特徴、地域、民族、学生、夫、あぶら、両親、親戚、お節料理、掛け言葉、皮、コイン、豆、黒豆、カレンダー、朝寝坊、孫、七夕、流行語、プレゼント、唇、舌、鍋、葱、生姜、大蒜、冷蔵庫、最後、人気、人気料理、順序、瓶、不思議、歩道、当然
动词	V₁	気づく、合う、いただく、祈る、切る、包む、向かう、起こす、くださる、冷やす
	V₂	届ける、増える、似る、煮る
	V₃	用意する、招待する、遠慮する、後悔する、流行する
形容词	A₁	おかしい
	A₂	特別、立派、変、不思議、複雑、当然
副词		それぞれ、つまり、特別、ジュージュー、当然
连词		そこで

2. 语法项目

序号	语法项目	含义	例句
1	V ように / N ないように	①表示目的。 ②表示祈盼、希望。	鶏肉の油でスープが冷たくならないように工夫をした。
2	～かどうか	意为"是否……"。	お口に合うかどうか分かりませんが、どうぞ召し上がってください。
3	N/A って（话题）	表示引出话题或引用某人的话为话题。	「おせち料理」って、どんな意味ですか。
4	くれる（くださる）	表示别人给我或我方的人某物。	先生がくれた本に書いてありましたよ。
5	V たことがある	表示曾经做过某事。	家庭によって作り方が違うと聞いたことがありますが。

（续表）

序号	语法项目	含义	例句
6	N にする	表示从多个选项中选定某项。	佐藤先生、晩ご飯は何にするんですか？
7	N がする	表示五官的感觉、感受等，意为"感到……""听到……""闻到……"等。	鍋から「ジャージャン」を出した時、ジュージューという音がする。
8	～すぎる	表示动作或事物的性质等超过了正常的量或程度，意为"太……""过于……"。	とてもおいしいので、いつも食べすぎてしまう。
9	～の（形式名词）	作为形式名词，使短句名词化。	中国の「ジャージャン麺」の特徴を持っているのが、岩手県の「盛岡じゃじゃ麺」だ。

ステップ1とステップ2

 一、听录音，选择与录音内容相符的选项。每段录音只播放1遍。

（　　）1. 男の人は日本の映画を見たことが
- A あります。
- B ありません。

（　　）2. 女の人の家は
- A 南の地方にあります。
- B 北京にあります。

（　　）3. 女の人はこれから
- A 本屋に行きます。
- B 本屋に電話します。

（　　）4. 今まで一番うれしかったプレゼントは
- A 父からの自転車です。
- B おばからのゲーム機です。

（　　）5. 高橋さんは
- A 東京出身です。
- B 京都出身です。

（　　）6. 女の人は短冊に
- A 日本語が上手になる
- B 背がもっと高くなる
ようにと書きました。

二、听录音，根据录音内容补全句子。每段录音播放2遍。

1. 料理に使う野菜などを＿＿＿＿＿＿しておきました。

2. おばあさんが＿＿＿＿＿＿＿＿＿＿＿ように願っています。

3. 将来、＿＿＿＿＿＿＿＿＿＿＿ように、今頑張りたいです。

4. 夏休みに＿＿＿＿＿＿＿＿＿＿かどうか考えています。

5. 誕生日に父は私がずっとほしかった＿＿＿＿＿＿＿＿＿＿＿＿＿をくれました。

6. 中国語の「内巻」って、現在の＿＿＿＿＿＿＿ですよね。＿＿＿＿＿＿＿＿ことがありますか。

7. あの二人が＿＿＿＿＿＿＿＿＿は知りませんが、顔は＿＿＿＿＿＿と思います。

8. 私はまだ1度も＿＿＿＿＿＿＿＿＿＿ことがありません。

三、听下面四段留言，判断说话人与接收人之间是什么关系，并将选项填入括号中。

1. （　　） 　　　2. （　　） 　　　3. （　　） 　　　4. （　　）

A 娘→お母さん　　　　B 夫→妻　　　　　　C 社員→課長　　　　D お母さん→子供

四、用平假名写出下列日语单词的读音。

1. 特徴＿＿＿＿＿　　2. 民族＿＿＿＿＿　　3. 地域＿＿＿＿＿　　4. 用意＿＿＿＿＿

5. 招待＿＿＿＿＿　　6. 遠慮＿＿＿＿＿　　7. 両親＿＿＿＿＿　　8. 親戚＿＿＿＿＿

9. 特別＿＿＿＿＿　　10. 寝坊＿＿＿＿＿　　11. 後悔＿＿＿＿＿　　12. 七夕＿＿＿＿＿

13. 立派＿＿＿＿＿　　14. 流行＿＿＿＿＿　　15. 油＿＿＿＿＿＿

五、将下列中文翻译成日语。

1. 意识到文化的差异＿＿＿＿＿＿＿＿＿＿　　2. 过桥＿＿＿＿＿＿＿＿＿＿＿＿＿＿

3. 考试通过＿＿＿＿＿＿＿＿＿＿＿＿＿＿＿　　4. 招待朋友吃饭＿＿＿＿＿＿＿＿＿＿

5. 合口味＿＿＿＿＿＿＿＿＿＿＿＿＿＿＿＿＿　　6. 祈求幸福＿＿＿＿＿＿＿＿＿＿＿＿＿

7. 与钱的形状相似＿＿＿＿＿＿＿＿＿＿＿＿　　8. 前往车站＿＿＿＿＿＿＿＿＿＿＿＿

9. 比平时起得早＿＿＿＿＿＿＿＿＿＿＿＿＿　　10. 给我提建议＿＿＿＿＿＿＿＿＿＿＿＿

11. 把馅料包进饺子皮中＿＿＿＿＿＿＿＿＿　　12. 放入开水中＿＿＿＿＿＿＿＿＿＿＿

13. 每家都有不同的做法＿＿＿＿＿＿＿＿＿　　14. 每一样食物都有意义＿＿＿＿＿＿＿

六、使用「Vように/Vないように」的表达方式，补全对话。

1. 先生：今から一人ずつ前に出て、作文を発表します。後ろの人にも声がよく＿＿＿＿＿＿＿＿、
　　　　大きい声で発表してください。

　　学生：はい。

2. 田中：この間、携帯電話をポケットに入れていたら、落として壊してしまったんだ。

　　佐藤：それは大変だったね。

　　田中：それで、今は＿＿＿＿＿＿＿＿＿、携帯電話をかばんの中に入れているよ。

3. 子：この薬、すごく苦くて飲みたくない。

　　母：そんなこと言わないで。病気が早く＿＿＿＿＿＿＿＿＿、ちゃんと飲んで。

4. 　李：困った。年末の忘年会で、みんなに中国語の歌を聞きたいと言われたんだ。

　　佐藤：李さん、歌が苦手なの？

　　李：うん、だから、少しでも歌が上手に＿＿＿＿＿＿＿＿、今日から練習しようと思っている
　　　　のよ。

七、从方框中选择合适的选项，补全对话。

A ために　　　　B ように

（一）

山田：王さんは何の①＿＿＿＿＿＿日本に来ましたか。

　王：私は経済学を勉強する②＿＿＿＿＿＿日本に来ました。

山田：そうですか。日本語はどうですか。

　王：国で6か月勉強してきました。もっと上手に話せる③＿＿＿＿＿＿、今日本語学校で勉強しています。

（二）（在学习交流会上，同学们介绍自己的学习方法。）

李：私は日本語の単語を覚える④＿＿＿＿＿＿、単語帳を作りました。

王：私は日本語を聞いてよく理解できる⑤＿＿＿＿＿＿、毎日30分ずつ聞く練習をしています。

張：私は日本語の会話が上手になる⑥＿＿＿＿＿＿、毎週日本人の友達とウィーチャットで会話の練習をしています。

高：日本語の作文が上手に書ける⑦＿＿＿＿＿＿、日本語で日記を書いています。

趙：日本語の文章をうまく理解する⑧＿＿＿＿＿＿、単語や文法をしっかり覚えています。

劉：自分に合う学習方法が見つかる⑨＿＿＿＿＿＿、いろいろやってみました。

黄：時間を大切に過ごす⑩＿＿＿＿＿＿、具体的な学習計画を立てました。

八、使用「～かどうか」的表达方式，补全对话。

1. 佐藤：田中さん、久しぶりに映画に行かない？

　　田中：映画？じゃ、おもしろい映画が＿＿＿＿＿＿＿＿調べてみよう。

2. （明天中午小亮要在家里招待朋友，正和妈妈商量午饭的事。）

　　母：明日のお昼、天ぷらでいい？

　　子：じゃ、武君に天ぷらが＿＿＿＿＿＿＿＿聞いてみるね。

3. 夫：9時の新幹線だったから、健司はもう京都に着いただろう。

　　妻：そうね。＿＿＿＿＿＿＿＿＿＿電話してみよう。

4. 高橋：鈴木さん、来月の同窓会の返事、みんなからもらった？

　　鈴木：山下さんだけまだ返事が来ていないよ。

　　高橋：＿＿＿＿＿＿＿＿＿＿＿＿、山下さんに電話して、聞いてみませんか。

5. 母：今日の試験、どうだった？よくできた？

　　子：書くことは書いたけど、＿＿＿＿＿＿＿は分からないよ。

九、仿照示例，使用「～かどうか」的表达方式，介绍自己居住的地方。

例　今、あの町はまだゴミを分類していません。10年後にはごみを分類するかどうか分かりませんが、たぶんごみを分類するだろうと思います。

　　今、私の町は＿＿＿＿＿＿＿＿＿＿＿＿＿＿＿＿＿＿＿＿＿＿。10年後＿＿＿＿＿＿＿＿＿＿＿

_____かどうか分かりませんが、たぶん_____

_____だろうと思います。

十、将A、B两组相关的内容连线，组成语义通顺的一句话。（每项内容只用1次）

A组	B组
1. 天ぷらって	ア. ミドリ電気の課長ですよね。
2. 新幹線の切符って	イ. 北京大学のことです。
3. 山下さんって	ウ. まだ食べたことがありません。
4. 北大って	エ. 難しいですが、おもしろいです。
5. 横綱って	オ. どうやってインターネットで買いますか。
6. 日本語って	カ. 相撲で一番強い人のことです。

十一、参考表格中的内容，仿照示例，写一写在何时收到了何种礼物。

```
＜プレゼントのリスト＞
父・・・・・・・・・時計
母・・・・・・・・・携帯電話
兄・・・・・・・・・日本語の辞書
おじ・・・・・・・村上春樹（むらかみはるき）の本
おば・・・・・・・かばん
祖父・・・・・・・万年筆
```

例 高校に入学する時、父は（私に）時計をくれました。

1. _____。

2. _____。

3. _____。

4. _____。

5. _____。

十二、下面是玛丽回忆在日本生活的文章。从方框中选择合适的动词并改为适当的形式，补全短文。（每个单词只用1次）

住む	見る	行く	読む	着る	習う	登る	泊まる

　私は3年前に東京に①_____ことがあります。英会話学校で英語を教えていましたが、日本語学校で日本語を②_____こともあります。日本の漫画が好きで、夜寝ないで朝まで、漫画を③_____こともあります。東京スカイツリー（東京晴空塔）に④_____こともあって、歌舞伎を

27

⑤＿＿＿＿＿こともあります。温泉の旅館に⑥＿＿＿＿＿こともありますが、畳の部屋はとてもきれいでよかったです。本当に楽しい毎日でした。でも、日本にいる時、一回も相撲を見に⑦＿＿＿＿＿ことがありません。着物を⑧＿＿＿＿＿こともありません。ちょっと残念です。去年、国に帰りましたが、いつかまた日本に行きたいと思っています。

十三、默写课文。

張：「お節料理」って、①＿＿＿＿＿＿＿＿＿＿＿＿＿ですね。先生がくれた本に書いてありましたよ。②＿＿＿＿＿＿＿＿＿＿＿＿そうですね。

佐藤：ええ。例えば、③＿＿＿＿＿＿＿＿＿ために、昆布が入れてあるんです。

張：えっ、どうして昆布が入れてあるんですか。

佐藤：それは、「昆布」が「喜ぶ」と④＿＿＿＿＿＿＿＿からです。つまり、「喜ぶ」を「昆布」に⑤＿＿＿＿＿＿んですよ。でも、最近は家で作らないで、⑥＿＿＿＿＿＿＿＿＿＿＿＿＿＿＿そうです。ところで、中国の春節にはどんなものを食べるんですか。

張：南の地方は⑦＿＿＿＿＿＿＿＿＿＿そうですが、この近くでは主に⑧＿＿＿＿＿＿＿＿ます。⑨＿＿＿＿＿＿＿＿＿＿からです。

佐藤：水餃子ですね。家庭によって⑩＿＿＿＿＿＿＿＿＿と聞いたことがありますが。

ステップ3とステップ4

🎧 **一、听录音，选出与录音内容相符的职业，将对应的选项写在括号中。每段录音只播放1遍。**

A 駅員　　B 図書館の管理人　　C ホテルマン　　D バスの運転手　　E スポーツ選手　　F 英語の先生

1.（　）　　2.（　）　　3.（　）　　4.（　）　　5.（　）　　6.（　）

🎧 **二、听录音，根据录音内容补全短文。录音播放2遍。**

私は部屋の窓から①＿＿＿＿＿＿＿＿のが好きです。遠くに富士山が雪の帽子を②＿＿＿＿＿＿＿＿＿＿のが見えます。飛行機が③＿＿＿＿＿＿＿＿＿のも見えます。どこへ行くのでしょうか。④＿＿＿＿＿＿＿＿＿＿のはどんな人たちでしょうか。私が今度⑤＿＿＿＿＿＿＿＿のは夏休みです。両親や友達と⑥＿＿＿＿＿＿＿＿＿＿＿＿のが楽しみです。あっ、大変。⑦＿＿＿＿＿＿＿＿＿のを忘れていました。宿題の⑧＿＿＿＿＿＿＿＿のに2、3時間かかるでしょう。頑張ろう！

🎧 **三、听录音，在与录音内容相符的句子前画○，不符的画×。录音播放2遍。**

（　）1. 女の人は紅茶にしました。

（　）2. 男の人は冷たいコーヒーにしました。

（　）3. 女の人はケーキにしました。

（　）4. 男の人はお菓子にしました。

（　）5. 男の人がお金を払いました。

四、用平假名写出下列日语单词的读音。

1. 鍋＿＿＿＿＿＿　　2. 材料＿＿＿＿＿＿　　3. 最後＿＿＿＿＿＿　　4. 人気＿＿＿＿＿＿

5. 順序＿＿＿＿＿＿　　6. 複雑＿＿＿＿＿＿　　7. 歩道＿＿＿＿＿＿　　8. 当然＿＿＿＿＿＿

9. 不思議＿＿＿＿＿　10. 冷蔵庫＿＿＿＿＿　11. 集中＿＿＿＿＿＿　12. 態度＿＿＿＿＿＿

13. 西洋＿＿＿＿＿＿　14. 仲間＿＿＿＿＿＿　15. 玄関＿＿＿＿＿＿　16. 活躍＿＿＿＿＿＿

17. 代表＿＿＿＿＿＿　18. 体操＿＿＿＿＿＿　19. 成長＿＿＿＿＿＿　20. 迷惑＿＿＿＿＿＿

五、将下列中文翻译成日语。

1. 有特色＿＿＿＿＿＿＿＿＿＿＿＿＿＿＿　　2. 开店＿＿＿＿＿＿＿＿＿＿＿＿＿＿＿

3. 传来很大的响声＿＿＿＿＿＿＿＿＿＿＿　　4. 介绍做法＿＿＿＿＿＿＿＿＿＿＿＿＿

5. 成为人气菜肴＿＿＿＿＿＿＿＿＿＿＿＿　　6.（品尝之后感到）味道奇特＿＿＿＿＿＿

7. 走在人行道上＿＿＿＿＿＿＿＿＿＿＿＿　　8. 炒肉＿＿＿＿＿＿＿＿＿＿＿＿＿＿＿

9. 放入大酱＿＿＿＿＿＿＿＿＿＿＿＿＿＿　　10. 把油倒入锅中＿＿＿＿＿＿＿＿＿＿＿

六、根据句意，从方框中选择合适的名词，将对应的选项填写在横线上。（每个单词只用1次）

A 音	B 声	C 味	D におい	E 感じ	F 頭痛（ずつう）

1. 家の前で車が止まる＿＿＿＿＿＿がしました。

2. 部屋に入ると、コーヒーのいい＿＿＿＿＿＿＿がしました。

3. 夕べ、よく寝られなかったので、今日は朝から＿＿＿＿＿＿がしました。

4. この料理には果物を使ったでしょう。パイナップル（菠萝）の＿＿＿＿＿＿がします。

5. さっき建物が少し揺れた＿＿＿＿＿＿＿がした。地震かなあ。

6. 隣の部屋から人の泣く＿＿＿＿＿＿がしました。

七、根据句意，在横线上填写合适的助词。（可重复使用）

に	が	を

1. 来週サッカーの試合があるので、今週は放課後、毎日サッカーの練習＿＿＿＿＿＿しています。

2. この白い帽子はかわいいですね。これ＿＿＿＿＿＿しましょう。

3. このお菓子はバナナの味＿＿＿＿＿＿＿しますね。

4. いつも晩ご飯を食べてから、宿題＿＿＿＿＿＿＿します。

5. 田中さんの送別会は来週の土曜日＿＿＿＿＿＿しました。

6. 日本語の勉強は初めより易しくなったような感じ＿＿＿＿＿＿します。

八、从方框中选择合适的单词并改为「～すぎる」的形式，补全对话。（每个单词只用1次）

辛い	多い	入れる	短い	働く	難しい

1. 　子：いただきます。

　　　　あ～！①＿＿＿＿＿＿＿＿＿＿＿＿よ。

　　母：そう？唐辛子（とうがらし）をちょっと②＿＿＿＿＿＿＿＿＿＿てしまったかなあ。

2. 店員：このスカートはいかがですか。

　　客：ちょっと③＿＿＿＿＿＿＿＿＿＿ますね。もっと長いのはありませんか。

　　店員：こちらにありますよ。

3. 　佐藤：ジャックさん、この文章、とてもおもしろいですよ。読んでみませんか。

　ジャック：この本は漢字が④＿＿＿＿＿＿て、私には⑤＿＿＿＿＿＿ますよ。もっと易しい文章は

　　　　　ありませんか。

4. 田中：鈴木さんは先週入院したそうですね。

　　佐藤：ええ、⑥＿＿＿＿＿＿＿て、病気になったそうです。この1か月仕事が忙しくて、毎日夜遅く

　　　　まで残業（ざんぎょう）（加班）していたそうですよ。

九、下面是医生和患者的一段对话。使用「～すぎる」的表达方式，补全对话。

医者：どうしましたか。

患者：最近、食欲もあまりないし、夜もよく寝られないんです。

医者：そうですか。お酒は飲みますか。

患者：ええ、ほとんど毎日……

医者：お酒はあまり①＿＿＿＿＿＿＿＿＿＿＿ように気をつけてください。毎日どのぐらい寝ます

　　か。

患者：最近残業が多くて、寝る時間が3～4時間しかありません。

医者：寝る時間が②＿＿＿＿＿＿＿＿＿＿ますね。それに、仕事を③＿＿＿＿＿＿て、ストレス

　　が溜まっているでしょう。普段運動はしますか。

患者：ええ、前はジョギングをしていたんですが、このごろは忙しくて……

医者：できれば毎日30分以上運動をするようにしてください。散歩でもいいですよ。

患者：はい、分かりました。

医者：それから、寝る前にお風呂にゆっくり入るといいですよ。でも、お湯の温度は少し低くしてくだ

　　さいね。温度が④＿＿＿＿＿＿＿たり、入っている時間が⑤＿＿＿＿＿＿＿たりするのもよく

　　ないです。

患者：はい。ありがとうございました。

医者：では、お大事に。

十、仿照示例，使用「〜の（形式名词）」的表达方式，补全对话。

1.　李：これ、京都のお土産ですよ。

　　佐藤：ありがとうございます。初めての一人旅行は緊張しませんでしたか。

　　李：いいえ、とても楽しかったですよ。次は北海道に行きたいなあ。

　　→**例**　李さんは一人で旅行するのはとても楽しかったと言いました。そして、李さんは次に①＿＿＿＿＿
　　　　　　＿＿＿＿＿＿は北海道だと言いました。

2.　鈴木：あれ？このTシャツ、色が違っている。黒を買ったのに、これは白だ。困った！

　　田中：そういうことがあるから、私はインターネットショッピングが好きじゃないんだよ。

　　→鈴木さんがインターネットで②＿＿＿＿＿＿＿＿＿＿＿は黒のTシャツだ。しかし、③＿＿＿＿＿＿＿＿
　　　　＿＿＿＿＿は白のTシャツだから困っている。田中さんはインターネットで④＿＿＿＿＿＿＿＿＿＿

　　は、好きじゃないと言った。

3.　　　田中：ジャックさんは何のために日本に来たんですか。

　　ジャック：経済学の勉強がしたかったからです。

　　　　田中：一人で来たんですよね。来る前は心配しませんでしたか。

　　ジャック：心配しましたよ。でも、今は来てよかったと思っています。毎日楽しく生活していますよ。

　　→ジャックさんが日本へ⑤＿＿＿＿＿＿＿＿＿＿＿＿＿＿＿＿＿＿＿は経済学の勉強をしたいか
　　　らです。ジャックさんは日本で⑥＿＿＿＿＿＿＿＿＿＿＿＿＿＿＿＿＿は楽しいと言いました。

十一、找出下列句子中有误的部分，画线并改正。

1.　忘れないために、約束の時間と場所をカレンダーに書きました。

　　＿＿＿＿＿＿＿＿＿＿＿＿＿＿＿＿＿＿＿＿＿＿＿＿＿＿＿＿＿＿＿

2.　日本語が上手に話すように、毎日会話の練習をしています。

　　＿＿＿＿＿＿＿＿＿＿＿＿＿＿＿＿＿＿＿＿＿＿＿＿＿＿＿＿＿＿＿

3.　あの人が日本人だかどうか知っていますか。

　　＿＿＿＿＿＿＿＿＿＿＿＿＿＿＿＿＿＿＿＿＿＿＿＿＿＿＿＿＿＿＿

4.　去年、姉がくれる辞書を毎日使っています。

　　＿＿＿＿＿＿＿＿＿＿＿＿＿＿＿＿＿＿＿＿＿＿＿＿＿＿＿＿＿＿＿

5.　私は2年前に、上海のディズニーランドに行くことがあります。

　　＿＿＿＿＿＿＿＿＿＿＿＿＿＿＿＿＿＿＿＿＿＿＿＿＿＿＿＿＿＿＿

6.　田中さんへのお土産は中国のお茶をしました。

　　＿＿＿＿＿＿＿＿＿＿＿＿＿＿＿＿＿＿＿＿＿＿＿＿＿＿＿＿＿＿＿

7.　このスーパーは日曜日には人が多いすぎますので、平日行ったほうがいいですよ。

　　＿＿＿＿＿＿＿＿＿＿＿＿＿＿＿＿＿＿＿＿＿＿＿＿＿＿＿＿＿＿＿

8.　この花はとてもいい香り（芳香）をします。

　　＿＿＿＿＿＿＿＿＿＿＿＿＿＿＿＿＿＿＿＿＿＿＿＿＿＿＿＿＿＿＿

9.　この喫茶店が人気のは、コーヒーが安くておいしいからです。

　　＿＿＿＿＿＿＿＿＿＿＿＿＿＿＿＿＿＿＿＿＿＿＿＿＿＿＿＿＿＿＿

10. 私はアニメを見るが好きです。

_____

十二、将下列中文翻译成日语。

今年暑假，王华作为志愿者去了四川大熊猫栖息地。2006年四川大熊猫栖息地被列入《世界遗产名录》，那里除了大熊猫之外还有很多其他珍稀动植物，被称为"活的博物馆"。王华在那里不仅看到了美丽的自然景色，还学到了很多有关大熊猫的知识。

王华第一次去四川，她平时不太能吃辣的食物，四川菜对她来说实在是太辣了。王华回来的时候买了一些四川的特产打算送给朋友，不知道朋友会不会喜欢。

（参考：四川大熊猫栖息地/四川パンダ棲息地；世界遗产名录/世界遺産リスト）

_____

_____

_____

_____

_____

_____

_____

十三、默写课文。

現在、「ジャージャン麺」は日本でも食べることができる。中国の「ジャージャン麺」の①_____のが、岩手県の「盛岡じゃじゃ麺」だ。「盛岡じゃじゃ麺」は中国・東北に住んでいた高階貫勝という人が日本の敗戦後、②_____。高階は中国で③_____「ジャージャン麺」が④_____。最初は⑤「_____！」と客に言われて、苦労したそうだ。「盛岡じゃじゃ麺」は、現在盛岡市の⑥_____。

ほかにも、日本各地には「中国風料理」が多くある。どんな料理があるのか調べてみよう。

第4課　「静かな」日本

语言知识要点

1. 重点词语

名词		礼儀、意義、マナー、春節、結婚、記念、結婚記念日、ルール、縦、経験、保護者、たばこ、わがまま、ホテル、健康、思いやり、笑顔、パキスタン、アンケート、文字、肩、怪我、骨
动词	V₁	異なる、動かす、過ごす、叩く、噛む、楽しむ
	V₂	解ける、離れる、折れる
	V₃	観察する、保護する
形容词	A₂	わがまま
副词		確かに、相当、まったく、もし

2. 语法项目

序号	语法项目	含义	例句
1	S/Nくらい（ぐらい）	表示较轻的程度，意为"……之类的""……什么的"。语气轻松，带有"无所谓，没什么"的语气。	夜、11時ぐらいだったので、静かすぎてちょっと怖い<u>くらい</u>でした。
2	Nなら	①表示提出某一话题。 ②表示就对方提出的话题表达意见或提出建议，意为"如果提起……的话""就……来说"。	夜の新幹線<u>なら</u>、疲れて寝ている人も多かったのではないですか。
3	Vたら	表示动作的继起或契机。	大きなくしゃみをし<u>たら</u>、みんなに見られました。
4	Vてはいけない	表示禁止或不允许别人做某事，意为"不能……""不许……"。	新幹線の中でくしゃみをし<u>てはいけ</u>ないんですか。
5	Vた/ないほうがいい	表示建议或劝告，意为"最好……"或"最好不要……"。	隣に座っている友達と話す<u>くらい</u>は大丈夫ですが、いつもより声を小さくした<u>ほうがいい</u>と感じました。

（续表）

序号	语法项目	含义	例句
6	Vことになる	表示由于客观原因导致了某种结果或促成了某个决定，意为"要……了""定下来……"。	7月16日に、帰国する<u>ことになった</u>。
7	全く～ない	表示全部否定，意为"完全不（没）……""根本不（没）……""实在不（没）……"。	ハッサンさんの状況を私は<u>全く</u>知ら<u>なかった</u>。
8	～かもしれない	表示推测，意为"也许……""可能是……"。	食事会がハッサンさんの迷惑になっていたの<u>かもしれない</u>。
9	Nにとって（は）	表示判断、评价的视点或立场，意为"对……而言""对……来说"。	私<u>にとって</u>は楽しい話し声でも、他の人<u>にとって</u>は、うるさい音になるかもしれない。

ステップ1とステップ2

一、听录音，选出与录音内容相符的图标，将对应的选项写在括号中。每段录音只播放1遍。

A   B   C   D   E   F

1.（ ） 2.（ ） 3.（ ） 4.（ ） 5.（ ） 6.（ ）

二、听录音，根据录音内容补全句子。每段录音播放2遍。

1. 先週の土曜日に、＿＿＿＿＿＿＿＿＿、中学時代のクラスメートに会ったんです。
2. 先週、温泉旅館に泊まったんです。部屋に入って、窓を開けたら、＿＿＿＿＿＿＿＿＿ました。
3. 先月から毎日30分ぐらいジョギングするようにしています。1か月走ったら、5キロも痩せました。＿＿＿＿＿＿＿＿＿服がまた＿＿＿＿＿＿＿＿＿ようになって、大変うれしいです。
4. 父は来月から大阪に転勤することになりました。単身赴任は大変だから、＿＿＿＿＿＿＿＿＿と母が言いました。妹は＿＿＿＿＿＿＿＿＿のが嫌で、毎日「行かない、行かない」と泣いています。でも、私は大丈夫です。大阪なら、何よりもユニバーサルスタジオジャパンが＿＿＿＿＿＿＿＿＿です。

三、听录音，在与录音内容相符的句子前画〇，不符的画×。录音播放2遍。

（ ）1. ひらがなで名前を書いてはいけません。
（ ）2. 試験の答えはボールペンで書いてもいいです。
（ ）3. 鉛筆を持っていない人は、先生の鉛筆を借りてもいいです。

( ) 4. 携帯電話の時計を見てもいいです。

( ) 5. 試験中、辞書を使ってはいけません。

四、用平假名写出下列日语单词的读音。

1. 礼儀_____
2. 意義_____
3. 結婚_____
4. 記念_____

5. 経験_____
6. 観察_____
7. 相当_____
8. 縦_____

9. 保護_____
10. 健康_____
11. 叩く_____
12. 噛む_____

五、将下列中文翻译成日语。

1. 礼节不同_____
2. 点头_____

3. 摇头_____
4. 交换信息_____

5. 乘坐新干线_____
6. 打喷嚏_____

7. 坐在旁边_____
8. 狗的叫声很吵_____

9. 反对小李的意见_____
10. 和自己的习惯不同_____

11. 解开了问题_____
12. 给家人打电话_____

13. 离这里很远_____
14. 比想象中好吃_____

15. 传来了奇怪的响声_____
16. 吸烟_____

17. 说任性的话_____
18. 预订宾馆_____

六、仿照示例，使用「たら」的表达方式造句，告诉身边朋友这一周发生的事情。

例 月曜日・学校の隣の本屋に行く

　→月曜日、学校の隣の本屋に行ったら、店が休みだった。

1. 火曜日・コンビニに行く

　_____

2. 水曜日・喫茶店でコーヒーを注文する（点咖啡）

　_____

3. 木曜日・パソコンを使おうと思う

　_____

4. 金曜日・晩ご飯を作ろうと思う

　_____

5. 土曜日の朝・窓を開ける

　_____

6. 日曜日・英会話教室に行く

　_____

七、下面是李华一周的日程安排，仿照示例，使用「なら」的表达方式回应朋友的邀请。

	月曜日	火曜日	水曜日	木曜日	金曜日	土曜日	日曜日
午前	授業	授業	授業	授業	授業	バイト	
午後	レポート		バイト	部活		バイト	

（参考：バイト/勤工俭学，打工）

例 佐藤：月曜日の午後、一緒にテニスをしませんか。

李華：すみません、月曜日の午後はレポートを書かなければなりません。火曜日ならいいですよ。

1. 田中：週末、映画を見に行きませんか。土曜日はどうですか。

李華：＿＿＿＿＿＿＿＿＿＿＿＿＿＿＿＿＿＿＿＿＿＿＿

2. 山田：火曜日か水曜日の午後、図書館に行きませんか。

李華：＿＿＿＿＿＿＿＿＿＿＿＿＿＿＿＿＿＿＿＿＿＿＿

3. 鈴木：木曜日、一緒に買い物に行きませんか。

李華：＿＿＿＿＿＿＿＿＿＿＿＿＿＿＿＿＿＿＿＿＿＿＿

4. 高橋：金曜日、一緒に食事に行きませんか。駅前においしい寿司屋ができましたよ。

李華：＿＿＿＿＿＿＿＿＿＿＿＿＿＿＿＿＿＿＿＿＿＿＿

5. 山下：週末、一緒にジム（健身房）に行きませんか。

李華：＿＿＿＿＿＿＿＿＿＿＿＿＿＿＿＿＿＿＿＿＿＿＿

八、小李和同学佐藤用微信聊天。从方框中选择合适的短语并改为适当的形式，补全对话。（每个短语只用1次）

学校が終わる　　明日テストだ　　あさってだ　　それが終わる　　おもしろい映画がある

山本：グループトーク（群聊）のメッセージ（消息，信息）読んだ？来週の英語のテスト、明日に変わっ
たそうだよ。

李：えっ、①＿＿＿＿＿＿＿＿＿＿＿＿なら、今晩は復習しなくちゃ……

山本：作文の宿題はもう終わった？

李：さっきからずっとその宿題をやっていて、まだ終わっていないんだよ。②＿＿＿＿＿＿＿＿
たら、英語の勉強をしようと思っているのよ。教えてくれて、ありがとう。

山本：明日かあさって、一緒に映画を見に行かない？

李：③＿＿＿＿＿＿＿＿＿なら、見たいなあ。でも、明日は④＿＿＿＿＿＿＿＿＿＿＿＿＿＿たら、歯
医者に行かなければならないんだ。⑤＿＿＿＿＿＿＿＿なら大丈夫だよ。

九、日语班的学生向老师确认作文作业的要求，根据问题选择合适的答句。

（　　）1. 学生：先生、作文は来週出してもいいですか。

先生：A いいえ、今週出してもいいです。

Bはい、来週出してはいけません。

Cいいえ、来週出してはいけません。

( ) 2. 学生：先生、作文の宿題をメールで出してもいいですか。

先生：Aはい、メールで出してもいいです。

Bいいえ、メールで出してもいいです。

Cはい、メールで出してはいけません。

( ) 3. 学生：先生、作文は300字以内で書いてもいいですか。

先生：Aいいえ、300字以内で書いてもいいです。

Bはい、300字以内で書いてもいいです。

Cはい、300字以内で書いてはいけません。

( ) 4. 学生：先生、作文を書く時、辞書を引いてはいけませんか。

先生：Aはい、辞書を引いてもいいです。

Bいいえ、辞書を引いてはいけません。

Cはい、辞書を引いてはいけません。

十、从方框中选择合适的动词，使用「～てはいけません」的表达方式，补全对话。（每个动词只用 1次）

1. 某幼儿园老师带孩子们参观博物馆，老师对孩子们说注意事项。

話す	触る（触摸）	食べる	走る

先生：さあ、みなさん、博物館に着きましたよ。皆さんに注意があります。博物館には古くて大切なも
のがたくさんあります。だから、手で①＿＿＿＿＿＿＿＿＿＿＿。それから、博物館の中では食
べ物を②＿＿＿＿＿＿＿＿＿＿＿。

武：わあ、あの絵、おもしろいね！

先生：しーっ！武君、大きい声で③＿＿＿＿＿＿＿＿＿＿＿。みなさんも気を付けましょうね。で
は、行きましょう。

子供：わあー！こっち、こっち！

先生：あ、危ない！みなさん、④＿＿＿＿＿＿＿＿＿＿＿。歩いて行きましょう。

2. 小金是刚来日本不久的韩国留学生，公寓管理员向小金说明如何处理垃圾。

入れる	置く	捨てる

管理人：キムさん、缶や瓶などは今日⑤＿＿＿＿＿＿＿＿＿＿＿。今日は木曜日ですから、燃え
るゴミの日です。

キム：あ、すみません。捨てる日を間違えました。すぐ持って帰ります。

管理人：あっ、キムさん、缶と瓶を同じ袋に⑥＿＿＿＿＿＿＿＿＿＿＿。

キム：すみません。すぐ分けます。

管理人：そうそう、昨日階段の下にキムさんの自転車がありましたね。たくさんの人が階段を使います

から、自転車を階段の下に⑦_____。

キム：はい、気をつけます。すみませんでした。

十一、根据括号中的提示，使用「Vた／ないほうがいい」的表达方式，向朋友提出合理的建议。

1. 鈴木：風邪を引いたんです。

   A 私：じゃあ、_____ほうがいいですよ。（温かい水をたくさん飲む）

   B 私：今日は_____ほうがいいですよ。（運動する）

2. 田中：試験でいい成績が取れなかったんです。

   A 私：大丈夫です。_____ほうがいいですよ。（がっかりする/失望）

   B 私：_____ほうがいいですよ。（続けて頑張る）

3. 佐藤：おなかが痛いんです。

   A 私：_____ほうがいいですよ。（冷たいものを食べる）

   B 私：_____ほうがいいですよ。（病院に行く）

4. 木村：宿題を家に忘れて、先生にしかられたんです。

   A 私：_____ほうがいいですよ。（これから気をつける）

   B 私：_____ほうがいいですよ。（明日は忘れる）

十二、默写课文。

李：新幹線に乗った時、①_____、驚いたんです。夜11時くらいだったので、静かすぎて、②_____くらいでした。

佐藤：夜の新幹線なら、③_____のではないですか。

李：はい、大きな④_____たら、みんなに見られました。

王：え、じゃあ、新幹線の中で⑤_____んですか。

佐藤：いやいや、⑥_____てもいいですよ。でも、電車の中では⑦_____たいと考えている人は多いでしょうね。

李：その時は本当に⑧_____です。⑨_____くらいは大丈夫ですが、いつもより⑩_____したほうがいいと感じました。

王：そうなんですか。わかりました。

ステップ3とステップ4

一、听录音，选择与录音内容相符的选项。每段录音只播放1遍。

（　　）1. 男の人は週末、何をする予定ですか。

　　　　　 A 図書館に行く。　　　　B 家で勉強する。　　　　C サッカーをする。

（　　）2. 2人は今、どこにいますか。

　　　　　 A かばん屋　　　　　　　B 靴屋　　　　　　　　　C 服屋

（　　）3.　2人は今から何をしますか。

　　　　A 映画を見る。　　　　　　B ご飯を食べる。　　　　　　C 買い物をする。

（　　）4.　2人は何について話していますか。

　　　　A 食べたいもの　　　　　　B プレゼント　　　　　　C おいしいチョコレート

（　　）5.　月曜日の授業はどうなりますか。

　　　　A 一日休みます。

　　　　B 午前の授業は休みます。

　　　　C 午後の授業は休みます。

二、听录音，在与录音内容相符的句子前画〇，不符的画×。录音播放2遍。

（　　）1.　ポスターのタイトルの文字を大きくします。

（　　）2.　ポスターの紙も大きくします。

（　　）3.　参加者の名前を小さくします。

（　　）4.　活動の場所の地図も入れます。

（　　）5.　ポスターは食堂の前に貼ります。

三、先通读文章并推测空白处内容，再听录音，补全短文。录音播放2遍。

　　みなさんは日本を旅行したことがありますか。日本は細長い島国で、一年中①＿＿＿＿＿＿＿に来ても楽しめる所です。②＿＿＿＿＿＿を見るなら春ですが、③＿＿＿＿＿＿を見るなら秋がいいですよ。④＿＿＿＿＿＿を見るなら、関西の京都や奈良を回ったらいいと思います。京都には清水寺、平安神宮、金閣寺、銀閣寺などの有名な観光名所がたくさんあります。奈良の東大寺は大仏が⑤＿＿＿＿＿＿で、観光客が多いです。買い物や遊園地で楽しみたいなら、⑥＿＿＿＿＿＿がお勧め（推荐）です。ディズニーランドやディズニーシー、スカイツリーなどはとても⑦＿＿＿＿＿＿＿＿＿。

四、用平假名写出下列日语单词的读音。

1. 道路＿＿＿＿＿＿　　　2. 笑顔＿＿＿＿＿＿　　　3. 文字＿＿＿＿＿＿　　　4. 怪我＿＿＿＿＿＿

5. 全く＿＿＿＿＿＿　　　6. 折れる＿＿＿＿＿＿　　7. 肩＿＿＿＿＿＿　　　　8. 骨＿＿＿＿＿＿

9. 春節＿＿＿＿＿＿　　　10. 動かす＿＿＿＿＿＿

五、将下列中文翻译成日语。

1. 居住在日本＿＿＿＿＿＿＿＿＿＿＿＿＿　　　2. 参加餐会＿＿＿＿＿＿＿＿＿＿＿＿＿

3. 努力学习＿＿＿＿＿＿＿＿＿＿＿＿＿　　　　4. 考虑对方的立场＿＿＿＿＿＿＿＿＿＿＿＿＿

5. 大家一起商量＿＿＿＿＿＿＿＿＿＿＿＿＿　　6. 在国外工作＿＿＿＿＿＿＿＿＿＿＿＿＿

7. 骨折＿＿＿＿＿＿＿＿＿＿＿＿＿　　　　　　8. 对我来说很难＿＿＿＿＿＿＿＿＿＿＿＿＿

9. 完全不会说＿＿＿＿＿＿＿＿＿＿＿＿＿　　　10. 有机会＿＿＿＿＿＿＿＿＿＿＿＿＿

六、仿照示例，使用「ことになる」的表达方式，写出以下几名日本大学生的毕业去向。

例 由美・中国・留学する→由美さんは中国に留学することになりました。

1. 美紀(みき)・中学校・英語を教える

   _____

2. 健太・大学院・経済学を勉強する

   _____

3. 安子(やすこ)・お母さんの店・手伝う

   _____

4. 武(たけし)・イギリスの自動車工場・働く

   _____

5. 陽太(ようた)・アフリカ・ボランティアをしに行く

   _____

七、从方框中选择合适的表达方式，补全句子。（可重复使用）

A ことになった　　　　　B ようになった

1. 田中さんが休みなので、私が発表する_____。
2. 高校に入ってから、朝早く起きられる_____。
3. 弟は中学校に入ってから、頑張って勉強する_____。
4. 来月、私たちは結婚する_____。
5. 最近、祖父もスマホでメールを送る_____。
6. 父は来月から北京の支社(ししゃ)に転勤(てんきん)する_____。

八、仿照示例，使用「～かもしれない」的表达方式，推测过去或未来的情况。

例1 1万年前・今より寒い
   →1万年前は今より寒かったかもしれません。

例2 1000年後・月へ旅行に行ける
   →1000年後は月へ旅行に行けるかもしれません。

1. 100年後・人口が今より少ないです

   _____

2. 50年前・今より空気がいいです

   _____

3. 30年後・車にガソリンを使いません

   _____

4. 500年前・珍しい動物が今より多いです

   _____

5. 40年後・ロボットを使う家庭が多くなります

   _____

九、从方框中选择合适的表达方式，补全句子。（可重复使用）

A にとって	B について	C によって	D を通して

1. 小学生_____、この問題は難しすぎるかもしれません。

2. インターネット_____、日本で地震が起こったことが分かりました。

3. リンゴを大きさ_____分類し、それぞれの箱に入れます。

4. 今日はこの町の歴史_____みなさんに紹介したいです。

5. 現代人_____ごみをどう処理するかは大きな問題です。

6. 私は留学生の田中さん_____よく知りません。

十、将下列句子重新排序，分别组成一段语义通顺的短文，将选项按顺序填写在括号中。

1. A つまり、南北に細長い国である。

　B 北から南へ北海道、本州、四国、九州の四つの島が並んでいて、その周りにたくさんの島々がある。

　C 日本は島国である。

　D だから、北海道と九州では気候がだいぶ違う。

　（　　）→（　　）→（　　）→（　　）

2. A そして、何度でも使うことができる。

　B それ自体は普通の四角い布だから、四角いものも丸いものも包むことができる。

　C しかも、使わない時は畳んで（叠起来）小さくすることもできるのだ。

　D 風呂敷（包袱皮）は大変便利なものである。

　（　　）→（　　）→（　　）→（　　）

3. A 彼らはにおいによって食べ物や敵を見つける。

　B においを感じる能力は、人間より他の哺乳動物のほうが強い。

　C 特に野生の哺乳動物は、人間とは比べられないほどににおいに敏感だ。

　D つまり、生きるために絶対必要な能力、それがにおいを感じる能力なのだ。

　（　　）→（　　）→（　　）→（　　）

4. A 消費者は生産されたものを買って使う。

　B 生産者はものを生産して、売る。

　C これからは生産者も消費者も、それを考えてごみを減らすことが最大の課題だ。

　D 生産した後に出るごみ、使った後に出るごみはどうなるか。

　（　　）→（　　）→（　　）→（　　）

十一、找出下列句子中有误的部分，画线并改正。

1. 12月に入ったら、急に寒くなります。

　_____

2. 田中さんは甘いものが好きだかもしれません。

　_____

3. 健康は誰についても一番大切なものでしょう。

　　_____

4. 私は来月日本語のスピーチ大会に参加するようになりました。

　　_____

5. 子供が寝ていますから、声を大きくしたほうがいいですよ。

　　_____

6. 仕事が忙しくても、私にメールをするごろの時間はあるでしょう。

　　_____

7. 故郷の名物のなら、みかんが一番有名です。

　　_____

8. 危ないので、中に入ってもいいです。早く離れてください。

　　_____

十二、将下列中文翻译成日语。

1. 我认为即便再忙，周末也要好好休息。

　　_____

2. 要是去博物馆的话，可能还是坐地铁去更方便。

　　_____

3. 我给日本的朋友发了邮件，没想到马上就收到了回信。

　　_____

4. 我完全不能理解小王的想法。

　　_____

5. （已确定）在下周的升旗仪式上，我要代表班级发表演讲。

　　_____

6. 对我来说，最愉快的时光就是和朋友在一起的时候。

　　_____

十三、默写课文。

　ハッサンさんの状況は私は①_____。食事会がハッサンさんの②_____のかもしれない。恥ずかしくて、③_____。私にとっては、④_____でも、ほかの人にとっては、⑤_____のかもしれない。

　大切なのは、⑥_____ことではないだろうか。私にとって、それはハッサンさんたち、⑦_____と言えるのかもしれない。

第一单元总结

🎧 **一、听录音，选择与录音内容相符的选项。每段录音只播放1遍。**

( ) 1. 女の人はこれから何をしますか。

    A 家へ帰る。   B 勉強する。   C 真希さんを呼んでくる。

( ) 2. 男の人はパーティーで何をしますか。

    A ケーキを作る。   B 中国の歌を歌う。   C ジュースを買う。

( ) 3. 男の人はどうして花見に行きませんか。

    A 部活があるから   B 試験があるから   C 約束があるから

( ) 4. 男の子は明日何時ごろ家に帰りますか。

    A 4時ごろ   B 7時ごろ   C 9時ごろ

( ) 5. 男の人はどの店へコーヒーを飲みに行きますか。

    A 駅の近くの店   B 映画館の前の店   C デパートの中の店

🎧 **二、听录音，在与录音内容相符的句子前画〇，不符的画×。录音播放2遍。**

( ) 1. 男の人は春、日本に来ました。

( ) 2. 男の人は日本に来てもうすぐ9か月になります。

( ) 3. 男の人は日本はとてもきれいな国だと思っています。

( ) 4. 男の人は今でもごみを分けるのは大変だと思います。

( ) 5. 男の人は今とても疲れていると思います。

🎧 **三、先通读文章并推测空白处内容，再听录音，补全短文。录音播放2遍。**

地球（ちきゅう）は温暖化（おんだんか）していると言われます。また、最近、40度を超（こ）える日が①_____たり、大雨が降ったり、異常気候（いじょうきこう）と言われる現象（げんしょう）が世界各地（かくち）で②_____います。

地球の温暖化はどうして起きるのでしょうか。また、温暖化の結果、海面（かいめん）が③_____と言われていますが、どれぐらい高くなるのでしょうか。今の地球の平均気温は約15℃です。④_____地球に空気がなければ、何度ぐらいになるでしょうか。答えは−20℃です。この温度では人は地球に⑤_____ません。また、木や草も育（そだ）たないでしょう。⑥_____の中には、水蒸気（すいじょうき）とCO$_2$があります。この2つのおかげで、温度が35℃も高くなっているのです。空気は、太陽の光は通しますが、地球から出る紫外線（しがいせん）は通さないで吸収（きゅうしゅう）します。そして、熱の一部を地球に⑦_____ます。これを「温室効果（おんしつこうか）」と言います。

四、从A、B、C中选择读音正确的选项。

1. 計画（　　　）
　A けいがく　　　　　　B けいかく　　　　　　C けかく

2. 最初（　　　）
　A さいしょ　　　　　　B さいじょ　　　　　　C ざいしょ

3. 競争（　　　）
　A ぎょうそう　　　　　B きょそう　　　　　　C きょうそう

4. 実験（　　　）
　A じつげん　　　　　　B じっけん　　　　　　C しっけん

5. 伝統（　　　）
　A てんとう　　　　　　B てんどう　　　　　　C でんとう

6. 休日（　　　）
　A きゅうじつ　　　　　B きゅうにち　　　　　C きゅうひ

7. 破る（　　　）
　A はぶる　　　　　　　B やぶる　　　　　　　C まぶる

8. 分類（　　　）
　A ぶんれい　　　　　　B ふんるい　　　　　　C ぶんるい

9. 料金（　　　）
　A りょうきん　　　　　B りょうかね　　　　　C りょきん

10. 招待（　　　）
　A しょうだい　　　　　B しょうたい　　　　　C じょうたい

11. 親戚（　　　）
　A しんせき　　　　　　B じんせき　　　　　　C しんせつ

12. 流行（　　　）
　A りゅうぎょう　　　　B りゅうごう　　　　　C りゅうこう

13. 後悔（　　　）
　A ごうかい　　　　　　B こうかい　　　　　　C こうがい

14. 順序（　　　）
　A じゅんじょ　　　　　B じゅんしょ　　　　　C じゅうじょ

15. 保護（　　　）
　A ほこ　　　　　　　　B ほご　　　　　　　　C ぼご

16. 経験（　　　）
　A けいげん　　　　　　B げいけん　　　　　　C けいけん

17. 健康（　　　）
　A けんこう　　　　　　B げんこう　　　　　　C けんごう

18. 礼儀（　　　）
　A れいき　　　　　　　B れぎ　　　　　　　　C れいぎ

19. 代表（　　　）

   A たいひょう　　　　　　B だいひょう　　　　　　C だいびょう

20. 材料（　　　）

   A ざいりょう　　　　　　B さいりょう　　　　　　C ざいりょ

五、写出画线部分的日语汉字。

1. 子供の時から読書を<u>しゅうかん</u>にしたほうがいいでしょう。　　（　　　　　）
2. 普通は「はい」と言いながら、首を縦に<u>うごか</u>します。　　（　　　　　）
3. 困ったことがあったら、いつでも<u>れんらく</u>してください。　　（　　　　　）
4. 最初は日本語の単語が覚えられなくて、大変<u>くろう</u>しました。　（　　　　　）
5. 毎日、次の日の授業の<u>よしゅう</u>をします。　　（　　　　　）
6. 授業<u>たいど</u>はまじめでなければなりません。　　（　　　　　）
7. 川口さんは成績のことで<u>なや</u>んでいます。　　（　　　　　）
8. 母は台所で晩ご飯の<u>ようい</u>をしています。　　（　　　　　）
9. <u>えんりょ</u>しないでたくさん食べてください。　　（　　　　　）
10. 行きたくなければ、無理をしないで、<u>ことわ</u>ってもいいよ。　　（　　　　　）
11. これはとても<u>ふくざつ</u>な仕事で、一人では無理です。　　（　　　　　）
12. 卒業の<u>きねん</u>に、みんなで写真を撮りました。　　（　　　　　）
13. 国によって文化が<u>こと</u>なります。　　（　　　　　）
14. 子供たちの<u>えがお</u>は今でも忘れられません。　　（　　　　　）
15. 週末は1人で静かな時間を<u>す</u>ごしたいと思います。　　（　　　　　）

六、根据文意，选择合适的助词。（可重复使用）

（一）

A も	B だけ	C ても	D か

   多くの人が眠い時コーヒーを飲めば、頭がはっきりすると言う。しかし、その時①＿＿＿＿でなく、長い目で見②＿＿＿＿コーヒーは体のためにいいそうだ。例えば、1日にコーヒーを3～4杯飲めば心臓や脳によくて、また認知症（认知障碍）になる可能性が65％③＿＿＿＿減るそうだ。普通は食事の後④＿＿＿＿食事の前に飲んだほうがいい。しかし、飲みすぎるの⑤＿＿＿＿よくない。1日に5杯以上飲まないほうがいい。

（二）

A たら	B って	C だけ	D から

   アメリカでホームレス（无家可归者）に100ドル（美元）あげて、そのお金をどこに使うかをこっそり（悄悄地）撮ったビデオを見た。彼がもらったお金で食べ物を買って公園にいたほかのホームレスに配り始めたので驚いた。自分のため⑥＿＿＿＿に使えば、何日も食べるのに困らなかっただろう。なぜそんなことをしたのかと聞い⑦＿＿＿＿、「ほかの人が喜ぶ顔を見ると幸せになるんだ」と答えた。公

園のホームレスは知らない人だったと聞いてもっと驚いた。人間⑧＿＿＿＿＿本当によいものだと思った。ホームレスになった原因の一つは奥さんの父親の病気の世話をするために仕事をやめなければならなかった⑨＿＿＿＿＿だそうだ。けっして怠けて（偷懒）いたのではないのに、ホームレスになってしまったのだ。友達にこの話をし⑩＿＿＿＿＿、そういう人だからホームレスになったのだろうと言った。友達の話を聞いて、ビデオのことをもう一度考えるようになった。

七、从方框中选择合适的外来语，将对应的选项填写在横线上。（每个单词只用1次）

A バランス	B スケジュール	C ルール	D カレンダー	E プレゼント
F スピード	G パーセント	H セーター	I アンケート	J マナー

1. これは今週の＿＿＿＿＿です。きっと忙しい一週間となるでしょう。

2. あなたの地域にはどんな食事の＿＿＿＿＿がありますか。

3. 忘れないように、試験の日を＿＿＿＿＿に書いておきました。

4. 母：はい、これ、誕生日＿＿＿＿＿だよ。

　　子：わあ！この時計、前からずっとほしかったんだ。

5. 「国民の幸福度」についての＿＿＿＿＿に答えました。

6. 日本で70＿＿＿＿＿以上の高校生が部活動に参加しています。

7. 今日は寒いですから、厚い＿＿＿＿＿を着たほうがいいですよ。

8. 佐藤さんは最初は走るのが速かったですが、だんだん＿＿＿＿＿が落ちました。

9. 安全のために、交通＿＿＿＿＿を守らなければなりません。

10. 会社の食堂の食事は栄養の＿＿＿＿＿がよく取れています。

八、从方框中选择合适的副词，将对应的选项填写在横线上。（每个单词只用1次）

A まったく	B もちろん	C もし	D それぞれ
E たしかに	F すべて	G けっこう	H とくに

1. 私は理科が苦手です。＿＿＿＿＿数学の成績が悪いです。

2. 友達と午前9時に会おうと＿＿＿＿＿約束したのに、なぜ来ないのだろう。

3. クラスメートたちは＿＿＿＿＿自分が好きな部活を選びました。

4. 私は英語は少しできますが、イタリア語は＿＿＿＿＿話せません。

5. 甲：すみません、ここに座ってもいいですか。

　　乙：＿＿＿＿＿いいですよ。

6. ＿＿＿＿＿日本に留学する機会があったら、あなたはどうしますか。

7. この部屋にある＿＿＿＿＿のものを自由に使ってもいいですよ。

8. 王さんはまだ6か月しか日本語を勉強していませんが、＿＿＿＿＿話せます。

九、选择合适的单词并改为适当的形式，补全短文。

（一）某自媒体正在介绍网红店。（每个单词只用1次）

忙しい	高い	好き	食べる	行く

　これから人気のトンカツ（猪排）屋を紹介します。駅前にある「トン」です。私はここが好きで、どんなに①＿＿＿＿＿＿＿＿＿＿ても、週に1度は食べに行きます。人気がある店で、いつ②＿＿＿＿＿＿＿＿＿ても込んでいるので、予約をしてから行ったほうがいいですよ。この店の料理は何を③＿＿＿＿＿＿＿＿＿てもおいしいですが、一番のおすすめ（推荐）は「味噌カツ」です。1500円です。とてもおいしいので、少し④＿＿＿＿＿＿＿＿＿ても、食べに行きます。特に味噌（大酱）のソース（酱汁）がおいしいです。味噌があまり⑤＿＿＿＿＿＿＿＿＿＿ても、このソースは好きになると思います。ぜひ食べに行ってみてくださいね！

（二）消防员正在向学生们讲解防灾知识。（每个单词只用1次）

守る	倒れる	かぶる	聞く	行く	見える	する

　みなさんは地震が起こった（发生）時のために、何か準備をしていますか。地震はいつ起こるか分かりません。家の中にもいろいろな危険があります。

　大きい地震が起こると、家具が倒れてしまう可能性があります。ですから、本棚やたんすなどの大きい家具は⑥＿＿＿＿＿＿＿＿＿＿ように、壁にしっかりと固定しておきましょう。また、上から落ちてきた物が当たって、頭などにけがをすることがあります。頭を⑦＿＿＿＿＿＿＿＿＿ために、ヘルメット（安全帽）を準備しておいたほうがいいでしょう。地震が起こったら、すぐ⑧＿＿＿＿＿＿＿＿＿ように、近くにおいておきましょう。

　地震で家の中のガラスも割れてしまうことがあります。それを踏んで足にけがを⑨＿＿＿＿＿＿＿＿＿ように、ベッドの横などに靴やスリッパ（拖鞋）を置いておくと、逃げる時も安心です。それから、逃げる時、持って⑩＿＿＿＿＿＿＿＿ように、必要な物は袋に入れて、準備しておきましょう。袋に入れておく物は食べ物や水、マスクなどです。いつでもニュースが⑪＿＿＿＿＿＿＿＿＿ように小さいラジオも必要です。また、電気が消えた時に、周りが⑫＿＿＿＿＿＿＿＿ように、懐中電灯（手电筒）も用意しておきましょう。

（三）张英和美惠是大学同学，毕业后她们保持邮件往来。(可重复使用)

聞く	来る	行く	食べる	習う	見る	泊まる

（张英发给美惠的电子邮件。）

美恵さん
お元気ですか。

秋田に引っ越してもう1年になりました。この間、初めて生け花をしました。美恵さんは生け花をしたことがありますか。とてもおもしろかったです。先生も私を褒めてくれました。

先週、「竿燈祭り」という秋田の大きい祭りを見に行きました。有名な祭りですから、美恵さんもきっとその名前を⑬＿＿＿＿＿＿＿＿ことがあるでしょう。私はそれまで1度も日本の祭りを⑭＿＿＿＿＿＿＿＿ことがなかったですが、「竿燈祭り」を見て、お祭りが好きになりました。

美恵さんは秋田へ⑮＿＿＿＿＿＿＿＿＿ことがありますか。秋田のお米や料理はとてもおいしいですよ。ぜひ、遊びに来てください。

では、お元気で。
張英

（美恵回复给张英的电子邮件。）
張さん
メール、ありがとうございました。

私はまだ秋田へ⑯＿＿＿＿＿＿＿＿＿ことがありません。「竿灯祭り」はもちろん知っていますよ。テレビで⑰＿＿＿＿＿＿＿＿＿ことがあります。1度本物を見てみたいなあ。秋田のお米は確かにおいしいですね。でも、秋田の料理は、私は1度も⑱＿＿＿＿＿＿＿＿＿ことがありません。どんな料理があるんですか。今度教えてくださいね。私も生け花が好きです。生け花の先生をしているおばに⑲＿＿＿＿＿＿＿＿＿ことがあります。

ところで、張さん、夏休みにこちらに遊びに来ませんか。私は友達と一緒に田舎に行って、田舎の生活を体験する予定なんです。張さんは田舎の民宿に⑳＿＿＿＿＿＿＿＿＿ことがありますか。いい経験になると思うので、一緒にどうですか。

返事を待っています。
美恵

十、仿照示例，使用「Vた/ないほうがいい」的表达方式，向正准备健身的朋友提出合理的建议。

例1 毎日歩いて学校に行く→毎日歩いて学校に行ったほうがいいと思います。

例2 甘い物を食べすぎる→甘い物を食べすぎないほうがいいと思います。

1. できるだけ家で食事をする

_____

2. できるだけエレベーターを使う

_____

3. 毎日1時間以上運動する

_____

4. 夜遅く食べる

　　_____

5. 毎日食べたものを記録（きろく）しておく

　　_____

6. コーヒーに砂糖を入れる

　　_____

十一、根据前后文，从A、B中选择括号中应填写的适当选项。

1. 人間の交流の方法は言葉である。しかし、（　　　　　　　）。だが、動物、特に集まって生活する動物たちはそれぞれ特別な方法で情報交換（じょうほうこうかん）をしている。

　　A 動物たちにも言葉がある　　　　　　　　B 動物たちには言葉がない

2. 「1、6、4、5、3、2、8…」私たちはこの数字の並び方をすぐ覚えられるが、（　　　　　）。ほかの仕事をした後ではもうその並び方が分からなくなる。明日になればもうどんな数字が出てきたかも覚えていないかもしれない。

　　A すぐ忘れる　　　　　　　　　　　　　B なかなか忘れない

3. 楽器、外国語、運動…どれも練習しなければ上手になりません。では、練習すればした分（ぶん）だけ必ず上手になると言えるでしょうか。（　　　　　）。上手になるようによく考えられた練習をする必要があるからです。

　　A 確かにそう言えます。　　　　　　　　　B 残念ですが、そうは言えません。

4. 大昔、エジプト（埃及）で木の影（かげ）（影子）とその方向をもとにして時計が考え出された。そして影ができるところを12に分けたことから、昼間が12時間、1日が24時間となった。この（　　　　　）、16世紀のイギリスで労働（ろうどう）に対して払う賃金（ちんぎん）（薪资）を考える基礎になったのである。

　　A 時間が　　　　　　　　　　　　　　　　B 影が

十二、各国留学生分别介绍自己的国家。从方框中选择合适的单词并改为适当的形式，补全短文。然后根据短文内容推测国家的名称，写在括号中。

1. 国名（こくめい）（　　　　　）

休む	入る	使う

　　私の国は日本にとても近いです。1泊2日でも旅行できて、日本からとても来やすいと思います。週末だけでも来られますから、会社を①＿＿＿＿＿＿＿ても大丈夫です。有名な食べ物はキムチ（辣白菜）で、ほかにも唐辛子（とうがらし）（辣椒）を②＿＿＿＿＿料理がいろいろあります。唐辛子がたくさん③＿＿＿＿＿いるので、辛すぎて、食べられない人もいます。でも、大好きな人もたくさんいますよ。

2. 国名（　　　　　）

速い	明るい	有名

　　私の国はサッカーとサンバ（桑巴）が④＿＿＿＿＿です。サッカーは何度も世界で一番になったこと

49

があります。サンバはテンポ（节奏）が⑤＿＿＿＿＿賑やかな音楽です。⑥＿＿＿＿＿国民性によく合っていると思います。私たちは生まれた時からサンバを聞いて育っているので、大人はもちろん小さい子供でも、音楽が聞こえると自然に踊りを始めるんですよ。音楽を聞いてすぐ踊り始める人がいたら、その人は私の国の人かもしれません。

3. 国名（　　　　　　）

から	ぐらい	という	なら

　私の国は1年中 (じゅう) 暑いです。私の国には、ご飯を食べる時、スプーン（汤勺）やフォーク（叉子）を使わないで、手で食べる人もいます。有名なもの⑦＿＿＿＿＿、やっぱりオランウータン（猩猩）でしょう。オランウータンは私の国の言葉で「森の人」⑧＿＿＿＿＿意味です。オランウータンの姿が人間に似ている⑨＿＿＿＿＿です。オランウータンがどの⑩＿＿＿＿＿人に似ているか、ぜひ見に来てください。

十三、将下列中文翻译成日语。

　　汉字、平假名、片假名是日语中最常用的三种文字。汉字诞生于中国，大约在公元3至4世纪传入日本，在那之前日本还没有所谓的文字。最初日本人只是将汉字排列出来表示（表 (あらわ) す）日语，意思与汉字原来的字义无关，只用汉字表示日语的读音。但是，用这样的方法书写既花费时间又不方便。因此，日本人以汉字为基础，发明了表音文字——平假名和片假名。

_____

_____

_____

_____

_____

第5課　伝統文化

语言知识要点

1. 重点词语

名词		範囲、目的、相撲、女性、腰、まわし、合図、同時、取組、種類、部分、土、四股名、まげ、番付、モンゴル、責任、当番、自然、温度、状態、男性、大陸、稽古、由来、血、枕、毛布、プール、印、事件、印象、ハンカチ、ゼロ、畳、才能、京劇
动词	V₁	苦しむ
	V₂	支える、汚れる
	V₃	想像する、感謝する、遅刻する、解決する、分析する、相談する、発展する、共通する、予想する、期待する、修理する、発達する
形容词	A₁	寂しい、うまい
	A₂	適当、自然、面倒、丁寧
词组		うまくいく

2. 语法项目

序号	语法项目	含义	例句
1	N として	表示身份、立场、资格等，意为"作为……"。	相撲は古い時代から、神事<u>としても</u>、武道<u>としても</u>行われています。
2	N1 による N2	意为"由……组成的""通过……而达成的""因……导致的"。	子供<u>による</u>「わんぱく相撲」、学生<u>による</u>「学生相撲」、女性による「女子相撲」、プロ<u>による</u>「大相撲」が行われています。
3	N1 という N2/S という N	表示人或事物的称谓，意为"叫作……的""称为……的"。	大相撲の力士は「四股名」<u>という</u>特別な名前を使います。
4	V なくて N て	表示原因，意为"由于(没有)……所以……"。	予想よりも、食べ物が口に合わな<u>くて</u>苦しみました。

（续表）

序号	语法项目	含义	例句
5	N でも（极端的示例）	表示举出极端事例或情况，意为"即便是……也……""就连……都……"。	今でもときどき、内モンゴルのおいしい羊の肉が食べたくなります。
6	どのように / どのような	表示疑问，意为"如何……""怎样（的）……"。	・どのように過ごしていますか。 ・成長を続けるためにどのような努力をしているんですか。
7	V てくれる	表示他人为说话人或说话人一方的人做某事。	師匠がつけてくれた名前なんです。

ステップ1とステップ2

一、听录音，选择与录音内容相符的选项。每段录音只播放1遍。

（　　）1. 男の人が言った言葉はどんな意味ですか。

A 天気がよくない。　　　　B いい天気だ。

（　　）2. 男の人が言った言葉はどんな意味ですか。

A また来ます。　　　　　　B また来てください。

（　　）3. 男の人が言った言葉はどんな意味ですか。

A ありがとう。　　　　　　B すみません。

（　　）4. 男の人が言った言葉はどんな意味ですか。

A こんにちは。　　　　　　B こんばんは。

二、听录音，根据录音内容补全句子。每段录音播放2遍。

1. 私は班長として、今回の事件に＿＿＿＿＿＿＿＿＿＿います。

2. ＿＿＿＿＿＿＿＿＿は、午前10時から午後6時までです。

3. 鈴木さんは私と高さんの＿＿＿＿＿＿＿の友達です。

4. 私のふるさとは＿＿＿＿＿＿＿＿＿観光地として有名です。

5. 今回の事故の原因を早く＿＿＿＿＿＿＿したほうがいいでしょう。

6. うちの会社は海外への＿＿＿＿＿＿＿のために、何年も前から準備しています。

7. さっき、佐藤さんという＿＿＿＿＿＿＿から電話がありました。

三、先通读文章并推测空白处内容，再听录音，补全短文。录音播放2遍。

おなかが痛い、頭が痛い、体がだるい、熱がある、咳が出るなどということは、みんな病気の①＿＿＿＿＿＿です。病気は夏と冬とで、その②＿＿＿＿＿＿が違います。暑くなると、おなかを壊す人が③＿＿＿＿＿ます。これは体の働きが弱くなり、食べ物も腐りやすいからです。昔から「④＿＿＿＿＿＿＿」と

いう言葉があります。いろんなばい菌（細菌）が食べ物や手に付いて⑤＿＿＿＿＿＿＿＿ことが多いからです。寒い時に多い病気は風邪です。風邪は軽い病気だと言ってあまり気にかけない人もいますが、これは⑥＿＿＿＿＿＿＿います。「風邪は万病の元」という言葉もあります。風邪が原因で、非常に⑦＿＿＿＿＿＿＿＿＿＿＿になることもありますから、気をつけたほうがいいです。

四、用平假名写出下列日语单词的读音。

1. 想像＿＿＿＿＿＿
2. 範囲＿＿＿＿＿＿
3. 目的＿＿＿＿＿＿
4. 感謝＿＿＿＿＿＿

5. 女性＿＿＿＿＿＿
6. 同時＿＿＿＿＿＿
7. 種類＿＿＿＿＿＿
8. 部分＿＿＿＿＿＿

9. 適当＿＿＿＿＿＿
10. 遅刻＿＿＿＿＿＿
11. 責任＿＿＿＿＿＿
12. 当番＿＿＿＿＿＿

13. 自然＿＿＿＿＿＿
14. 解決＿＿＿＿＿＿
15. 分析＿＿＿＿＿＿
16. 相談＿＿＿＿＿＿

17. 温度＿＿＿＿＿＿
18. 状態＿＿＿＿＿＿
19. 男性＿＿＿＿＿＿
20. 発展＿＿＿＿＿＿

五、将下列中文翻译成日语。

1. 守护传统文化＿＿＿＿＿＿＿＿＿＿＿
2. 提高意识＿＿＿＿＿＿＿＿＿＿＿

3. 传达谢意＿＿＿＿＿＿＿＿＿＿＿
4. 穿和服＿＿＿＿＿＿＿＿＿＿＿

5. 转动器皿＿＿＿＿＿＿＿＿＿＿＿
6. 感觉到（肩上的）责任＿＿＿＿＿＿＿

7. 受欢迎，有人气＿＿＿＿＿＿＿＿
8. 花时间＿＿＿＿＿＿＿＿＿＿＿

9. （相扑的）等级高＿＿＿＿＿＿＿＿
10. 手触碰到地面＿＿＿＿＿＿＿＿＿＿＿

六、参考表格内容，仿照示例，使用「Nとして」的表达方式，描述各位同学的职务和职责。

名前	職務 （しょくむ）	役割 （やくわり）
例 山田さん	生徒会長	生徒会の全体の仕事を担当する
1. 鈴木さん	体育委員	体育の授業の手伝いや生徒の健康のために活動する
2. 小林さん	図書委員	図書館の運営や管理などを手伝う
3. 田中さん	環境委員	学校の環境面に注意を払う
4. 佐藤さん	風紀委員 （ふうき）	学校の規則を守る点で活動する
5. 山下さん	文化委員	文化活動の手伝いや文化保護のための活動を行う

例 山田さんは<u>生徒会長</u>として、生徒会の全体の仕事を担当しています。

1. 鈴木さんは＿＿＿＿＿＿として＿＿＿＿＿＿＿＿＿＿＿＿＿＿＿＿＿。

2. 小林さんは＿＿＿＿＿＿として＿＿＿＿＿＿＿＿＿＿＿＿＿＿＿＿＿。

3. 田中さんは＿＿＿＿＿＿として＿＿＿＿＿＿＿＿＿＿＿＿＿＿＿＿＿。

4. 佐藤さんは＿＿＿＿＿＿として＿＿＿＿＿＿＿＿＿＿＿＿＿＿＿＿＿。

5. 山下さんは＿＿＿＿＿＿として＿＿＿＿＿＿＿＿＿＿＿＿＿＿＿＿＿。

七、仿照示例，使用「Nとして」的表达方式，介绍日本各地的特色。

例 李華：北海道はどんなところですか。（自然がきれいなところ）

田中：北海道は自然がきれいなところとして知られています。

1. 李華：青森県はどんなところですか。（りんごがおいしいところ）

   田中：青森県は＿＿＿＿＿＿＿＿＿＿＿＿＿＿＿＿＿＿知られています。

2. 李華：栃木県はどんなところですか。（いちごをたくさん作っている県）

   田中：栃木県は＿＿＿＿＿＿＿＿＿＿＿＿＿＿＿＿＿＿知られています。

3. 李華：長野県はどんなところですか。（山が多い県）

   田中：長野県は＿＿＿＿＿＿＿＿＿＿＿＿＿＿＿＿＿＿知られています。

4. 李華：高知県はどんなところですか。（おいしい魚料理が食べられるところ）

   田中：高知県は＿＿＿＿＿＿＿＿＿＿＿＿＿＿＿＿＿＿知られています。

5. 李華：大分県はどんなところですか。（温泉が有名なところ）

   田中：大分県は＿＿＿＿＿＿＿＿＿＿＿＿＿＿＿＿＿＿知られています。

八、仿照示例，使用「Nとして」的表达方式，写出故乡或祖国各地的特色，并和同学交流。

例1 私のふるさとは景色がきれいなところとして知られています。

例2 海南島は海がきれいなところとして知られています。

1. 私のふるさとは＿＿＿＿＿＿＿＿＿＿＿＿＿＿＿＿＿として知られています。

2. ＿＿＿＿＿＿＿＿は＿＿＿＿＿＿＿＿＿＿＿＿＿＿＿として知られています。

3. ＿＿＿＿＿＿＿＿は＿＿＿＿＿＿＿＿＿＿＿＿＿＿＿として知られています。

4. ＿＿＿＿＿＿＿＿は＿＿＿＿＿＿＿＿＿＿＿＿＿＿＿として知られています。

5. ＿＿＿＿＿＿＿＿は＿＿＿＿＿＿＿＿＿＿＿＿＿＿＿として知られています。

九、从方框中选择合适的名词，补全句子。（每个单词只用1次）

大雨	病気	地震	洪水	インターネット
温度	死亡者	過労	変化	犯罪事件

1. 私のふるさとは南にある町で、夏には＿＿＿＿＿によって＿＿＿＿＿が多いです。

2. 医者の話によると、最近＿＿＿＿＿による＿＿＿＿＿が年々増えているそうです。

3. 最近＿＿＿＿＿＿＿による＿＿＿＿＿＿が多くなっています。

4. ニュースによると、今回の＿＿＿＿＿による＿＿＿＿＿＿は500人以上にもなったそうです。

5. （化学の授業で）

   みなさん、これから＿＿＿＿＿による状態の＿＿＿＿＿をよく観察してください。

十、仿照示例，根据括号中的提示，使用「N1というN2」的表达方式回答记者的提问。

例　記者：好きな日本語の歌は何ですか。（『北国の春』）
　　李華：『北国の春』という歌が好きです。

1. 記者：好きな日本のアニメは何ですか。（宮崎駿の『千と千尋の神隠し』）
　　李華：＿＿＿＿＿＿＿＿＿＿＿＿＿＿＿＿＿＿＿＿＿＿＿＿＿＿

2. 記者：最近、読んだ本は何ですか。（夏目漱石の『吾輩は猫である』）
　　李華：＿＿＿＿＿＿＿＿＿＿＿＿＿＿＿＿＿＿＿＿＿＿＿＿＿＿

3. 記者：よく行く本屋はどこですか。（BOOK・OFF）
　　李華：＿＿＿＿＿＿＿＿＿＿＿＿＿＿＿＿＿＿＿＿＿＿＿＿＿＿

4. 記者：一番好きな中国の小説は何ですか。（『三体』）
　　李華：＿＿＿＿＿＿＿＿＿＿＿＿＿＿＿＿＿＿＿＿＿＿＿＿＿＿

5. 記者：『三体』は何という作家の小説ですか。（劉慈欣）
　　李華：＿＿＿＿＿＿＿＿＿＿＿＿＿＿＿＿＿＿＿＿＿＿＿＿＿＿

十一、中国留学生刘正在电子邮件中向日本老师介绍他的新朋友。参考方框中的信息，使用「N1というN2」的表达方式，补全邮件内容。

名前：金 哲（キムチョル） 出身地：仁川（インチョン） 趣味：スポーツ（特にタッチフット）（美式足球）	好きな食べ物：トッポギ（炒年糕） 好きな言葉：継続は力なり（坚持就是胜利）

鈴木先生
お元気ですか。私は楽しい留学生活を送っています。

先日部活で、①＿＿＿＿＿＿＿＿＿＿＿新しい友達ができました。今日は金さんについて紹介したいです。金さんは2年前に韓国の②＿＿＿＿＿＿＿＿＿＿＿町から来ました。日本語がとても上手です。金さんの趣味はスポーツで、特に③＿＿＿＿＿＿＿＿＿＿＿スポーツをよくしていると言いました。好きな食べ物は④＿＿＿＿＿＿＿＿＿＿＿ものだそうです。少し辛いですが、とてもおいしいそうです。今度私も食べてみたいです。金さんの一番好きな言葉は⑤＿＿＿＿＿＿＿＿＿＿＿＿＿言葉で、一番尊敬している中学時代の先生がよくこの言葉を言っていたそうです。大変な時は、いつもこの言葉を思い出して頑張っているそうです。

金さんを通して、韓国の文化が少しずつ分かるようになりました。今度、またおもしろいことを紹介しますね。

それでは、また。

劉正

十二、默写课文。

相撲は日本の国技です。①＿＿＿＿＿＿＿＿から神事としても、武道としても行われています。②＿＿＿＿＿＿による「わんぱく相撲」、③＿＿＿＿＿＿による「学生相撲」、④＿＿＿＿＿＿による「女子相撲」、⑤＿＿＿＿＿＿による「大相撲」が行われています。「大相撲」は年に6回、⑥＿＿＿＿＿＿と呼ばれる大会があります。1月、5月、9月は⑦＿＿＿＿＿＿の「両国国技館」で、3月は⑧＿＿＿＿＿、7月は⑨＿＿＿＿＿、11月は⑩＿＿＿＿＿で行われています。

ステップ3とステップ4

一、听录音，根据录音内容补全句子。每段录音播放2遍。

1. 試験は＿＿＿＿＿ほど難しくなかったです。
2. 3年間一緒に勉強していた友達と別れて、＿＿＿＿＿＿＿になった。
3. この料理の名前の＿＿＿＿＿を知っていますか。
4. 田中さんは中国にどのような＿＿＿＿＿を持っていますか。
5. 夢を実現するために、どのような＿＿＿＿＿をしていますか。
6. 張さんは音楽の面で＿＿＿＿＿があります。
7. 毎日、父が駅まで＿＿＿＿＿＿くれます。
8. 工場の人が＿＿＿＿＿＿について紹介してくれました。

二、听录音，根据录音内容连线。

A组
田中さん
山本さん
佐藤さん
鈴木さん

B组
歌を歌ってくれた
絵を描いてくれた
ケーキを作ってくれた
尺八を吹いてくれた

三、先通读文章并推测空白处内容，再听录音，补全短文。录音播放2遍。

日本では古くから年に2回贈り物をする①＿＿＿＿＿があります。七月にあげるのをお中元（ちゅうげん）と言って、十二月にあげるのをお歳暮（せいぼ）と言います。

この時期には、どこのデパートも②＿＿＿＿＿な売り場を作って、お中元、お歳暮のセール（促销）に③＿＿＿＿＿を入れます。だから、デパートの中は大変④＿＿＿＿います。以前は、お中元とお歳暮は自分で⑤＿＿＿＿＿持っていきましたが、今では、デパートに頼めば、郵便で⑥＿＿＿＿＿ます。

日本人がお中元とお歳暮に⑦＿＿＿＿＿＿と思っているのは商品券（しょうひんけん）が1位ですが、実際にもらうのは食品や飲み物やタオルなどが多いです。また、最近は食事券や省エネルギー関係の⑧＿＿＿＿＿もたくさんあります。

四、用平假名写出下列日语单词的读音。

1. 予想＿＿＿＿＿＿　　2. 期待＿＿＿＿＿＿　　3. 由来＿＿＿＿＿＿　　4. 毛布＿＿＿＿＿＿

5. 面倒＿＿＿＿＿＿　　6. 丁寧＿＿＿＿＿＿　　7. 事件＿＿＿＿＿＿　　8. 枕＿＿＿＿＿＿

9. 修理＿＿＿＿＿＿　　10. 印＿＿＿＿＿＿　　11. 畳＿＿＿＿＿＿　　12. 発達＿＿＿＿＿＿

13. 汚れる＿＿＿＿＿　　14. 寂しい＿＿＿＿＿　　15. 支える＿＿＿＿＿

五、将下列中文翻译成日语。

1. 支持我＿＿＿＿＿＿＿＿＿＿＿＿＿＿＿　　2. 训练很严格＿＿＿＿＿＿＿＿＿＿＿＿＿

3. 出血了＿＿＿＿＿＿＿＿＿＿＿＿＿＿＿　　4. 衣服脏了＿＿＿＿＿＿＿＿＿＿＿＿＿＿＿

5. 做记号＿＿＿＿＿＿＿＿＿＿＿＿＿＿＿　　6. 熟知历史＿＿＿＿＿＿＿＿＿＿＿＿＿＿＿

7. 继续成长＿＿＿＿＿＿＿＿＿＿＿＿＿＿　　8. 回答问题＿＿＿＿＿＿＿＿＿＿＿＿＿＿＿

9. 修理自行车＿＿＿＿＿＿＿＿＿＿＿＿＿　　10. 苦于疾病＿＿＿＿＿＿＿＿＿＿＿＿＿＿

六、仿照示例，使用「Vなくて/Nて」的表达方式，写一写旅行中的难忘经历。

例 フランス語のメニューが読める

　　フランスの旅行では<u>フランス語のメニューが読めなくて</u>、困っていました。

1. 料理が辛すぎる

　　四川の旅行では、＿＿＿＿＿＿＿＿＿＿＿＿＿＿、あまり食べられませんでした。

2. 言葉が分かる

　　スペインの旅行では＿＿＿＿＿＿＿＿＿＿＿、けっこう苦労をしました。

3. 桜が見られる

　　日本の旅行では、＿＿＿＿＿＿＿＿＿＿＿＿＿、とてもよかったです。

4. 人が多すぎる

　　上海のディズニーランドでは＿＿＿＿＿＿＿＿＿＿＿＿＿＿、待つ時間が長かったです。

5. 携帯電話が使える

　　クルーズ（游轮）旅行では＿＿＿＿＿＿＿＿＿＿＿＿＿＿、家族と連絡できませんでした。

七、下文是李惠写的日记。从方框中选择合适的表达方式并改为「Vなくて/Nて」的形式，补全短文。（每种表达方式只用1次）

待つ	いる	食べられる	遊べる	お世話になる
もらう	覚えてくれる	言うことができる	会える	体験する

7月1日（金）　晴れ

　　もうすぐ日本での留学生活が終わる。そばに家族が①＿＿＿＿＿＿＿、少し寂しかったが、新しい友達がたくさんできて、とてもうれしい。この一年間いろいろと②＿＿＿＿＿＿＿、いい勉強になったと思う。

7月2日（土）　晴れ

　　今日、ホストファミリーと大好きなラーメンを食べに行った。とても人気のある店でいつも人がたく

さん並んでいたけど、今日は早く行ったから、あまり③＿＿＿＿＿＿＿よかった。今日はこんなにおいしいラーメンが④＿＿＿＿＿＿＿とてもうれしかった。

7月3日（日）　曇り

　今日、友達がさようならパーティーを開いてくれた。友達からプレゼントもたくさん⑤＿＿＿＿＿、とてもうれしい。上海から来た張さんは先週中国に帰ったから、今日は来られなかった。最後に、張さんに⑥＿＿＿＿＿、少し寂しい。

7月4日（月）　雨

　今日はホームステイの最後の日だ。この一年間本当にいろいろ⑦＿＿＿＿＿＿＿、とても感謝している。ホストファミリーに感謝の気持ちを日本語で⑧＿＿＿＿＿＿＿、よかった。

7月5日（火）　晴れ

　今日日本から帰った。久しぶりの家はとても懐かしい。犬が私のことを⑨＿＿＿＿＿＿、安心した。犬に「一年間一緒に⑩＿＿＿＿＿＿ごめん」と謝った。

> **八、仿照示例，根据括号中的提示，使用「Nでも」的表达方式，补全答句。**

例　客：この本は易しいですか。（小学生・読める）

　　店員：はい、とても易しいです。<u>小学生でも読めますよ。</u>

1.　客：今一番人気のあるゲーム機はどれですか。（大人・買う人が多い）

　　店員：これです。＿＿＿＿＿＿＿＿＿＿＿＿＿＿＿。

2.　李：歌舞伎の言葉は聞いて分かりますか。（外国人・分かる）

　　山田：そうですね。イヤホン（耳机）を付ければ、＿＿＿＿＿＿＿＿＿＿＿＿＿。

3.　田中：このレストランはいつも人が多いですね。（平日・人がたくさん並ぶ）

　　佐藤：ええ、人気の店ですから、＿＿＿＿＿＿＿＿＿＿＿＿＿。

4.　李：電子辞書はとても便利ですね。（いつ・どこ・調べられる）

　　鈴木：ええ、軽くて便利です。＿＿＿＿＿＿＿＿＿＿＿＿＿＿。

5.　客：この携帯電話の使い方はどうですか。（子供・すぐ使える）

　　店員：とても簡単ですよ。＿＿＿＿＿＿＿＿＿＿＿＿＿＿。

> **九、根据短文内容写出商品名称，并补全短文。**

ノンフライヤー（空気炸鍋）　　拡大レンズ（放大鏡）　　翻訳ペン　　栄養ドリンク（口服液）

1.　＿＿＿＿＿＿＿＿＿

　　みなさん、今日紹介するのは、この商品です。肉や魚、野菜などを味付けてから、この中に入れるだけで完成！これを使えば、お子さんや料理ができない方でも、簡単に＿＿＿＿＿＿＿＿＿＿よ。お家に一ついかがでしょうか。

2.　＿＿＿＿＿＿＿＿＿

　　仕事や勉強をしなければならないのに、眠くて困る、そんなことはありませんか。そういう時はこれをどうぞ！これを飲めば、どんなに眠い時でも、すぐに＿＿＿＿＿＿＿＿＿＿＿。

3. ＿＿＿＿＿＿＿＿＿＿＿

　　最近、小さい字が見にくくなったと感じることはありませんか。でも、これがあれば大丈夫！これを上に置けば、ほら！字が大きくなって、こんなによく見えますよ。これからはどんなに小さい字でも、＿＿＿＿＿＿＿＿＿＿＿＿＿＿＿＿。

4. ＿＿＿＿＿＿＿＿＿＿＿

　　最近、海外旅行に行く方_{かた}が増えましたね。でも、言葉ができなくて大変だという方も多いのではありませんか。そんな時に役に立つのがこのペンです。これは普通のペンではありません。いろんな国の言葉が話せるペンです。このボタンを押せば、世界のどの国の人とでも、＿＿＿＿＿＿＿＿＿＿＿＿＿＿＿＿よ。ぜひ、どうぞ！

十、假设你是中国留学生李华。从方框中选择合适的动词并使用「～てくれる」的表达方式，和家人分享自己到日本后得到的帮助。（可重复使用）

紹介する	貸す	説明する	教える	開く_{ひら}	直す

1. 佐藤さんは学校の周りのいい店を＿＿＿＿＿＿＿＿＿＿＿＿＿＿＿＿＿＿。
2. 山本さんは私の作文を＿＿＿＿＿＿＿＿＿＿＿＿＿＿＿＿＿＿。
3. 田中さんは日本語の辞書を＿＿＿＿＿＿＿＿＿＿＿＿＿＿＿＿＿＿。
4. 鈴木さんは分からない問題を＿＿＿＿＿＿＿＿＿＿＿＿＿＿＿＿＿。
5. 高橋さんは歓迎パーティーを＿＿＿＿＿＿＿＿＿＿＿＿＿＿＿＿＿。
6. 山下さんはおいしいおにぎり（饭团）の作り方を＿＿＿＿＿＿＿＿＿＿＿＿。

十一、仿照示例，使用「Vてくれる」的表达方式，写出符合下列情境的句子。

例　去日本旅游之前，请日本朋友田中介绍好玩的地方。
　　田中さん、日本のいい所を紹介してくれませんか。

1. 让朋友铃木介绍好吃的寿司店。

＿＿＿＿＿＿＿＿＿＿＿＿＿＿＿＿＿＿＿＿＿＿＿＿＿＿＿＿＿＿＿＿＿＿

2. 今天忘了带日语词典，向朋友小李借用。

＿＿＿＿＿＿＿＿＿＿＿＿＿＿＿＿＿＿＿＿＿＿＿＿＿＿＿＿＿＿＿＿＿＿

3. 请日本朋友铃木帮忙检查日语作文。

＿＿＿＿＿＿＿＿＿＿＿＿＿＿＿＿＿＿＿＿＿＿＿＿＿＿＿＿＿＿＿＿＿＿

4. 央求姐姐给自己买一本有趣的漫画书。

＿＿＿＿＿＿＿＿＿＿＿＿＿＿＿＿＿＿＿＿＿＿＿＿＿＿＿＿＿＿＿＿＿＿

5. 让朋友田中陪你一起去买电脑。

＿＿＿＿＿＿＿＿＿＿＿＿＿＿＿＿＿＿＿＿＿＿＿＿＿＿＿＿＿＿＿＿＿＿

6. 周六朋友要来家里聚会，让小亮和你一起准备。

＿＿＿＿＿＿＿＿＿＿＿＿＿＿＿＿＿＿＿＿＿＿＿＿＿＿＿＿＿＿＿＿＿＿

十二、找出下列句子中有误的部分，画线并改正。

1. 宿題を忘れて、先生に怒った。

_____

2. 電車に間に合わないで、遅刻してしまった。

_____

3. 留学生の山田さんにどのように印象を持っていますか。

_____

4. ハンカチを汚れていますね。洗いましょう。

_____

5. 学校の代表にとって、スピーチ大会に出ました。

_____

6. このごろは風邪によるの欠席者が多いです。

_____

7. 勉強内容が難しくて苦しんでいた時、李さんに教えてくれました。

_____

8. この問題にはどのような答えたらいいでしょうか。

_____

十三、将下列中文翻译成日语。

　　櫻花作为"代表日本的花"被日本人所喜爱。赏樱花是日本春季的大型活动，据说大约从一千多年前延续至今。在日本，冲绳的樱花开得最早，每年1月末就会开放，最晚的是北海道，大约在5月末开放。到了樱花季，天气预报会播报各地区樱花开放的"预测日期"。人们根据这个"预测日期"来确定赏花时间。那么，日本人是如何赏樱花的呢？赏樱花的时候，很多人一边赏花一边聚餐、唱歌跳舞，也有人画画、照相。不仅是白天的樱花，夜晚的樱花也很美，即便是到了晚上，也会有很多人出门赏樱。

（参考：活动/イベント；预测日期/予想日（よそうび））

_____

_____

_____

_____

_____

_____

十四、默写课文。

　　　　記者：確かに日本では羊の肉はあまり売っていませんからね。

バーさんジャブ：食事の時は①_____ようにしていますよ。師匠からはよく

　　　　　　「②_____。」と言われています。

記者：食事の後には③＿＿＿＿＿＿＿＿＿＿＿＿があって、その後は④＿＿＿＿＿＿＿＿＿で
　　　すね。どのように過ごしていますか。

バーさんジャブ：そうですね。⑤＿＿＿＿＿＿＿たり、⑥＿＿＿＿＿＿＿＿＿たりすることが多いで
　　　す。

記者：ところで、「華の国」という四股名、いい名前ですね。

バーさんジャブ：はい、師匠が⑦＿＿＿＿＿＿＿＿＿＿＿＿＿＿＿＿＿＿なんです。「中華人民共和
　　　国」の「華」と「国」の字を使っています。この名前がとても好きです。

記者：今後の目標を教えてください。

バーさんジャブ：大相撲の⑧＿＿＿＿＿＿＿＿＿＿＿＿＿＿＿ですが、もっと努力します。⑨＿＿＿＿
　　　＿＿＿＿＿＿＿＿＿＿＿＿＿＿家族のために、早く関取にならなければなりません。

記者：華の国さんの活躍を期待しています。きっと⑩＿＿＿＿＿＿＿でしょう。頑張って
　　　ください。

第6課 「勇気」を出すということ

1. 重点词语

名词		方法、他人、翌日、スプーン、生、このごろ、腕、気分、冗談、感情、胸、岩、布団、ボランティア、話題、嘘、カンニング
动词	V₁	謝る、壊す、許す、騒ぐ、進む、落とす、戦う、動く、眠る、隠す、思い出す
	V₂	受け入れる、倒れる
	V₃	命令する、仲直りする、安心する、運転する、注意する、がっかりする、決心する
形容词	A₁	鋭い、ずるい
	A₂	楽、生
副词		いらいら、しばらく、突然、だいたい、がっかり、まるで

2. 语法项目

序号	语法项目	含义	例句
1	命令形	表示命令或强行要求对方做某事。	言う→言え、見る→見ろ 来る→来い、する→しろ
2	～まま	表示保持原状态不变，或者过去某一状态持续到现在一直未改变。	このままだと気が重いでしょう。
3	Nをする	用于描述人或动物身体部位所呈现的某种状态或特征，意为"长着……的""带着……"。	バスには疲れた顔をした学生や仕事から帰る会社員が乗っている。
4	～ようだ	说话人通过对人或事物的观察，以及凭借自身的经验、感觉所做的不确切的判断、推测，语气委婉，意为"好像……"。	バスの運転手さんは、そのことが分かっていないようで、バスはすぐに発車した。
5	Vているうちに	表示在做某事期间发生了某种变化或出现了某种情况，意为"在……时候""在……期间"。	「どうしよう。手伝おうかな。」と思っているうちに、その女性はゆっくりと私のすぐ近くまで来た。

（続表）

序号	语法项目	含义	例句
6	V ことにする	表示说话人的决定或意志，意为"决定……"。	とても恥ずかしくなって、その人が倒れないように近くに立つ<u>ことにした</u>。
7	N の N ようだ	①表示举例，举出典型的事例，意为"像……那样的"。 ②表示比喻、类比。	・相手が必要としていることを、自然にできる<u>ような</u>自分になりたい。 ・まるで外国に来た<u>ような</u>気分だ。

ステップ1とステップ2

一、听录音，选择与录音内容相符的选项。每段录音只播放1遍。

例 <u>A</u>　　1. _____　　2. _____　　3. _____　　4. _____　　5. _____　　6. _____

A　　　　　B　　　　　C　　　　　D　　　　　E　　　　　F　　　　　G

二、听录音，在与录音内容相符的句子前画〇，不符的画×。录音播放2遍。

（　　）1. 6歳から12歳までの子供について調べました。

（　　）2. スポーツをしている子供は38％です。

（　　）3. 子供がしているスポーツの中で、1番目は水泳です。

（　　）4. 子供がしているスポーツの中で、3番目はサッカーです。

三、听录音，选择与录音内容相符的选项，并将听到的动词命令形写在横线上。录音播放2遍。

（　　）1. 火事の時は何番に電話をかけますか。

　　　　A 110番　　　　　　　　B 119番

（　　）2. 張さんは最初に何を言わなければなりませんか。

　　　　A 火事です　　　　　　B 救急です

（　　）3. 張さんはその次に何を言いますか。

　　　　A 住所　　　　　　　　B 電話番号

　　　4. 動詞命令形：

　　　　①_____　②_____　③_____　④_____　⑤_____

四、用平假名写出下列日语单词的读音。

1. 命令_____ 2. 方法_____ 3. 他人_____ 4. 謝る_____

5. 許す_____ 6. 進む_____ 7. 翌日_____ 8. 騒ぐ_____

9. 壊す_____ 10. 生_____ 11. 仲直り_____ 12. 楽_____

五、将下列中文翻译成日语。

1. 弄坏相机_____ 2. 向父母道歉_____

3. 原谅弟弟_____ 4. 接受他人的意见_____

5. 与朋友和好_____ 6. 工作进展顺利_____

7. 生着吃_____ 8. 孩子们吵闹_____

9. 鼓起勇气_____ 10. 心情变轻松了_____

六、写出下列动词的命令形。

基本形	命令形
つける	
見る	
進む	
来る	
掃除する	
入る	
答える	
走る	
言う	
頑張る	

七、下图是一益智游戏的棋盘，尝试和同学用日语做游戏，最后将棋盘格中的指示语翻译为中文写在括号中。

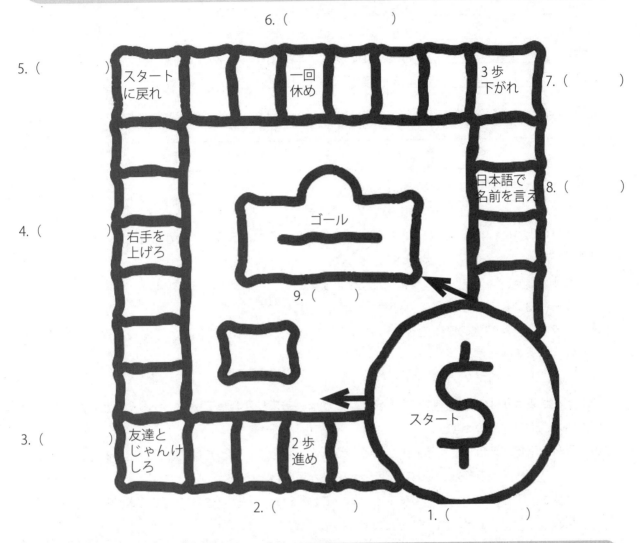

6.（　　　　　）

5.（　　　　）

スタートに戻れ

一回休め

3歩下がれ

7.（　　　　）

日本語で名前を言え

8.（　　　　）

右手を上げろ

4.（　　　　）

ゴール

9.（　　　　）

3.（　　　　）

友達とじゃんけんしろ

2歩進め

スタート

2.（　　　　）

1.（　　　　）

八、仿照示例，根据图片内容，使用「～まま」的表达方式补全句子。

西装：スーツ
拖鞋：スリッパ

（昨日、私は疲れていたので、家に帰ってすぐ寝てしまいました。）

例　昨日、電気をつけたまま、寝てしまいました。

1．昨日、_____まま、寝てしまいました。

2. 昨日、＿＿＿＿＿＿＿＿＿＿＿＿まま、寝てしまいました。

3. 昨日、＿＿＿＿＿＿＿＿＿＿＿＿まま、寝てしまいました。

4. 昨日、＿＿＿＿＿＿＿＿＿＿＿＿まま、寝てしまいました。

5. 昨日、＿＿＿＿＿＿＿＿＿＿＿＿まま、寝てしまいました。

6. 昨日、＿＿＿＿＿＿＿＿＿＿＿＿まま、寝てしまいました。

7. 昨日、＿＿＿＿＿＿＿＿＿＿＿＿まま、寝てしまいました。

九、从方框中选择合适的单词，使用「～まま」的表达方式完成对话。（可重复使用）

今	この	昔	その	借りる

（佐藤去秋田旅游回来后和小李聊天。）

佐藤：李さん、これ、秋田旅行のお土産だよ。どうぞ。

　李：ありがとう。うれしい。これ、冷蔵庫に入れてから食べたほうがいいかなあ？

佐藤：ううん、①＿＿＿＿＿＿ままでいいと思うよ。

　李：そう？じゃ、②＿＿＿＿＿＿ままいただきます……

　　　うん、おいしい！ところで、佐藤さんは秋田は初めて？

佐藤：ううん、実は12歳の時までそこに住んでいたの。父の仕事の関係で、こちらに引っ越してから
　　　は、初めて帰ったよ。

　李：へえ、どうだった？

佐藤：駅とか店とかは③＿＿＿＿＿＿のままだったかな。あまり変わっていないから、懐かしかった。

　李：へえ、それはよかった。

佐藤：でも、来年駅を新しくする計画があるそうだよ。少し古くなったけど、思い出があるから、私は
　　　④＿＿＿＿＿＿のまま残しておいたほうがいいと思うけど……

　李：そうか。町も⑤＿＿＿＿＿＿のままでいるって難しいね。あ、ところで、この本ありがとう。長い
　　　間⑥＿＿＿＿＿＿まま、返すのを忘れてごめん。

佐藤：ああ、この本ね。私も貸したのを忘れていた。

十、将1至4重新排序，组成一段语义通顺的短文。

1. 窓や入り口が大きければ、夏は風がたくさん入って涼しいですが、冬は寒いので大変です。

2. それは、たぶん暑い夏でも、電気製品を使えば、涼しく生活できるからでしょう。

3. しかし、最近新しく建てられた家は、だいぶ変わりました。窓も入り口も昔より小さくなりまし
   た。

4. 日本の昔の家は、窓や入り口が大きく作られていました。日本の夏は暑いので、涼しく生活できる
   家が必要だったからです。

　　＿＿＿→ ＿＿＿→ ＿＿＿→ ＿＿＿

十一、将下列日语翻译成中文。

　　みなさんは「消費税（しょうひぜい）」という言葉を聞いたことがありますか。日本では買い物をする時、商品の定（てい）

価のほかに、消費税を払わなければならないことになっています。例えば、店で100円の物を買う時、レジで110円を払うことになります。多く払ったその10円が消費税です。消費税は2019年10月1日から以前の8%から10%に変わりました。ただし、持ち帰って食べるお弁当やほかの食品は8%のままです。ただ2%の差ですから、大した金額ではないと思う人がいるかもしれません。しかし、家や車を買うような大きな買い物をする場合は、たくさんの消費税を支払わなければなりません。

_____

_____

_____

_____

_____

_____

_____

_____

十二、黙写課文。

（翌日、学校の教室で）

李：鈴木さん、昨日はありがとう。今日、①_____、「私も悪かった。ごめんなさい。」と言ってくれて、②_____ができたよ。

鈴木：よかったね。③_____でしょう。

李：うん。やっぱり④_____、⑤_____よ。

鈴木：これからも⑥_____と思うことは、⑦_____と思うよ。

ステップ3とステップ4

🎧 一、听录音，根据录音内容补全句子。每段录音播放2遍。

1. この野菜は_____で食べられます。

2. A4ぐらいの_____かばんがほしいです。

3. 李さんは最近試験の準備で_____です。

4. あの建物は_____をしていますね。

5. 昨夜、_____寝て、風邪を引いてしまいました。

6. 家族にはもう2か月も会っていませんが、みんな_____です。

7. 山田さんは話しているうちに、_____なった。

8. まだ4月なのに、_____暑さだ。

🎧 二、听录音，选择与录音内容相符的选项。每段录音只播放1遍。

（　　）1. 鈴木さんは ｛ A まだ家に帰っていない / B もう家に帰ってしまった ｝ようです。

（　　）2. 台風は　$\left\{\begin{array}{l}\text{A あまりひどくない}\\\text{B かなりひどい}\end{array}\right\}$　ようです。

（　　）3. マリーさんはアメリカに　$\left\{\begin{array}{l}\text{A 帰らなかった}\\\text{B 帰っている}\end{array}\right\}$　ようです。

（　　）4. 美恵さんは　$\left\{\begin{array}{l}\text{A フランス語が得意な}\\\text{B フランス語があまり得意ではない}\end{array}\right\}$　ようです。

（　　）5. 山下さんは新しい仕事が　$\left\{\begin{array}{l}\text{A もう決まっている}\\\text{B まだ決まっていない}\end{array}\right\}$　ようです。

🎧 三、听录音，根据录音内容补全句子。录音播放2遍。

1. 李さんはこれからもっと＿＿＿＿＿＿＿＿＿＿＿＿ことにしました。
2. 李さんは今晩から＿＿＿＿＿＿＿＿＿＿＿＿ことにしました。
3. 李さんは毎日寝る前に＿＿＿＿＿＿＿＿＿＿＿＿ことにしました。
4. 李さんは明日先生に＿＿＿＿＿＿＿＿＿＿＿＿ことにしました。
5. 李さんはこれから必要以上に＿＿＿＿＿＿＿＿＿＿＿＿ことにしました。

四、用平假名写出下列日语单词的读音。

1. 突然＿＿＿＿＿　　2. 運転＿＿＿＿＿　　3. 注意＿＿＿＿＿　　4. 戦う＿＿＿＿＿
5. 気分＿＿＿＿＿　　6. 冗談＿＿＿＿＿　　7. 感情＿＿＿＿＿　　8. 鋭い＿＿＿＿＿
9. 安心＿＿＿＿＿　　10. 眠る＿＿＿＿＿　　11. 隠す＿＿＿＿＿　　12. 胸＿＿＿＿＿
13. 布団＿＿＿＿＿　　14. 決心＿＿＿＿＿　　15. 話題＿＿＿＿＿　　16. 岩＿＿＿＿＿

五、将下列中文翻译成日语。

1. 盲人＿＿＿＿＿＿＿＿＿＿　　　　2. 手里拿着书＿＿＿＿＿＿＿＿＿＿
3. 找座位＿＿＿＿＿＿＿＿＿＿　　　4. 交通信号灯变红了＿＿＿＿＿＿＿＿＿＿
5. 降速＿＿＿＿＿＿＿＿＿＿　　　　6. 扶着胳膊＿＿＿＿＿＿＿＿＿＿
7. 小心开车＿＿＿＿＿＿＿＿＿＿　　8. 表情严肃＿＿＿＿＿＿＿＿＿＿
9. 遮住脸＿＿＿＿＿＿＿＿＿＿　　　10. 想起以前的事情＿＿＿＿＿＿＿＿＿＿
11. 让座＿＿＿＿＿＿＿＿＿＿　　　　12. 世所罕见＿＿＿＿＿＿＿＿＿＿

六、猜一猜，将短文所描述的事物名称写在括号里。

1. （　　　　）

　　中国の代表的な食べ物です。耳のような形をしています。小麦粉で作った皮に野菜や肉などでできた餡を包みます。

2. （　　　　）

　　果物です。ボールのような形をしています。表面（ひょうめん）は緑の縦じま（竖纹）ですが、中身（なかみ）は赤い色をしています。夏の時よく食べます。

3. （　　　　）

　　機械です。四角い形をしています。その中には動いている画面が見えて、音もします。ボタンがついています。そのボタンで、画面や音量などを調整します。

4. （　　　　）

　　乗り物です。大きな鳥のような形をしています。たくさんの人を乗せてあちこちへ飛びます。それを利用すれば、たいへん遠いところへでも速く行けます。

5. （　　　　）

　　アニメの中のロボットです。猫の形をしていますが、耳はありません。不思議な道具をたくさん持っています。

6. （　　　　）

　　果物です。黄色い色で、細長い棒のような形をしています。猿が大好きな果物です。

7. （　　　　）

　　食べ物です。三角の形をしています。薄く切ったパンの間にハム、卵、野菜などが入れてあります。よく朝ご飯として食べます。

七、先阅读对话，然后使用「ようだ」的表达方式，根据对话内容补全句子。

佐藤：今度の日曜日、一緒にどこかへ行かない？久しぶりに遊園地へ行くのはどう？

高橋：遊園地？このごろちょっと疲れているから……

佐藤：じゃあ、海は？

高橋：海のほうがいいかなあ。じゃあ、他の人も誘おうよ。

佐藤：そうだね。みんなで行ったほうがいいわね。じゃあ、中村さんに聞いてみる。

高橋：あ、中村さんはちょっと……

佐藤：どうしたの？

高橋：昨日ちょっとひどいことを言っちゃったんだ。

佐藤：一緒に遊びに行けば大丈夫だよ。今、中村さんに電話してみよう。あれっ？携帯電話がない！
　　　さっきまでポケットの中にあったんだけど……

1. 高橋さんは遊園地へ＿＿＿＿＿＿＿＿＿＿＿＿＿＿＿＿＿ようだ。

2. 高橋さんは昨日中村さんと＿＿＿＿＿＿＿＿＿＿＿＿＿＿ようだ。

3. 佐藤さんは携帯電話を＿＿＿＿＿＿＿＿＿＿＿＿＿＿＿＿ようだ。

八、使用「ようだ」的表达方式补全对话。

1. 佐藤：田中さんは私が作ったケーキをほとんど食べていないんです。おいしくなかったのかなあ。

　　山本：田中さんは甘いものがあまり＿＿＿＿＿＿＿＿＿＿＿＿＿＿よ。

2. 子：お父さん、最近仕事が＿＿＿＿＿＿＿＿＿＿ね。帰りが前より遅くなった。

　　母：うん、来週新製品の発表会があると聞いたから……

3. 高橋：会議室にはもうだれもいないでしょうか。

　　鈴木：いいえ、電気がついているから、まだだれか＿＿＿＿＿＿＿＿＿＿＿よ。

4. 母：亮、このマーボー豆腐、ちょっと味見してくれない？

   亮：いいよ。（品尝后）ちょっと味が＿＿＿＿＿＿＿＿＿＿よ。塩をもう少し入れたほうがいいと

   　　思うよ。

5. 父：亮は昨日の試験、よくできたのかな。

   母：昨日帰った時、明るい顔をしていたから、うまく＿＿＿＿＿＿＿＿＿＿よ。

九、仿照示例，使用「Vているうちに」的表达方式，将A、B两组内容组成语义通顺的一句话。

A	B
テレビを見る	だんだん上手になった
高校時代の写真を見る	恥ずかしくて顔が赤くなった
日本語を勉強する	山がだんだん好きになった
何回か山登りをする	眠くなってしまった
失敗話をする	昔の友達を思い出した
日本語の会話の練習を続ける	日本文化に興味を持つようになった

例 テレビを見ているうちに、眠くなってしまった。

1. ＿＿＿＿＿＿＿＿＿＿うちに、＿＿＿＿＿＿＿＿＿＿。

2. ＿＿＿＿＿＿＿＿＿＿うちに、＿＿＿＿＿＿＿＿＿＿。

3. ＿＿＿＿＿＿＿＿＿＿うちに、＿＿＿＿＿＿＿＿＿＿。

4. ＿＿＿＿＿＿＿＿＿＿うちに、＿＿＿＿＿＿＿＿＿＿。

5. ＿＿＿＿＿＿＿＿＿＿うちに、＿＿＿＿＿＿＿＿＿＿。

十、仿照示例，使用「Vことにする」的表达方式，写一写健康生活的计划。

例1 毎日1時間ぐらい運動する

　　→健康のために、これから毎日1時間ぐらい運動することにします。

例2 夜遅くまで起きている

　　→健康のために、これから夜遅くまで起きていないことにします。

1. 毎日野菜や果物を食べる

　　→健康のために、これから＿＿＿＿＿＿＿＿＿＿ことにします。

2. 甘いものをたくさん食べる

　　→健康のために、これから＿＿＿＿＿＿＿＿＿＿ことにします。

3. 週に2回プールで泳ぐ

　　→健康のために、これから＿＿＿＿＿＿＿＿＿＿ことにします。

4. 毎日7時間以上寝る

　　→健康のために、これから＿＿＿＿＿＿＿＿＿＿ことにします。

5. インスタンド食品を（方便食品）食べる

　　→健康のために、これから＿＿＿＿＿＿＿＿＿＿ことにします。

十一、从方框中选择合适的表达方式并改为适当的形式，补全句子。

ことにする　　　　ことになる

1. 山本：高橋君、放課後、一緒にゲームやらない？

   高橋：ごめん。勉強が忙しくなったから、これからゲームをやめる＿＿＿＿＿＿＿＿＿＿＿んだ。

2. 夏休みには家族と田舎の祖母の家に行く＿＿＿＿＿＿＿＿＿＿。楽しみだ。

3. 田中：伊藤さん、すみません。実は母が病気になって、入院する＿＿＿＿＿＿＿＿＿＿＿＿＿の

   で、週末の食事会に行けなくなったんです。

   伊藤：えっ！それは心配ですね。お大事に。

4. 高校の入学式で、新入生の代表としてスピーチをする＿＿＿＿＿＿＿＿＿ので、何を話そうか考え

   ています。

5. 新しい携帯電話を買うために、来月からアルバイトを始める＿＿＿＿＿＿＿。

6. 中村：鈴木さん、社員旅行はいつですか。

   鈴木：え？知らないんですか。新商品の開発でみんなとても忙しいので、社員旅行は行かない＿＿＿

   ＿＿＿＿＿＿＿＿んだよ。

7. 父は会社の辞令（任免令）で、来月から大阪に転勤する＿＿＿＿＿＿＿＿＿ました。

8. 最近疲れたから、今度の休みにはゆっくり休む＿＿＿＿＿＿＿＿。

十二、仿照示例，从方框中选择合适的名词，使用「～ようだ」的表达方式补全句子。（每个名词只用1次）

ケーキ屋さん　　　　歌手　　　　先生　　　　ピアニスト（钢琴家）
本屋　　　　りんご　　　　ぬいぐるみ

例 キムさんはケーキ屋さんのようにおいしいケーキが作れます。

1. 祖父の部屋には本がたくさんあって、まるで＿＿＿＿＿＿＿＿です。

2. 佐藤さんはピアノが上手で、＿＿＿＿＿＿＿＿上手に弾けます。

3. あの＿＿＿＿＿＿＿＿丸い顔をしている子供はとてもかわいいです。

4. 甲：あの＿＿＿＿＿＿＿＿動物は何ですか。

   乙：ああ、あれはオーストラリアのコアラ（考拉）ですよ。

5. 鈴木さんは＿＿＿＿＿＿＿＿上手に歌が歌えます。

6. 私はいつも李さんに数学の分からない問題を聞きます。彼女は＿＿＿＿＿＿＿＿上手に教えられます。

十三、找出下列句子中有误的部分，画线并改正。

1. 父：亮、もう9時だぞ。早く起きれ。

   ＿＿＿＿＿＿＿＿＿＿＿＿＿＿＿＿＿＿＿＿＿＿＿

2. 帽子をかぶるまま、挨拶をするのはよくない。

   ＿＿＿＿＿＿＿＿＿＿＿＿＿＿＿＿＿＿＿＿＿＿＿

3. あの子は大きい目がしていて、とてもかわいい。

　　_____

4. 今日は朝から頭が痛くて、体もだるい。風邪を引くようだ。

　　_____

5. あの子は野菜が嫌いようだ。

　　_____

6. ラジオを聞くうちに、眠ってしまいました。

　　_____

7. 健康のために、これから毎日晩ご飯の後、30分ぐらい散歩することになった。

　　_____

8. このソファーはまるで布団のような柔らかい。

　　_____

十四、将下列中文翻译成日语。

　　来日本之前，我只有45公斤，可是到日本后6个月我的体重就涨了5公斤。在中国的时候，每天都是妈妈给我做饭，饮食很健康。但是我在日本，早饭有时吃有时不吃，而且一日三餐几乎都在外面吃。我想不能再这样下去了，所以决定今后尽量自己做饭。我决定先从咖喱饭这样简单的饭菜开始做起。大学的社团已定于今年暑假大家一起去海边玩儿，我打算在那之前一定要瘦下来。

_____
_____
_____
_____
_____

十五、默写课文。

（一）

　　ある日のこと、バスに乗っていた時のことだ。バスには①_____学生や②_____会社員が乗っていた。私は③_____に立っていた。

　　しばらくして、④_____から一人の女性が乗ってきた。その女性は⑤_____いたので、⑥_____だと分かった。女性は⑦_____があるかどうかを探していた。バスの運転手さんは⑧_____ようで、バスはすぐに発車した。

（二）

　　本や新聞などで、「⑨_____」ということについて読んだり聞いたりする。⑩_____いても、実際には心の中で⑪_____、すぐに動けないことが多い。⑫_____ことを、⑬_____ような自分になりたい。

第7課　一休さん

语言知识要点

1. 重点词语

名词		粗筋、形式、京都、寺、床、紐、靴紐、コンピューター、ボタン、カーテン、イメージ、洋服、地味、天井、奥、絶対、方向、たんす、引き出し、ワイシャツ、ネクタイ、角、門、巻き寿司、大勢、建築、建築家、反省点
动词	V₁	残す、浮かぶ、届く、死ぬ、急ぐ、割る、曲がる、巻く、いらっしゃる
	V₂	燃える、枯れる、越える
	V₃	物語する、記録する、禁止する、反省する、協力する
形容词	A₁	ひどい
	A₂	かわいそう
副词		絶対、ただ

2. 语法项目

序号	语法项目	含义	例句
1	～のか	表示间接疑问，意为"……呢"。	どの本にする<u>のか</u>決めた？
2	Vてあげる/Vてやる	表示授受关系，表示说话人或说话人一方的人为他人做某事。「Vてやる」用于表达为身份低于自己的人（多为孩子或动植物）做某事。	·感じたことを記録して、後で言っ<u>てあげる</u>ね。 ·弟に靴紐の結び方を<u>教えてやりました</u>。
3	かな（あ）	表示疑问或怀疑。	最近の小学生は、どんな本が好きな<u>のかなあ</u>。
4	Sと（发现）（连续动作）	①表示因前项动作的发生而有了后面的发现，通常用于描述过去发生的事。 ②表示同一主体的两个动作、作用相继发生，前后项动词均为意志性动词，且通常用于描述过去发生的事，意为"一……就……"。	·一休さんが中を見る<u>と</u>、和尚様が部屋の奥で何かを食べていました。 ·先生は教室に入ってくる<u>と</u>、すぐ授業を始めた。

（续表）

序号	语法项目	含义	例句
5	A/Vそうだ	表示样态。「Aそうだ」表示根据事物的外观或主观印象，描述或推测事物的样子或状态。「Vそうだ」表示根据当前的状况推测即将出现的状况或事件的发展趋势。	・とてもおいし<u>そう</u>ですね。 ・空が曇っていて、雨が降り<u>そう</u>ですね。
6	N/Vまでに	表示事件或动作的期限、截止日期，意为"在……之前"。	和尚様が帰る<u>までに</u>、何か方法を考えなければいけないなあ……

ステップ1とステップ2

🎧 **一、听录音，选择与录音内容相符的选项。每段录音只播放1遍。**

（　　）1. 『マッチ売りの少女』はどの国の物語ですか。

A 中国　　　　　　　　B ドイツ　　　　　　　C デンマーク

（　　）2. 女の人は、これから何をしますか。

A 男の人に物語を読んであげる。

B 男の人に物語の粗筋を教えてあげる。

C 男の人に本を買ってあげる。

（　　）3. 男の人はなぜ最近日曜日忙しいですか。

A 病院でボランティアをしています。

B 図書館でボランティアをしています。

C 学校でボランティアをしています。

（　　）4. 女の人は一休さんをどんな人だと思っていますか。

A 頭が悪い人ですが、正義感がある。

B 頭がいい人ですが、正義感はない。

C 頭がいい人ですが、正義感もある。

（　　）5. 女の人はどんなアドバイスをしましたか。

A もっと大きな声で読んだほうがいい。

B もっとゆっくり読んだほうがいい。

C もっと速く読んだほうがいい。

🎧 **二、听录音，根据录音内容补全句子。每段录音播放2遍。**

1. 高校を卒業したら＿＿＿＿＿＿＿＿＿＿＿＿＿＿まだ考えていない。

2. この研究には＿＿＿＿＿＿＿＿＿＿＿＿＿全然分かりません。

3. 今度王さんに、会議に参加しないのは＿＿＿＿＿＿＿＿＿＿＿＿＿聞いてみます。

4. うちの犬はかわいいんだよ。今度、＿＿＿＿＿＿＿＿＿＿＿＿ね。

5. どのように計画を立てたらいいのか、＿＿＿＿＿＿＿＿＿＿＿＿＿＿＿＿＿ね。

6. おいしいジャージャン麺を＿＿＿＿＿＿＿＿＿＿＿＿＿＿＿から、たくさん食べてくださいね。

7. カーテンの色は＿＿＿＿＿＿＿＿＿＿＿＿＿＿＿。

8. 王さんに＿＿＿＿＿＿＿＿＿＿＿＿＿＿いいかなあ。

9. ＿＿＿＿＿＿＿＿＿＿＿＿＿＿をやめたほうがいいかなあ。

🎧 三、听录音，在与录音内容相符的句子前画〇，不符的画×。录音播放2遍。

（　　）1. 私は駅の中の花屋でカーネーション（康乃馨）を買いました。

（　　）2. 私はデパートで母の好きなお寿司を買いました。

（　　）3. 母は今年50歳です。

（　　）4. 母はいつもボランティアで近所の子供たちに日本語を教えています。

（　　）5. 私と母は友達のように仲がいいです。

四、用平假名写出下列日语单词的读音。

1. 物語＿＿＿＿＿＿　　2. 粗筋＿＿＿＿＿＿　　3. 形式＿＿＿＿＿＿　　4. 記録＿＿＿＿＿＿

5. 京都＿＿＿＿＿＿　　6. 寺＿＿＿＿＿＿　　7. 床＿＿＿＿＿＿　　8. 洋服＿＿＿＿＿＿

9. 地味＿＿＿＿＿＿　　10. 天井＿＿＿＿＿＿

五、将下列中文翻译成日语。

1. 火在燃烧＿＿＿＿＿＿＿＿＿＿＿　　2. 留下很多钱＿＿＿＿＿＿＿＿＿＿＿

3. 拉上窗帘＿＿＿＿＿＿＿＿＿＿＿　　4. 信件送达＿＿＿＿＿＿＿＿＿＿＿

5. 擦地板＿＿＿＿＿＿＿＿＿＿＿　　6. 抱有（某种）印象＿＿＿＿＿＿＿＿＿＿＿

7. 空中飘浮着云朵＿＿＿＿＿＿＿＿＿＿＿　　8. 又粗又长的绳子＿＿＿＿＿＿＿＿＿＿＿

9. 天花板很高＿＿＿＿＿＿＿＿＿＿＿　　10. 朴素的衣服＿＿＿＿＿＿＿＿＿＿＿

六、留学生刚到日本时，很多事情要向他人请教。根据文末所给提示，使用「のか」的表达方式进行询问。

1．すみません。＿＿＿＿＿＿＿＿＿＿＿＿＿＿＿＿教えてくださいませんか。（买衣服时）

2．すみません。＿＿＿＿＿＿＿＿＿＿＿＿＿＿＿＿教えてくださいませんか。（想去饭店吃饭）

3．すみません。＿＿＿＿＿＿＿＿＿＿＿＿＿＿＿＿教えてくださいませんか。（宿舍规则）

4．すみません。＿＿＿＿＿＿＿＿＿＿＿＿＿＿＿＿教えてくださいませんか。（乘坐公交车）

5．すみません。＿＿＿＿＿＿＿＿＿＿＿＿＿＿＿＿教えてくださいませんか。（日语考试）

七、家人或朋友会自言自语地说出哪些疑问或担心，请使用「かな」的表达方式记录下来。

人物	在什么情况下（中日文均可）	自言自语地说什么
例 おばあさん	眼鏡が見つけられない時	眼鏡はどこにある（の）かな。

八、从方框中选择合适的表达方式并改为适当的形式，补全对话。（可重复使用）

Ｖてあげる　　　　Ｖてやる　　　　Ｖてくれる

1. 王さんは田中さんに写真を＿＿＿＿＿＿＿＿＿＿。（撮る）
2. （妈妈要求儿子）あなたはお兄さんだから、妹に＿＿＿＿＿＿＿＿＿＿なさい。（貸す）
3. 畑中さんが（ぼくに）日本のお寿司を＿＿＿＿＿＿＿＿＿＿。（作る）
4. 昨日、うちでたくさんの友達が（私に）誕生日祝いを＿＿＿＿＿＿＿＿＿＿。（する）
5. 私はあの人に日本語を＿＿＿＿＿＿＿＿ないです。（教える）
6. 私が満点を取ったので、母は＿＿＿＿＿＿＿＿＿＿。（ほめる）
7. 息子の誕生日に時計を＿＿＿＿＿＿＿＿＿。（買う）

九、从Ａ、Ｂ、Ｃ、Ｄ中选出语义逻辑不合理的选项。

（　　）1. ホームステイ先の母：何が飲みたいのか、教えて。

李：＿＿＿＿＿＿＿＿。

Ａ ウーロン茶が飲みたいです　　　　　　Ｂ ウーロン茶がいいです

Ｃ ウーロン茶をお願いします　　　　　　Ｄ ウーロン茶はどうですか

（　　）2. 先生：この手紙は誰が書いたのですか。

生徒：＿＿＿＿＿＿＿＿。

Ａ 田中さんが書いたのです　　　　　　　Ｂ たぶん田中さんが書いたのです

Ｃ 誰か書いたのです　　　　　　　　　　Ｄ 誰が書いたのか分からないです

（　　）3. 母：床が汚れているね。

子：＿＿＿＿＿＿＿＿。

Ａ 猫が汚したの　　　　　　　　　　　　Ｂ ごめんください

Ｃ 後できれいにする　　　　　　　　　　Ｄ すみません

（　　）4. この洋服は少し＿＿＿＿＿＿＿かな。

Ａ 生　　　　　　　　　　　　　　　　　Ｂ 地味

Ｃ 高い　　　　　　　　　　　　　　　　Ｄ 長い

（　　）5. 返事がなかなか来ないんだ。＿＿＿＿＿＿＿＿。

    A 私のメール、届いたかな　　　　　　　　B いらっしゃいませ

    C どうしたのでしょう　　　　　　　　　　D 電話で聞いてみようかな

十、找出下列句子中有误的部分，画线并改正。

1. これから、孫悟空についてみなさんを紹介します。

    ＿＿＿＿＿＿＿＿＿＿＿＿＿＿＿＿＿＿＿＿＿＿＿＿＿＿＿

2. どの飲み物をするのか決めましたか。

    ＿＿＿＿＿＿＿＿＿＿＿＿＿＿＿＿＿＿＿＿＿＿＿＿＿＿＿

3. 昔話では、民間伝承のものが多いです。

    ＿＿＿＿＿＿＿＿＿＿＿＿＿＿＿＿＿＿＿＿＿＿＿＿＿＿＿

4. 私は王さんに問題の解き方を教えてやった。

    ＿＿＿＿＿＿＿＿＿＿＿＿＿＿＿＿＿＿＿＿＿＿＿＿＿＿＿

5. 先生は私に問題の解き方を教えてあげた。

    ＿＿＿＿＿＿＿＿＿＿＿＿＿＿＿＿＿＿＿＿＿＿＿＿＿＿＿

6. 私が乗っていたバスに、途中のバス停から１人の女性が乗っていった。

    ＿＿＿＿＿＿＿＿＿＿＿＿＿＿＿＿＿＿＿＿＿＿＿＿＿＿＿

7. 最近、大人にための絵本も人気です。

    ＿＿＿＿＿＿＿＿＿＿＿＿＿＿＿＿＿＿＿＿＿＿＿＿＿＿＿

8. テレビの大きな声はほかの人に迷惑になるから気を付けてください。

    ＿＿＿＿＿＿＿＿＿＿＿＿＿＿＿＿＿＿＿＿＿＿＿＿＿＿＿

十一、阅读短文，从A、B、C、D中选出最佳选项。

　　一休さんは今から600年①＿＿＿＿＿＿前に活躍したお坊さんです。京都で生まれた一休さんは、6歳の時、お坊さんになる②＿＿＿＿＿＿お寺に入りました。小さいころから頭がよくて、大人を言い負かすことも③＿＿＿＿＿＿。

　　④＿＿＿＿＿＿話があります。和尚さんの友達の仁兵衛（に へ え）さんが、和尚さんと一休さんを自分の家に誘いました。仁兵衛さんの家の前には橋が架（か）かっています。⑤＿＿＿＿＿＿には、「このはし渡ってはいけない。」と⑥＿＿＿＿＿＿立て札（た ふだ）（告示牌）がありました。仁兵衛さんが二人を困らせようと、いたずらをしたのです（故意为难他们）。「⑦＿＿＿＿＿＿、どうしたものか。はしを渡らないと、家には入れないが……」と、和尚さんはとても困っていました。⑧＿＿＿＿＿＿、一休さんはさっさと渡っていきました。

　　門の前には仁兵衛さんが待っていて、「おや、一休、立て札を⑨＿＿＿＿＿＿。」と聞きました。一休さんは「見ましたよ。はしを渡っていけないと書いてありましたので、真ん中を歩いていました。」と答えました。仁兵衛さんは「⑩＿＿＿＿＿＿。一休さんに負けた。」と言って、笑って二人を家に案内したということです。

（日语中的「はし」有两种含义。一是「橋」，意为"桥"；还可以写作汉字「端」，意为"两端"或"两边"。）

（　　）①　A に　　　　　　　B で　　　　　　　　C を　　　　　　　　D も

（　　）②　A ために　　　　　B よう　　　　　　　C から　　　　　　　D と

（　　）③　A あります　　　　B ありました　　　　C ありません　　　　D ありませんでした

（　　）④　A こんな　　　　　B そんな　　　　　　C あんな　　　　　　D どんな

（　　）⑤　A ここ　　　　　　B そこ　　　　　　　C あそこ　　　　　　D どこ

（　　）⑥　A 書き　　　　　　B 書く　　　　　　　C 書かれた　　　　　D 書かない

（　　）⑦　A さて　　　　　　B ようこそ　　　　　C どうも　　　　　　D すみません

（　　）⑧　A ですから　　　　B すると　　　　　　C そこで　　　　　　D でも

（　　）⑨　A 見ませんか　　　B 見ませんでしたか　C 見ますか　　　　　D 見ないですか

（　　）⑩　A 頑張れ　　　　　B どうしたんですか　C なるほど　　　　　D 本当だ

十二、将下列中文翻译成日语。

　　我经常去世界各地旅行。出发前，我总是会提前学习那个国家的问候语，如"你好""谢谢"等。因为当我用那个国家的语言和当地人沟通时，他们总是会露出微笑。因此，我感受到了语言的力量。我学习了不同的语言和文化之后，发现世界是那样的丰富多彩！

（参考：露出/見せる；丰富多彩/多彩だ）

_____

_____

_____

_____

_____

十三、默写课文。

川口：ねえ、①_____決めた？

畑中：ああ、今週のボランティア活動で小学生に読んであげる本のこと？

川口：うん。まだ決めていないんだ。最近の小学生は、②_____なあ。

畑中：私は「一休さん」③_____。読んだことがある？

川口：ああ、思い出した、子どもの頃、母がよく読んでくれたよ。かわいくて、頭がいいお坊さんの話だね。

畑中：そうそう、大人にも負けない知識があって。

川口：それから、正義感もある。④_____と思う。

畑中：今、時間ある？小学生の前で上手に読めるように、練習したいんだけど。

川口：大丈夫だよ！感じたことを記録して、後で言ってあげるね。

畑中：ありがとう。じゃあ、⑤_____。「1394年、京都に⑥_____

_____。それが一休さんです。一休さんは6歳からお寺で、お坊さんになるための修行をしています。ある日、床の掃除が終わった一休さんが……」

川口：あ、ちょっと待って。うーん、もう少し、感情を出して、⑦_____。

ステップ3とステップ4

🎧 **一、听录音，选择与录音内容相符的选项。每段录音只播放1遍。**

( ) 1. A 絵本を読みます。　　B 本を読みます。　　C 絵を描きます。

( ) 2. A 伝えてあげる。　　B 手伝ってあげる。　　C 使ってあげる。

( ) 3. A イメージ　　B インターネット　　C コイン

( ) 4. A しからない人　　B しなない人　　C しらない人

( ) 5. A 仕事が終わる。　　B 仕事が残る。　　C 仕事を残す。

🎧 **二、听录音，根据录音内容补全句子。每段录音播放2遍。**

1. 朝、昨日買った花を見ると、もう＿＿＿＿＿＿＿＿＿＿＿＿いた。

2. 山を越えると、＿＿＿＿＿＿＿＿＿＿＿きた。

3. 弟は晩ご飯を食べ終わると、すぐ＿＿＿＿＿＿＿＿＿＿。

4. ＿＿＿＿＿＿＿＿＿＿＿ね。何かいいことがあったの？

5. 妹は＿＿＿＿＿＿＿＿＿＿＿をしています。

6. 空が曇っていて、＿＿＿＿＿＿＿＿＿＿＿ですね。

7. ＿＿＿＿＿＿＿＿＿＿＿レポートを書かなければなりません。

8. ＿＿＿＿＿＿＿＿＿＿＿1級試験に合格しなければなりません。

9. 高校を卒業するまでに一度＿＿＿＿＿＿＿＿＿＿たいです。

🎧 **三、听录音，选择与录音内容相符的选项。每段录音只播放1遍。**

( ) 1. 男のシャツはどこにありますか
　　　A 引き出しの中　　B ベッドの上　　C 洗濯機の中

( ) 2. 女の人は手紙を書いた後、何をしましたか。
　　　A 手紙を出すために郵便局に行った。
　　　B 切手を買うために郵便局に行った。
　　　C 切手を買うためにスーパーに行った。

( ) 3. 2人は何を買いますか。
　　　A 巻き寿司　　B 焼きそば　　C てんぷら

( ) 4. 2人はこれから何をしますか。
　　　A 男の人は車で女の人を家まで送る。
　　　B 女の人は帰るが、男の人はそのままいる。
　　　C 女の人は10時まで男の人と話をする。

( ) 5. 桜の花が咲きましたか。
　　　A 咲いていない。
　　　B 咲いている。
　　　C 咲いたが、もう枯れた。

四、用平假名写出下列日语单词的读音。

1. 奥＿＿＿＿＿＿＿＿
2. 禁止＿＿＿＿＿＿＿
3. 方向＿＿＿＿＿＿＿
4. 角＿＿＿＿＿＿＿

5. 門＿＿＿＿＿＿＿＿
6. 大勢＿＿＿＿＿＿＿
7. 建築家＿＿＿＿＿＿
8. 反省点＿＿＿＿＿

9. 協力＿＿＿＿＿＿＿
10. 力＿＿＿＿＿＿＿＿
11. 代表＿＿＿＿＿＿＿
12. 雲＿＿＿＿＿＿＿

13. 息＿＿＿＿＿＿＿＿
14. 味＿＿＿＿＿＿＿＿
15. 仲間＿＿＿＿＿＿＿
16. 活躍＿＿＿＿＿＿

五、将下列中文翻译成日语。

1. 鱼死了＿＿＿＿＿＿＿＿＿＿＿＿＿＿＿＿＿＿
2. 请快些＿＿＿＿＿＿＿＿＿＿＿＿＿＿＿＿＿＿

3. 打碎盘子＿＿＿＿＿＿＿＿＿＿＿＿＿＿＿＿＿
4. 可怜的样子＿＿＿＿＿＿＿＿＿＿＿＿＿＿＿

5. 草干枯了＿＿＿＿＿＿＿＿＿＿＿＿＿＿＿＿＿
6. 穿衬衫＿＿＿＿＿＿＿＿＿＿＿＿＿＿＿＿＿＿

7. 系领带＿＿＿＿＿＿＿＿＿＿＿＿＿＿＿＿＿＿
8. 向左拐＿＿＿＿＿＿＿＿＿＿＿＿＿＿＿＿＿＿

9. 放进抽屉里＿＿＿＿＿＿＿＿＿＿＿＿＿＿＿＿
10. 把纸卷起来＿＿＿＿＿＿＿＿＿＿＿＿＿＿＿

六、仿照示例，使用「Sと」的表达方式，观察并记录家人回家后会做哪些事。

例 父は家に帰ると、コーヒーを飲んで休みました。

1. ＿＿＿＿＿＿＿＿＿＿＿＿＿＿＿＿＿＿＿＿＿＿＿＿＿＿
2. ＿＿＿＿＿＿＿＿＿＿＿＿＿＿＿＿＿＿＿＿＿＿＿＿＿＿
3. ＿＿＿＿＿＿＿＿＿＿＿＿＿＿＿＿＿＿＿＿＿＿＿＿＿＿
4. ＿＿＿＿＿＿＿＿＿＿＿＿＿＿＿＿＿＿＿＿＿＿＿＿＿＿
5. ＿＿＿＿＿＿＿＿＿＿＿＿＿＿＿＿＿＿＿＿＿＿＿＿＿＿

七、仿照示例，使用「Sと」的表达方式，想象按下开关后意外发现的事。

例 このボタンを押すと、ドアが開いた。

1. ＿＿＿＿＿＿＿＿＿＿＿＿＿＿＿＿＿＿＿＿＿＿＿＿＿＿
2. ＿＿＿＿＿＿＿＿＿＿＿＿＿＿＿＿＿＿＿＿＿＿＿＿＿＿
3. ＿＿＿＿＿＿＿＿＿＿＿＿＿＿＿＿＿＿＿＿＿＿＿＿＿＿
4. ＿＿＿＿＿＿＿＿＿＿＿＿＿＿＿＿＿＿＿＿＿＿＿＿＿＿
5. ＿＿＿＿＿＿＿＿＿＿＿＿＿＿＿＿＿＿＿＿＿＿＿＿＿＿

八、仿照示例，使用「Aそうだ」的表达方式，描述事物的样态。

例 巻き寿司・おいしい

・この巻き寿司はおいしそうです。

・おいしそうな巻き寿司です。

・李さんはおいしそうに巻き寿司を食べています。

1. 物語・面白い

＿＿＿＿＿＿＿＿＿＿＿＿＿＿＿＿＿＿＿＿＿＿＿＿＿＿

＿＿＿＿＿＿＿＿＿＿＿＿＿＿＿＿＿＿＿＿＿＿＿＿＿＿

_____

2. おばあさん・寂しい

_____

_____

3. 布団・暖かい

_____

_____

_____

九、仿照示例，使用「Vそうだ」的表达方式描写事物样态或发展趋势。

例1 空が曇っている→雨・降る
　　空が曇っていて雨が降りそうです。

例2 空が晴れている→雨・降る
　　空が晴れていて、雨が降りそうに（も）ありません。

1. 問題がそんなに難しくない→解ける

_____

2. 問題がすごく複雑だ→解ける

_____

3. 危ない→本棚・倒れる

_____

4. 危ない→子供・落ちる

_____

十、将1至4重新排序，组成一段语义通顺的短文。

　3歳の妹が、家の前に黒いものをたくさん見つけました。

1.「蟻（あり）だよ。雨が降りそうだから、みんな引越ししているよ。」

2.「おや、何かな。忙しそうに動いている。」

3. 妹はお母さんを呼んできました。

4.「私も助けてあげよう。」
　「蟻（あり）たちは自分たちでできるよ。」
　「あ、雨だ。雨だ。私たちもおうちに帰ろう。」

　_____→　_____→　_____→　_____→

十一、仿照示例，使用「N/Vまでに」的表达方式，写一写自己的人生规划。

段階	いつまでに	何をしたいか（可多写）
15～19歳	来年の４月までに	１級の日本語能力試験を受けたい。
	19歳までに	好きな大学に入りたい。
20－29歳		
30－39歳		
40－49歳		
50－59歳		
60－69歳		
70－79歳		
80－89歳		
90-99歳		

十二、阅读短文，回答问题。

　　ある時、京都の街で病気がはやりました。①＿＿＿＿＿＿、薬の値段が高くて、貧しい人にはとても買えません。②＿＿＿＿＿＿、一休さんは誰にも言わないという約束で薬屋さんから薬の作り方を教わりました。③＿＿＿＿＿＿、立て札（告示牌）に書いて町 中 (まちじゅう) に立てました。④＿＿＿＿＿＿札の前には大勢の人が集まりました。どこにでも生えている草と木の根っこで薬ができてしまうというのです。「⑤＿＿＿＿＿＿ただ（不用花钱）で作れるぞ。ああ、ありがたい（难得）。」と、人々は感謝しました。薬屋さんが騒ぎを聞いて駆けつけると、立て札を見て⑥真っ青 (まっさお) になりました。⑦これではもう薬が売れません。一休さんの姿を見つけた薬屋さんは、今度は⑧真っ赤になって怒りました。「ひどいじゃないか。一休！誰にも言わないと言ったから薬の作り方を教えてやったのに。約束を破るとは、一体どういうわけだ！」今にも殴りかかりそうな 勢 (いきお) いです。⑨＿＿＿＿＿＿、一休さんは⑩「私は約束を破ってはいないぞ。薬の作り方を書いた立て札を立てただけだ。誰にも一言も言っていない。」と言いました。このように、一休さんはいつも貧しい人や困っている人を助けていました。

（　　）①Ａだから　　　　Ｂでも　　　　　　Ｃでは　　　　　　Ｄそれで
（　　）②Ａそれとも　　　Ｂまたは　　　　　Ｃしかし　　　　　Ｄそこで
（　　）③Ａけれども　　　Ｂしかし　　　　　Ｃそして　　　　　Ｄだから
（　　）④Ａこうしたら　　Ｂそうしたら　　　Ｃしたら　　　　　Ｄなったら
（　　）⑤Ａこれなら　　　Ｂこれでも　　　　Ｃこれには　　　　Ｄこれしか

⑥薬屋さんの顔はなぜ真っ青になりましたか。

_____

⑦薬屋さんはなぜ「これではもう薬が売れません」と言ったのですか。

_____

⑧薬屋さんの顔はなぜまた真っ赤になりましたか。

_____

（　　）⑨Ａだから　　　　Ｂそれで　　　　　Ｃしかし　　　　　Ｄそれから

⑩「私は約束を破ってはいないぞ。薬の作り方を書いた立て札を立てただけだ。誰にも一言も言っていない。」この文を中国語に訳してください。

_____

_____

十三、将下列中文翻译成日语。

　　大家对日本的方言印象如何呢？关西话是日本方言的一种，主要在大阪、京都等地使用，而且，在电视节目中也经常使用。最近，重新评价方言的人多了起来，人们认为方言可以表达自己的情绪。
（参考：方言/方言；关西话/関西弁；表达/表現する；重新评价/再評価する）

_____

_____

_____

_____

十四、默写课文。

　　ある日、床の掃除が終わった一休さんが①_____と、②_____が聞こえました。一休さんが③_____と、和尚様が部屋の奥で④_____。

　　「和尚様、何を食べているのですか。甘いにおいが⑤_____。それ、とても⑥_____！」

　　「こ、これは…く、薬じゃ。足の薬じゃ。最近、寒いから、⑦_____。」

　　「え、足の薬ですか。私も足が痛いので、⑧_____。」

　　「いや、それはだめだ。これは、若い人が飲んだら、死んでしまうから、⑨_____。」

　　和尚様は、急いで薬を、⑩_____。

　　「それは大変だ。⑪_____。」

　　一休さんは笑いながら、⑫_____。

第8課　ボランティア活動

語言知識要点

1. 重点词语

名词		意志、収入、制度、感想、この間、太陽、服装、砂、林、穴、万里の長城、薄着、係、厚着、温泉、裸、奥さん、役所、市役所、受付、交差点、警察官、背中、調子、エンゲベー、ガイド、成果、ポプラ、ブドウ、人々、農業、環境、性格
动词	V₁	暮らす、移す、移る、塗る、振り返る、育つ、減る
	V₂	勤める、表れる、育てる、信じる
	V₃	発見する、成功する、対する、主張する
形容词	A₁	すごい
	A₂	残念
副词		せっかく

2. 语法项目

序号	语法项目	含义	例句
1	せっかく～のに	表示转折关系，意为"好不容易……却……"。	せっかく食事に誘ってくれたのに、行けなくて……
2	Nで（状态）	表示动作的状态。	だから、全身、肌が見えないような服装で活動したんですよ。
3	～らしい（推测、判断）	表示说话人依据客观事物的状态、事实、迹象或传闻进行的客观推测或委婉的判断，不是基于想象，意为"好像……"。	来年は私も参加できるらしいので、必ず申し込みます。
4	Vている（动作的结果或状态）	表示动作结果或状态的存续。	遠山は以下のように話している。
5	Vていく	表示动作从现在到将来的持续，也可表示某事物从现在开始逐渐发生变化。	これからもこの問題について、考えていきたい。

ステップ1とステップ2

一、听录音，选择与录音内容相符的选项。每段录音只播放1遍。

（　　）1. 2人はどこを見学しますか。

　　　　A 故宮　　　　　　　　　　B 万里の長城　　　　　　C 北海公園

（　　）2. 女の人はどうしたのですか。

　　　　A 山登りに行った。　　　B 風邪をひいた。　　　　　C 仕事を休んだ。

（　　）3. 運動会に参加するため、生徒たちは何をしなければならないのですか。

　　　　A 運動靴を穿かなければならない。

　　　　B 運動服を着なければならない。

　　　　C 8時までに来なければならない。

（　　）4. 女の人は明日、どんな服を着ますか。

　　　　A セーター1枚　　　　　B セーター2枚　　　　　　C セーター1枚とコート1枚

（　　）5. 女の人は、水着を着て温泉に入ることについてどう思いますか。

　　　　A 初めて聞きました。　　B 便利だと思っている。　C よくないと思っている。

二、听录音，根据录音内容补全句子。每段录音播放2遍。

1. このホテルの係が毎日＿＿＿＿＿＿＿＿＿＿＿＿＿＿＿＿＿お客様を迎えています。

2. せっかく＿＿＿＿＿＿＿＿＿＿＿＿＿＿＿のに、突然の会議で会うことができなかった。

3. 鈴木さんのお母さんは＿＿＿＿＿＿＿＿＿＿＿＿＿＿＿＿をしているらしいです。

4. 交差点で事故があったらしく、今、＿＿＿＿＿＿＿＿＿＿＿＿＿＿＿。

5. 朝6時半に目覚まし時計を＿＿＿＿＿＿＿＿＿＿＿＿＿＿のに、止めて寝てしまったらしい。

6. 学生は先生の質問には答えられるが、自分からはなかなか＿＿＿＿＿＿＿＿＿＿＿＿＿。

7. アメリカの大学での勉強は、＿＿＿＿＿＿＿＿＿＿＿＿＿＿＿ずっと大変です。

8. 今日は給料が入ったので、＿＿＿＿＿＿＿＿＿＿＿＿＿＿のプレゼントを買いに行った。

9. そんなにテレビを＿＿＿＿＿＿＿＿＿＿＿＿＿＿＿と、壊れちゃうよ。

三、听录音，在与录音内容相符的句子前画〇，不符的画×。录音播放2遍。

（　　）1. お昼、遅刻しそうになった。

（　　）2. 自転車で駅まで行った。

（　　）3. 財布を本と一緒にかばんの中に入れたと覚えている。

（　　）4. 私は財布を家に忘れた。

（　　）5. 財布を拾った人が警察に届けてくれた。

四、用平假名写出下列日语单词的读音。

1. 意志＿＿＿＿＿　　2. 収入＿＿＿＿＿　　3. 制度＿＿＿＿＿　　4. 感想＿＿＿＿＿

5. 砂＿＿＿＿＿　　　6. 林＿＿＿＿＿　　　7. 穴＿＿＿＿＿　　　8. 薄着＿＿＿＿＿

9. 背中＿＿＿＿＿＿＿＿＿　　　10. 調子＿＿＿＿＿＿＿＿＿＿

五、将下列中文翻译成日语。

1. 享受富足的生活＿＿＿＿＿＿＿＿＿＿＿＿＿＿　　2. 愚公移山＿＿＿＿＿＿＿＿＿＿＿＿＿＿＿＿＿＿＿

3. 转移到新地方＿＿＿＿＿＿＿＿＿＿＿＿＿＿　　4. 搽药＿＿＿＿＿＿＿＿＿＿＿＿＿＿＿＿＿＿＿＿＿

5. 爬长城＿＿＿＿＿＿＿＿＿＿＿＿＿＿＿＿＿　　6. 穿厚衣服＿＿＿＿＿＿＿＿＿＿＿＿＿＿＿＿＿＿＿

7. 准备衣服＿＿＿＿＿＿＿＿＿＿＿＿＿＿＿＿　　8. 阳光强烈＿＿＿＿＿＿＿＿＿＿＿＿＿＿＿＿＿＿＿

9. 联系老师＿＿＿＿＿＿＿＿＿＿＿＿＿＿＿＿　　10. 在前台等候＿＿＿＿＿＿＿＿＿＿＿＿＿＿＿＿＿

六、仿照示例，使用「せっかく～のに」的表达方式，写一写令你感到遗憾的事。

例 せっかく母にセーターを買ってあげたのに、好きではないようです。

1. ＿＿＿＿＿＿＿＿＿＿＿＿＿＿＿＿＿＿＿＿＿＿＿＿＿＿＿＿＿＿＿＿＿＿＿＿

2. ＿＿＿＿＿＿＿＿＿＿＿＿＿＿＿＿＿＿＿＿＿＿＿＿＿＿＿＿＿＿＿＿＿＿＿＿

3. ＿＿＿＿＿＿＿＿＿＿＿＿＿＿＿＿＿＿＿＿＿＿＿＿＿＿＿＿＿＿＿＿＿＿＿＿

4. ＿＿＿＿＿＿＿＿＿＿＿＿＿＿＿＿＿＿＿＿＿＿＿＿＿＿＿＿＿＿＿＿＿＿＿＿

5. ＿＿＿＿＿＿＿＿＿＿＿＿＿＿＿＿＿＿＿＿＿＿＿＿＿＿＿＿＿＿＿＿＿＿＿＿

七、仿照示例，使用「～で」的表达方式编写对话，询问（或回答）做某事的状态。

例 買い物に行く・1人・母と2人

　　A：Bさん、いつも1人で買い物に行きますか。

　　B：はい、いつも1人で買い物に行きます。／いいえ、いつも母と2人で買い物に行きます。

1. 旅行する・1人・家族

＿＿＿＿＿＿＿＿＿＿＿＿＿＿＿＿＿＿＿＿＿＿＿＿＿＿＿＿＿＿＿＿＿＿

＿＿＿＿＿＿＿＿＿＿＿＿＿＿＿＿＿＿＿＿＿＿＿＿＿＿＿＿＿＿＿＿＿＿

2. 歌を歌う・1人・みんな

＿＿＿＿＿＿＿＿＿＿＿＿＿＿＿＿＿＿＿＿＿＿＿＿＿＿＿＿＿＿＿＿＿＿

＿＿＿＿＿＿＿＿＿＿＿＿＿＿＿＿＿＿＿＿＿＿＿＿＿＿＿＿＿＿＿＿＿＿

3. 砂浜を歩く・靴・裸足

＿＿＿＿＿＿＿＿＿＿＿＿＿＿＿＿＿＿＿＿＿＿＿＿＿＿＿＿＿＿＿＿＿＿

＿＿＿＿＿＿＿＿＿＿＿＿＿＿＿＿＿＿＿＿＿＿＿＿＿＿＿＿＿＿＿＿＿＿

4. 赤ちゃんが泣く・大声・小さい声

＿＿＿＿＿＿＿＿＿＿＿＿＿＿＿＿＿＿＿＿＿＿＿＿＿＿＿＿＿＿＿＿＿＿

＿＿＿＿＿＿＿＿＿＿＿＿＿＿＿＿＿＿＿＿＿＿＿＿＿＿＿＿＿＿＿＿＿＿

八、仿照示例，根据信息来源，使用「〜ようだ」或「〜らしい」的表达方式造句。

情境	ようだ	〜らしい
例（天気予報）今日・雨	—————	天気予報によると、今日は雨らしい。
例（自分の観察）今日・雨	今日は雨のようだ。	—————
（友達の話）李さん・お酒・好きだ		
（自分の観察）李さん・お酒・好きだ		
（新聞で見た）あの人・自分・会社・作る		
（自分の観察）あの人・自分・会社・作る		
（お店の人）こちらのほう・もっと・おいしい		
（自分で比べた）こちらのほう・もっと・おいしい		
（検査を受けた）風邪・ひく		
（自分の感覚）風邪・ひく		

九、根据下列说明，判断活动的性质。（可重复使用）

A 社会性	B 創造性	C 無償性	D 自主性

1. この活動は強制ではありません。（　　　）
2. この活動はいろいろな難しい問題を解決しています。（　　　）
3. この活動に参加してもお金をもらうことができません。（　　　）
4. この活動はみんなで一緒にします。（　　　）
5. これは、自分の意志で参加する活動です。（　　　）
6. この活動の中で、他人を助けることを通じて自分も感動や喜びを得ることができます。（　　　）
7. この活動はみんなよりよく生活するために行っています。（　　　）
8. この活動ではみんな頭を使っていい方法を考える必要があります。（　　　）
9. この活動は人と人の関係性を緊密なものにします。（　　　）
10. この活動は要求された活動ではありません。（　　　）

十、找出下列句子中有误的部分，画线并改正。

1. せっかく休みのに、臨時会議で会社に行かなければなりません。

   _____

2. せっかく作文を書くのに不合格でした。

   _____

3. せっかく食事を誘ってくれたのに、本当にすみません。

   _____

4. 風邪をひいたので、マスクに出かけます。

   _____

5. 友達から聞いた話ですが、この薬はとてもいいようです。

   _____

6. 今年の夏休みに植林活動を参加しました。

   _____

7. 相手は顔を見えないような服装をしています。

   _____

8. 砂漠で林や湖が戻りました。

   _____

十一、阅读短文，从A、B、C、D中选出最佳选项。

　　そり（雪橇）を①_____兄弟に自分たちで作るように言ったのはお母さんです。お母さんは、近所の家の壊れた機械を②_____ほど機械に詳しい人でした。お母さんは「まず、そりの設計図を描くのよ。」と③_____、大きな紙を持ってきて、その絵を描き始めました。「何人乗れるようにしたいの？」「それによって大きさが④_____でしょう。」「スピードを出したい⑤_____、平たい（平的）ほうが風を受けないわよ。」とお母さんはいろいろ言いました。兄弟は設計図を描く意味が⑥_____。

　　「さあ、描けた。この通りに作れるかしら。」とお母さんが言うと、「⑦_____。」と兄弟は外へ飛び出していきました。物置にはいろいろな道具が揃っていました。出来上がったそりは他のどんなそりよりも速く滑らかに滑ることができたのです。こうして2人は自分たち⑧_____ものを作ることが⑨_____。この2人は、後に人類で初めてエンジン付き（装有发动机）の飛行機で空⑩_____飛んだライト兄弟（莱特兄弟）です。

（　　）①A ほしい　　　　B ほしかった　　　　C 欲しがっている　　　D 欲しがっていた

（　　）②A 直してくれる　B 直してあげる　　　C 直してもらう　　　D 直した

（　　）③A 言いながら　　B 言っても　　　　　C 言っておき　　　　D 言ってやり

（　　）④A 移す　　　　　B 移る　　　　　　　C 決める　　　　　　D 決まる

（　　）⑤A から　　　　　B のは　　　　　　　C なら　　　　　　　D とか

（　　）⑥A だんだん分かってきました　　　　B だんだん知りました

　　　　　　C だんだん思い出しました　　　　　D だんだん気づきました

（　　）⑦ A 立派だよ　　　　　B 迷惑だよ　　　　　　C 大丈夫だよ　　　　D 結構だよ

（　　）⑧ A から　　　　　　　B と　　　　　　　　　C を　　　　　　　　D で

（　　）⑨ A 大好きになりました　　　　　　　　　　B かわいそうになりました

　　　　　　C 簡単になりました　　　　　　　　　　　D 自然になりました

（　　）⑩ A に　　　　　　　　B を　　　　　　　　　C で　　　　　　　　D と

十二、将下列中文翻译成日语。

　　日本的夏天很热。即使很热，在公司工作的男士却依然穿着衬衣、打着领带。穿西装的人也很多。所以，电车和公司的空调温度都很低。的确，这样的温度对男士们来说是正合适的。但是，对女士来说，可就不舒服了。因为女士穿的衣服一般比较薄。我就有过坐电车没穿外套而感冒的经历。为了健康和节能，我认为有必要改变这一状况。

（参考：空调/クーラー；节能/省^{しょう}エネ）

_____

_____

_____

_____

_____

十三、默写课文。

鈴木：王さん、①_____。せっかく食事に誘ってくれたのに、行けなくて……。とても残念です。

王　：いいえ、李華さんから、聞きましたよ。②_____そうですね。

鈴木：はい、植林活動に参加しました。

王　：③_____。太陽の光が強かったでしょう。

鈴木：そうなんです。だから、④_____が見えないような服装で活動したんですよ。

王　：そうでしたか。

鈴木：ええ。砂漠では、靴に砂がたくさん入りました。だから、⑤_____。

王　：靴袋ですか。大変だったんですね。でも、⑥_____だったのではないですか。

鈴木：⑦_____。忘れられない経験になりましたよ。

ステップ3とステップ4

🎧　一、听录音，选择与录音内容相符的选项。每段录音只播放1遍。

（　　）1. 陳先生は今どこにいますか。

　　　　　A 学校に来ています。　　B 上海に行っています。　　C 家に帰っています。

（　　）2. 黒い眼鏡をかけた人は誰ですか。

　　　　　A 陳さん　　　　　　　　B 王さん　　　　　　　　C 李さん

（　　）3. 窓はどうなっていますか。

    A 閉まっています。   B 開いています。   C 壊れています。

（　　）4. このアニメが好きな人はどんな人ですか。

    A 子供   B 大人   C 外国人

（　　）5. 男の人はこの文章のどの部分を読んで感動しましたか。

    A 最初の部分   B 真ん中の部分   C 最後の部分

🎧 二、听录音，根据录音内容补全句子。每段录音播放2遍。

1. 遠山正瑛は農学の研究者で、＿＿＿＿＿＿＿＿＿＿＿＿一番早く植林を行った日本人です。

2. 砂の海が＿＿＿＿＿＿＿＿＿＿＿＿ことに驚いたそうです。

3. 私たちは3日間で＿＿＿＿＿＿＿＿＿＿＿＿ことができました。

4. 続けることができれば成功で、＿＿＿＿＿＿＿＿＿＿＿＿。

5. この時計は2時に＿＿＿＿＿＿＿＿＿＿＿＿。

6. 単語を＿＿＿＿＿＿＿＿＿＿＿＿ことにしました。

7. これから＿＿＿＿＿＿＿＿＿＿＿＿が減るでしょう。

8. 人々の生活が＿＿＿＿＿＿＿＿＿＿＿＿。

🎧 三、听录音，在与录音内容相符的句子前画〇，不符的画×。录音播放2遍。

（　　）1. クーラーとは夏に部屋の中を涼しくするものです。

（　　）2. クーラーのある部屋は、秋のように気持ちの良い部屋です。

（　　）3. 働いている女の人が夏でもセーターを着ているのは部屋の中が寒いからです。

（　　）4. 部屋の外は夏ですが、クーラーのある部屋の中は冬のようになります。

（　　）5. クーラーのある寒い部屋の中で働いていると、病気になる人がほとんどいません。

四、用平假名写出下列日语单词的读音。

1. 成果＿＿＿＿＿＿ 2. 農業＿＿＿＿＿＿ 3. 人々＿＿＿＿＿＿ 4. 環境＿＿＿＿＿＿

5. 性格＿＿＿＿＿＿ 6. 発見＿＿＿＿＿＿ 7. 成功＿＿＿＿＿＿ 8. 主張＿＿＿＿＿＿

9. 残念＿＿＿＿＿＿ 10. 坂＿＿＿＿＿＿ 11. 逆＿＿＿＿＿＿ 12. 劇＿＿＿＿＿＿

五、将下列中文翻译成日语。

1. 在乡间生活＿＿＿＿＿＿ 2. 移动桌子＿＿＿＿＿＿ 3. 地点移至A市＿＿＿＿＿＿

4. 搽油＿＿＿＿＿＿ 5. 回顾过去＿＿＿＿＿＿ 6. 健康成长＿＿＿＿＿＿

7. 人口减少＿＿＿＿＿＿ 8. 在公司上班＿＿＿＿＿＿ 9. 养育孩子＿＿＿＿＿＿

10. 相信自己＿＿＿＿＿＿ 11. 了不起的人＿＿＿＿＿＿ 12. 表现在态度上＿＿＿＿＿＿

六、观察图片，使用「Vている（动作的结果）」的表达方式，描述图A和图B的不同之处。

例 A 窓が開いています。＿＿＿＿＿＿＿＿＿＿＿＿＿＿＿＿＿

　　B 窓が閉まっています。＿＿＿＿＿＿＿＿＿＿＿＿＿＿＿

1. A ＿＿＿＿＿＿＿＿＿＿＿＿＿＿＿＿＿＿＿＿＿＿＿＿

　　B ＿＿＿＿＿＿＿＿＿＿＿＿＿＿＿＿＿＿＿＿＿＿＿＿

2. A ＿＿＿＿＿＿＿＿＿＿＿＿＿＿＿＿＿＿＿＿＿＿＿＿

　　B ＿＿＿＿＿＿＿＿＿＿＿＿＿＿＿＿＿＿＿＿＿＿＿＿

3. A ＿＿＿＿＿＿＿＿＿＿＿＿＿＿＿＿＿＿＿＿＿＿＿＿

　　B ＿＿＿＿＿＿＿＿＿＿＿＿＿＿＿＿＿＿＿＿＿＿＿＿

4. A ＿＿＿＿＿＿＿＿＿＿＿＿＿＿＿＿＿＿＿＿＿＿＿＿

　　B ＿＿＿＿＿＿＿＿＿＿＿＿＿＿＿＿＿＿＿＿＿＿＿＿

七、使用「Vていく/Vてくる」的表达方式补全句子。

1. 結婚してからも仕事は＿＿＿＿＿＿＿＿＿＿＿＿＿＿＿＿つもりです。（続ける）

2. この伝統は100年も＿＿＿＿＿＿＿＿＿＿＿＿＿＿＿ものだ。（続く）

3. これから日本では結婚しない人が＿＿＿＿＿＿＿＿＿＿＿＿＿と予想されます。（増える）

4. この都市で＿＿＿＿＿＿＿＿＿＿＿＿＿と思っています。（生活する）

5. 今まで＿＿＿＿＿＿＿＿＿＿＿＿＿だから、大丈夫ですよ。（頑張る）

6. 今後も会社の発展のために＿＿＿＿＿＿＿＿＿＿＿＿＿つもりです。（努力する）

7. 20歳の時から、ずっとこの店で＿＿＿＿＿＿＿＿＿＿＿＿＿。（働く）

8. 田中先生はこれまで5年間ずっと北京で＿＿＿＿＿＿＿＿＿＿＿＿＿。（暮らす）

八、从A、B、C、D中选择合适的选项。

1. 犬の鳴き声が好きではない人は＿＿＿＿＿いますね。

　　A 特別に　　　　　　　B 直接　　　　　　　　C 相当　　　　　　　D 突然

2. 李さんは考えていることを＿＿＿＿＿言う。

　　A 特別に　　　　　　　B ぜひ　　　　　　　　C ちょうど　　　　　D 直接

3. 分からない時、＿＿＿＿＿先生に質問をします。

　　A 必ず　　　　　　　　B なぜ　　　　　　　　C 特に　　　　　　　D 突然

4. 何度も練習して、＿＿＿＿＿できるようになりました。

　　A 必ず　　　　　　　　B だいだい　　　　　　C まるで　　　　　　D しばらく

5. デパートなら、ここから＿＿＿＿＿遠いですよ。

　　A 突然　　　　　　　　B 直接　　　　　　　　C せっかく　　　　　D 相当

6. バスが＿＿＿＿＿、速度を落とした。

　　A 必ず　　　　　　　　B 自然に　　　　　　　C 絶対　　　　　　　D 普段

九、从A、B、C、D中选出语义逻辑不合理的选项。

（　）1.　李：あそこにいる人の名前を知っていますか。

　　　　　鈴木：＿＿＿＿＿＿＿＿＿。

　　　A 帽子をかぶっている人ですか　　　　　B 田中雄二さんです

　　　C さあ、知りません　　　　　　　　　　D 知っていました

（　）2.　先生：授業が始まっているから、＿＿＿＿＿＿＿。

　　　A 真面目に聞いてください　　　　　　　B とても暑いですね

　　　C 静かにしてください　　　　　　　　　D 話をしないでください

（　）3.　李：あの映画は先週、もう見ました。

　　　　　田中：＿＿＿＿＿＿＿＿＿。

　　　A どこでしましたか　　　　　　　　　　B どうでしたか

　　　C 私も見たい　　　　　　　　　　　　　D そうなんですか

（　）4.　彼は有名な作家として＿＿＿＿＿＿＿＿。

　　　A たくさんの作品を残しました　　　　　B 全国に知られています

　　　C とても複雑です　　　　　　　　　　　D 2回この活動に参加しました

（　）5.　あの店は明日は休みかどうか＿＿＿＿＿＿＿。

　　　A 電話で聞いてみましょう　　　　　　　B 言われました

　　　C 教えてください　　　　　　　　　　　D 分かりません

十、找出下列句子中有误的部分，画线并改正。

1.　この言葉は今も私の心で残っている。

　　＿＿＿＿＿＿＿＿＿＿＿＿＿＿＿＿＿＿＿＿＿＿＿＿＿＿

2.　私は孫に玩具を買ってくれました

　　＿＿＿＿＿＿＿＿＿＿＿＿＿＿＿＿＿＿＿＿＿＿＿＿＿＿

3.　これからもこの問題について考えてきたい。

　　＿＿＿＿＿＿＿＿＿＿＿＿＿＿＿＿＿＿＿＿＿＿＿＿＿＿

4.　行くと行かないと決めてください。

　　＿＿＿＿＿＿＿＿＿＿＿＿＿＿＿＿＿＿＿＿＿＿＿＿＿＿

5.　遠山さんは毎日10時間、仕事が続けている。

　　＿＿＿＿＿＿＿＿＿＿＿＿＿＿＿＿＿＿＿＿＿＿＿＿＿＿

6.　野菜は季節による種類が違います。

　　＿＿＿＿＿＿＿＿＿＿＿＿＿＿＿＿＿＿＿＿＿＿＿＿＿＿

7.　窓を開けたと、鳥の鳴き声が聞こえました。

　　＿＿＿＿＿＿＿＿＿＿＿＿＿＿＿＿＿＿＿＿＿＿＿＿＿＿

8.　おじいさんは去年、88歳に亡くなりました。

　　＿＿＿＿＿＿＿＿＿＿＿＿＿＿＿＿＿＿＿＿＿＿＿＿＿＿

十一、阅读短文，从A、B、C、D中选出最佳选项。

お父さんは遠くへ①＿＿＿＿に行っていました。久しぶりに帰る時は、よくお土産を②＿＿＿＿。あるときのお土産は、筒の両端にプロペラ（螺旋桨）のついた見慣れない形の玩具でした。兄弟がゴムを巻いて手を③＿＿＿＿、プロペラが回って（转动）、空に④＿＿＿＿。「飛んだ！」（鳥や虫だけでなく、人間の作ったものも空を飛んだ！）

2人は夢中で飛ばしました。兄弟は⑤＿＿＿＿になると、自転車屋さんを始めました。お母さんは病気で亡くなっていましたので、家の仕事は妹が引き受けていました。兄弟は修理が⑥＿＿＿＿。かっこよくて乗りやすい自転車も作って売りましたので、店は⑦＿＿＿＿。でも、兄弟には別の⑧＿＿＿＿がありました。飛行機を作ることです。子供の頃のお父さんのお土産が⑨＿＿＿＿。その頃すでに世界の科学者や大学の先生たちが飛行機作りに挑戦を始めていました。「兄さんたちなら、絶対できる」と、妹も応援しました。2人がまず始めたのは、飛行機を作る⑩＿＿＿＿勉強でした。

（　）①A 働く　　　　　　　B 働き　　　　　　　C 働け　　　　　　　D 働か
（　）②A 持ってきてくれました　　　　　　　B 持ってきてもらいました
　　　　　C 持ってきてあげました　　　　　　　D 持ってきています
（　）③A 放す　　　　　　　B 放さないと　　　　C 放すと　　　　　　D 放したと
（　）④A 舞い上がってきます　　　　　　　　B 舞い上がってきました
　　　　　C 舞い上がっていきます　　　　　　　D 舞い上がっていきました
（　）⑤A 大人　　　　　　　B 受付　　　　　　　C 夫　　　　　　　　D 係
（　）⑥A 地味でした　　　　B 上手でした　　　　C 必要でした　　　　D 不愉快でした
（　）⑦A 安心しました　　　B 感謝しました　　　C 期待しました　　　D 繁盛しました
（　）⑧A 腕　　　　　　　　B 奥　　　　　　　　C 夢　　　　　　　　D 腰
（　）⑨A 忘れます　　　　　B 忘れられました　　C 忘れられません　　D 忘れられませんでした
（　）⑩A ため　　　　　　　B ための　　　　　　C ために　　　　　　D ためで

十二、根据文章内容，选择适当的选项填写在横线上。

ライト兄弟（莱特兄弟）は何度も何度も設計図を描き直しました。そのころ、ある有名な博士が国からお金を出してもらって飛行機を作っていました。妹は、博士に先を越されては大変だと心配しましたが、①＿＿＿＿。その後、博士の飛行機は②＿＿＿＿。兄弟はもっと大きな模型で実験を繰り返しました。③＿＿＿＿。1903年12月17日、エンジンがかかり、「ライトフライヤー1号」は浮き上がって、④＿＿＿＿。

A 見事に空を飛びました

B 飛ぶことができなくて落ちてしまいました

C やっと「ライトフライヤー1号」ができました

D 2人は焦ることなく模型で実験を続けました

十三、将下列中文翻译成日语。

　　我参加了一场打工的面试。虽然面试的准备很辛苦，但是顺利通过了。我已经打工一个月了，最初要记住很多事，也吃了不少苦头。但是，有很多使用日语的机会，所以我的日语听力和口语都比以前好多了。

（参考：打工/アルバイト）

_____

_____

_____

_____

十四、默写课文。

　　先週、クラスメートと内モンゴル自治区のエンゲベー①_____へ行って、中日両国の高校生の植林活動に参加した。エンゲベーに②_____、バスから出た瞬間、強い光と砂で、③_____。空気が④_____、この二日間をどのように過ごすのか、⑤_____。

　　少し休んでから、⑥_____といっしょに以前の植林の成果を⑦_____。砂漠がポプラの木で⑧_____。予想以上に木が多くて、「すごい！どのように植えたの？」とみんなが⑨_____。この砂漠を⑩_____のが遠山正瑛という人だ。

第二单元总结

🎧 一、听录音，选择与录音内容相符的选项。每段录音只播放1遍。

（　　）1. 女の人はこれからどうしますか。

A 病院に勤めます。　　　B 留学します。　　　C まだ決まっていません。

（　　）2. 2人の食事はどうなっていますか。

A 今食事をしている。

B もう食事が終わった。

C 2人はこれから食事をする。

（　　）3. 女の人はこれからまず何をしますか。

A 会議に出る。　　　　B 会場を予約する。　　　C ポスターを用意する。

（　　）4. 男の人は昨日何をしましたか。

A 家で本を読んだ。　　　B 家でテレビを見た。　　　C 買い物に行った。

（　　）5. 女の人はこれからどうしますか。（ホーム/站台）

A 1番線の電車に乗る。　　　B 隣の駅へ行く。　　　C 2番線の電車に乗る。

🎧 二、听录音，在与录音内容相符的句子前画〇，不符的画×。录音播放2遍。

（　　）1. 男の人は新しく引っ越してきた（搬来的）韓国人です。

（　　）2. 女の人は男の人にゴミの捨て方を教えました。

（　　）3. 白い建物の中にごみを出します。

（　　）4. 燃えるゴミは毎日の9時までに捨てればいいです。

（　　）5. 缶や瓶などの資源ゴミは週に1回捨てられます。

🎧 三、先通读文章并推测空白处内容，再听录音，补全短文。录音播放2遍。

留学生：先生、質問があるんですが。

　先生：はい、何でしょうか。

留学生：日本ではテストや宿題をした時、先生は①＿＿＿＿＿＿＿に〇を書きますね。私の国では
　　　　②＿＿＿＿＿に〇を書いて返してくれるんです。始めのころ、私は③＿＿＿＿＿＿
　　　　＿＿＿のに、〇がついていて、どうしてかなあと思いました。

　先生：そうですか。日本と違いますね。

留学生：ええ、日本では④＿＿＿＿＿＿時に、どうして〇を使うんでしょうか。

先生：そうですね。〇は昔から太陽を表^{あらわ}していました。丸の⑤＿＿＿＿＿を見てください。太陽と同じでしょう。〇は⑥＿＿＿＿＿太陽の意味で使われているんですね。

留学生：そう言えば、子供の絵を見ると、太陽を〇で描いていますね。

先生：そうでしょう。〇は太陽やそれから、宇宙^{うちゅう}を表^{あらわ}します。それで、〇は⑦＿＿＿＿＿とか ⑧＿＿＿＿＿とかという意味になりました。

留学生：ええ。

先生：それから、仏教^{ぶっきょう}では、白い紙に〇を書く練習をして、気持ちが⑨＿＿＿＿＿＿＿＿＿になるようにしました。〇がきれいに書けた時は、心が落ち着いて、⑩＿＿＿＿＿＿＿＿＿になっていると考えられます。

留学生：そうですか。おもしろいですね。

四、从A、B、C、D中选择正确读音。

1. 想像（　　　）

   Aそうそう　　　　　Bそうぞう　　　　　Cぞうそう

2. 状態（　　　）

   Aじょうたい　　　　Bしょうたい　　　　Cじょうだい

3. 分析（　　　）

   Aふんせき　　　　　Bぶんせき　　　　　Cふんぜき

4. 面倒（　　　）

   Aめんとう　　　　　Bめんどう　　　　　Cめんど

5. 印象（　　　）

   Aいんしょう　　　　Bいんじょう　　　　Cえんしょう

6. 翌日（　　　）

   Aよくしつ　　　　　Bよくにち　　　　　Cよくじつ

7. 布団（　　　）

   Aふどん　　　　　　Bふとん　　　　　　Cぶとん

8. 物語（　　　）

   Aものがたり　　　　Bものかたり　　　　Cものご

9. 方向（　　　）

   Aほうごう　　　　　Bぼうこう　　　　　Cほうこう

10. 反省（　　　）

    Aはんせい　　　　　Bはんしょう　　　　Cはんぜい

11. 協力（　　　）

    Aぎょうりょく　　　Bきょうりょく　　　Cけいりょく

12. 収入（　　　）

    Aしゅうにゅう　　　Bにゅうしゅう　　　Cしゅにゅう

13. 制度（　　　）
　　A せど　　　　　　　　　B せいと　　　　　　　　　C せいど
14. 感想（　　　）
　　A がんそう　　　　　　　B かんそう　　　　　　　　C かんしょう
15. 背中（　　　）
　　A せちゅう　　　　　　　B せなか　　　　　　　　　C よなか
16. 服装（　　　）
　　A ふくそう　　　　　　　B ふくしょう　　　　　　　C ふくぞう
17. 由来（　　　）
　　A ゆれい　　　　　　　　B ゆうらい　　　　　　　　C ゆらい
18. 農業（　　　）
　　A のうぎょ　　　　　　　B のうぎょう　　　　　　　C のぎょう
19. 主張（　　　）
　　A しゅちょう　　　　　　B しゅうちょう　　　　　　C しゅっちょう
20. 性格（　　　）
　　A せいかく　　　　　　　B しょうかく　　　　　　　C せいがく

五、写出画线部分对应的日语汉字。

1. 先生、明日の試験のはんいはどこからどこまででしょうか。　　（　　　　　　　）
2. この店にはいろんなしゅるいの商品が並べてあります。　　　　（　　　　　　　）
3. 私は困ったことがあった時、いつも友達とそうだんします。　　（　　　　　　　）
4. 留学生活は初めはよそうより大変だった。　　　　　　　　　　（　　　　　　　）
5. バスの中で知らない人の足を踏んだので、あやまった。　　　　（　　　　　　　）
6. 弟が私の携帯電話をこわしてしまった。　　　　　　　　　　　（　　　　　　　）
7. 仕事はうまくすすんでいますか。　　　　　　　　　　　　　　（　　　　　　　）
8. あそこで子供たちがさわいでいますね。　　　　　　　　　　　（　　　　　　　）
9. 鷹はするどい目をしています。　　　　　　　　　　　　　　　（　　　　　　　）
10. 山田さんはじょうだんを言うのが好きです。　　　　　　　　　（　　　　　　　）
11. 母は黒や灰色などじみな色が好きです。　　　　　　　　　　　（　　　　　　　）
12. 私は普段からおもしろいと感じたことをきろくしておきます。　（　　　　　　　）
13. 私は将来大都会でくらしたいです。　　　　　　　　　　　　　（　　　　　　　）
14. 生活の中の小さなことから大きなはっけんをすることができます。（　　　　　　　）
15. 今日は寒いですから、あつぎで行ったほうがいいですよ。　　　（　　　　　　　）

六、从方框中选择合适的外来语，将对应的选项填写在横线上。（每项只用1次）

A カンニング	B スプーン	C ボランティア	D ハンカチ	E イメージ
F カーテン	H ボタン	I ワイシャツ	J プール	K アンケート

1. 母：美恵ちゃんの部屋の＿＿＿＿＿はどんな色がいい？

   娘：そうね。明るいほうがいいと思うよ。

2. 私は週に2回、＿＿＿＿＿＿で泳ぎます。

3. 「高校生の携帯電話の使用状況」についての＿＿＿＿＿に答えました。

4. スープを飲む時は、よく＿＿＿＿＿＿を使います。

5. 汗が出たので、＿＿＿＿＿＿で拭きました。

6. その白い＿＿＿＿＿を押せば、電気がつきますよ。

7. 鈴木さんは去年上海に行ってきましたね。上海にどんな＿＿＿＿＿＿を持っていますか。

8. 父は仕事に行く時、いつも白い＿＿＿＿＿＿を着ます。

9. 先週の土曜日に、＿＿＿＿＿＿に参加して町の掃除をした。

10. 試験中、＿＿＿＿＿をしては絶対だめです。

七、从方框中选择合适的动词并改为适当的形式，补全句子。（每个动词只用1次）

浮かぶ	届く	支える	急ぐ	枯れる
越える	移る	勤める	落とす	進む

1. 誕生日に友達からもらった花が＿＿＿＿＿＿しまった。

2. 友達から返事がなかなか来ない。私のメールが＿＿＿＿＿＿かな。

3. 川の水に木の葉がたくさん＿＿＿＿＿＿＿いる。

4. この会社を＿＿＿＿＿＿いるのは、社員一人一人の力です。

5. 兄は大学を卒業して市役所に＿＿＿＿＿＿＿います。

6. 早く行かないと電車に遅れますよ。＿＿＿＿＿＿ください。

7. 危ないですから、スピードを＿＿＿＿＿＿＿ください。

8. この山を＿＿＿＿＿＿と、海が見えますよ。

9. 青信号は「前へ＿＿＿＿＿＿！」という意味です。

10. 8年前、私の家は南京から北京へ＿＿＿＿＿＿きました。

八、阅读对话，使用「N1というN2／SというN」的表达方式，总结对话内容。

1. 佐藤：はい、未来製薬（公司名）の佐藤です。

   田中：もしもし、ミドリ商事の田中と言います。高橋課長はいらっしゃいますか。

   佐藤：はい。少々お待ちください。

   →＿＿＿＿＿＿＿＿＿＿＿＿＿＿＿＿＿＿＿＿＿＿＿から電話がありました。

2. 課長：鈴木さん、今日山下さんは会社を休むそうですね。

   鈴木：ええ、さっき連絡がありました。

→さっき山下さんから＿＿＿＿＿＿＿＿＿＿＿＿＿＿＿＿＿＿＿＿連絡がありました。

3. 山下：あ、もう8時半か。もう帰らなくちゃ！夜は9時までに帰らなければならないんです。

佐藤：寮の規則ですか。厳しいですね。

→佐藤さんは＿＿＿＿＿＿＿＿＿＿＿＿＿＿＿＿＿＿は厳しいと思います。

4. 畑中：山本さん、昨日家の近くで火事が起こったんだよ。

山本：え！畑中さんの家は大丈夫なの？

畑中：私の家は大丈夫だよ。

→山本さんは畑中さんから＿＿＿＿＿＿＿＿＿＿＿＿＿＿＿＿＿ことを聞きました。

九、仿照示例，使用「Vなくて/Nて」的表达方式，回答问题。

例：夕べよく寝られなかった・眠い

友達：どうしたんですか。

私：夕べよく寝られなくて、眠いんです。

1. 昨日、お酒を飲みすぎた・頭が痛い

友達：どうしたんですか。

私：＿＿＿＿＿＿＿＿＿＿＿＿＿＿＿＿＿＿＿＿。

2. 勉強内容がよく理解できない・困っている

友達：どうしたんですか。

私：＿＿＿＿＿＿＿＿＿＿＿＿＿＿＿＿＿＿＿＿。

3. 食べすぎてしまった・おなかが痛い

友達：どうしたんですか。

私：＿＿＿＿＿＿＿＿＿＿＿＿＿＿＿＿＿＿＿＿。

4. 友達とけんかした・どうしたらいいか分からない

友達：どうしたんですか。

私：＿＿＿＿＿＿＿＿＿＿＿＿＿＿＿＿＿＿＿＿。

5. 今日、昔の友達に会える・うれしい

友達：何かいいことがあるんですか。

私：＿＿＿＿＿＿＿＿＿＿＿＿＿＿＿＿＿＿＿＿。

十、仿照示例，使用「Nでも（极端的示例）」的表达方式，写出网络和智能手机给人们生活带来的变化。

例：子供・簡単にスマホが使える

今は子供でも簡単にスマホが使えるようになりました。

1. 海外の物・インターネットで簡単に買える

今は＿＿＿＿＿＿＿＿＿＿＿＿＿＿＿＿＿＿ようになりました。

2. 会ったことがない人・友達になれる

今は＿＿＿＿＿＿＿＿＿＿＿＿＿＿＿＿＿＿ようになりました。

3. 外国にいる人・スマホですぐに連絡できる

今は＿＿＿＿＿＿＿＿＿＿＿＿＿＿＿＿＿＿＿＿＿＿＿ようになりました。

4. どこ・スマホで写真が撮れる

今は＿＿＿＿＿＿＿＿＿＿＿＿＿＿＿＿＿＿＿＿＿＿＿ようになりました。

5. 普通の人・音楽が発表できる

今は＿＿＿＿＿＿＿＿＿＿＿＿＿＿＿＿＿＿＿＿＿＿＿ようになりました。

十一、从方框中选择合适的名词，补全句子。（每个单词只用1次）

毛	色	声	顔	目	表情	形

1. 恵子さんはきれいな＿＿＿＿＿＿をしていて、歌が上手です。

2. 甲：少し赤い＿＿＿＿＿＿をしていますよ。お酒を飲んだでしょう。

　　乙：ええ、友達と少し飲みました。

3. 甲：この花、本当にきれいな＿＿＿＿＿＿をしていますね。

　　乙：ええ、香りもいいですよ。

4. 甲：あの三角の＿＿＿＿＿＿をしているビルは何ですか。

　　乙：ああ、あれは美術館ですよ。

5. うちの犬は全体的には白い＿＿＿＿＿＿をしていますが、足と耳だけは灰色です。

6. 父はいつも厳しい＿＿＿＿＿＿をしていますが、実はとても優しいです。

7. あの子供は丸い顔に、大きい＿＿＿＿＿＿＿をしていて、とてもかわいいです。

十二、从方框中选择合适的动词并改为适当的形式，补全句子。（可重复使用）

いる	ある	いく	くる	みる	おく	しまう

1. 甲：そろそろ出かけましょうか。

　　乙：あ、ちょっと待ってください。今、本を整理して①＿＿＿＿＿＿ので……

　　甲：いいですよ。あ、本が1冊落ちて②＿＿＿＿＿＿よ。

　　乙：あ、本当だ。

2. 子：お母さん、ジュース、どこ？

　　母：亮君は冷たいのが好きだから、冷蔵庫に入れて③＿＿＿＿＿＿よ。

　　子：（冷蔵庫を開けて）ないよ。

　　母：よく見てよ。一番下に入って④＿＿＿＿＿＿でしょう。

3. 甲：この川はどこから流れて⑤＿＿＿＿＿＿のですか。

　　乙：この川は富士山からこの町へ流れて⑥＿＿＿＿＿＿よ。

　　甲：どこまで流れて⑦＿＿＿＿＿＿ますか。

　　乙：そうですね。きっと日本海へ流れて⑧＿＿＿＿＿＿でしょう。

4. 先生：今朝遅かったですね。

　　学生：すみません。いつものバスに遅れて⑨＿＿＿＿＿＿んです。これから気をつけます。

5. 甲：窓を閉めましょうか。

　　乙：いえ、そのまま開けて⑩＿＿＿＿＿ください。

6. 図書館から借りて⑪＿＿＿＿＿本はとてもおもしろくて、一晩で全部読んで⑫＿＿＿＿＿ました。

7. 甲：これ、自分で作ったお菓子ですよ。食べて⑬＿＿＿＿＿ませんか。

　　乙：へえ。すごいですね。花の模様に作って⑭＿＿＿＿＿ますね。ぜひ食べて⑮＿＿＿＿＿たいです。

　　甲：どうぞ。

8. 大学に入ってからも日本語の勉強を続けて⑯＿＿＿＿＿たいと思います。

十三、从方框中选择合适的副词，将对应的选项填写在横线上。（每个单词只用1次）

A いらいら	B とつぜん	C まるで	D しばらく
E ぜったい	F ただ	G せっかく	H がっかり

1. 町を歩いていたら、＿＿＿＿＿後ろから名前を呼ばれて、びっくりした。

2. 甲：社長は今会議中なので、＿＿＿＿＿お待ちください。

　　乙：はい、分かりました。

3. 約束の時間が30分も過ぎているのに、友達が来なかったので、＿＿＿＿＿していました。

4. 関係者以外の人はこの部屋に入っては＿＿＿＿＿だめですよ。

5. 日本語能力試験に落ちて、＿＿＿＿＿している時、友達が励まして（鼓励）くれた。

6. あの赤ちゃんは＿＿＿＿＿人形のようで、とてもかわいいです。

7. ＿＿＿＿＿ケーキを作ったのに、誰も食べてくれなかった。

8. 教室には＿＿＿＿＿李さんだけ残っていて、他の人はみんな体育館に行った。

十四、根据对话内容，从方框中选择合适的助词，填写在横线上。（可重复使用）

A まで	B までに

（一）

母：亮！いつ①＿＿＿＿＿テレビを見ているの？

子：この番組が終わる②＿＿＿＿＿だよ。後ちょっとだから。

母：宿題やったの？夏休みが終わる③＿＿＿＿＿、全部できるの？

子：大丈夫だよ。新学期が始まる④＿＿＿＿＿、まだ3日もあるからね。それに、後は作文だけだから。

母：明日もあさっても遊ぶ約束をしているんじゃない。テレビはもう消して。今日は作文を書き終わる⑤＿＿＿＿＿、見てはだめだよ。

（二）

マリー：王さん、日本語能力試験の準備をしているんですか。

　　王：ええ、帰国する⑥＿＿＿＿＿、N1の試験に合格したいと思っています。

マリー：私も去年受けました。夜、みんなが帰った後も、自習室の電気が消える⑦＿＿＿＿＿、毎晩

必死に勉強しましたよ。

王：そうなんですか。試験は本当に難しいですね。

マリー：あ、ところで、この前日本語の辞書が壊れたと聞きましたが、新しいのは買いましたか。

王：いいえ、まだです。新しい辞書を買う⑧＿＿＿＿＿＿、ジャックさんの辞書を使います。来月
⑨＿＿＿＿＿＿返せばいいと言ってくれました。

マリー：そうですか。

十五、从方框中选择合适的单词并改为适当的形式，补全句子。（每个单词只用1次）

表れる	取れる	元気	来る
生まれる	嫌い	できる	なる

1. 兄の電話によると、昨日元気な男の子が＿＿＿＿＿そうです。

2. 昨夜、祖父と電話で話しましたが、＿＿＿＿＿そうで、安心した。

3. この風邪薬を飲むと、眠く＿＿＿＿＿ようだ。昨日も今日も飲んだ後、とても眠かった。

4. この問題は難しくて、私には＿＿＿＿＿そうもありません。

5. プレゼントをもらって、彼女の顔に喜びの笑顔が＿＿＿＿＿。

6. この町はまるでヨーロッパに＿＿＿＿＿ような雰囲気がある。

7. あの子はにんじんが＿＿＿＿＿らしいね。いつもにんじんだけ残すね。

8. 甲：あ、シャツのボタンが＿＿＿＿＿そうですよ。

乙：あ、本当だ。すぐつけます。

十六、从方框中选择合适的助动词并改为适当的形式，补全句子。（可重复使用）

ようだ	らしい	そうだ

1. 話によると、来年、家の近くに大きなショッピングセンターができる＿＿＿＿＿。

2. サッカーの試合が終わった＿＿＿＿＿、大勢の人がサッカー場から出てきた。

3. あの子供はチョコレートを食べた＿＿＿＿＿顔をしています。

4. 駅や空港の＿＿＿＿＿人が多い所では自分の荷物に気を付けましょう。

5. この椅子はとても丈夫＿＿＿＿＿見えますが、使ったらすぐ壊れてしまった。

6. 田中さんの心はまるで火の＿＿＿＿＿熱いです。

十七、阅读短文，判断画线句子在文中的位置。

1. （　　　）<u>文章を書くのが苦手だという人が多い。</u>

（　A　）なぜ書けないのか。（　B　）一つにはみんなメールを使うようになったこともあり、長い文章をかくことが少なくなったからだろう。（　C　）書く力は練習すれば身につくものだ。だから、若い人たちは書く練習をたくさんしたほうがいいだろう。（　D　）

2. （　　　）<u>警察犬が犯人を見つけるのも、このような能力があるからだ。</u>

（　A　）犬の鼻は人間の鼻よりずっと性能がいい。（　B　）弱いにおいも感じられる。そして、

それを覚えることができる。（　C　）それだけでなく、いろいろなにおいを嗅(か)ぎ分ける。（　D　）

3.（　　　　）<u>ところが近年、このような歴史的文化財(ぶんかざい)に破損(はそん)が見られるようになった。</u>

　（　A　）ヨーロッパには石の寺院がたくさんある。（　B　）これらの寺院には古い歴史があって、大切な文化財である。（　C　）表面がでこぼこになったり、色が変わったりしているのだ。（　D　）破損の原因の一つは酸性雨だと言われている。

4.（　　　　）<u>その中でも特に重要なのは次の三つである。</u>

　（　A　）生物が生きていくためにはいろいろな条件が必要だ。（　B　）第一に適当な温度であること。第二に大気があって、その中に酸素が含まれていること。第三に水があること。（　C　）地球にはこの三つがあった。（　D　）

5.（　　　　）<u>そうした人は失敗しないかもしれません。</u>

　（　A　）失敗しないための一番の方法は、新しいことには何も挑戦しないことです。（　B　）しかし、その人は成功の喜びも感じられません。（　C　）それだけでなく、何もしなかったことで，結局だんだん悪い状態になるかもしれません。（　D　）

第9課　携帯電話と私たちの生活

语言知识要点

1. 重点词语

名词	普段、スマートフォン、規則、サイト、住所、個人、いじめ、危険、梅雨、量、人生、夫婦、過去、重要、地震、教育、教育学、職業、工業、中心、欠点、揺れ、災害、台風、教科書、労働者、咳、メディア、添付ファイル	
动词	V₁	上がる、起こる、飼う、繰り返す、倒す、治す
	V₂	揺れる、避ける、温める
	V₃	利用する、使用する、自慢する、案内する、復習する、輸出する、輸入する、心配する、労働する、判断する、指導する
形容词	A₁	悔しい
	A₂	危険、重要、大事、完全
副词		普段、十分、ずいぶん

2. 语法项目

序号	语法项目	含义	例句
1	Nに比べて	表示比较的标准或参照，意为"与……相比"。	兄に比べて、弟はよく勉強します。
2	～ばかり	表示排除性限定，意为"光……""净……"。「Vてばかり」表示反复进行同一行为或某一状态反复出现，意为"总是在……""一味地……"。	高校生がスマートフォンで、遊んでばかりいるとは言えません。
3	Nに関する	表示动作、行为涉及的主体、范围等，多用于书面语。意为"关于……""有关……"。	ほとんどの高校には、スマートフォンに関する規則があります。
4	～一方で	叙述与上一话题有关的另一事项，意为"一方面……另一方面……""同时……"。	スマートフォンが普及する一方で、以前には見られなかった問題が起きています。

（续表）

序号	语法项目	含义	例句
5	Sといい	表示愿望，说话人想实现某件事，意为"如果……该多好啊""要是……就好了"。	被害が小さい<u>といい</u>ですね。
6	S し、S	①表示两个或两个以上事项的并列，意为"既……又……""又……又……"。 ②在众多理由中，举出最主要的事例，暗示还有其他理由，并以此为依据做出判断。	・80歳になっても労働者として働きたい<u>し</u>、趣味も楽しみたい。 ・大雪も多いです<u>し</u>、火山噴火、台風、洪水もありますね。

ステップ1とステップ2

一、听录音，选择与录音内容相符的选项。每段录音只播放1遍。

（　　）1. 3人兄弟の中で誰がよく勉強しますか。

A 兄　　　　　　　　B 弟　　　　　　　　C 女の人

（　　）2. 雨の量が一番多かったのはいつですか。

A 一昨年　　　　　　B 去年　　　　　　　C 今年

（　　）3. 亮君は何をしていますか。

A 勉強している。　　B テレビを見ている。　C 注意している。

（　　）4. 女の人の家のスマートフォンに関する規則はどうですか。

A 特にない　　　　　B 多い　　　　　　　C 厳しい

（　　）5. 新しい携帯にない特徴はどれですか

A 軽い　　　　　　　B 可愛い　　　　　　C 安い

二、听录音，根据录音内容补全句子。每段录音播放2遍。

1. 人生は＿＿＿＿＿＿＿＿＿＿に比べて、＿＿＿＿＿＿＿＿＿＿＿のほうが多いかもしれません。

2. 隣に住んでいる夫婦は、＿＿＿＿＿＿＿＿＿＿＿＿＿＿＿ばかりしています。

3. ＿＿＿＿＿＿＿＿＿＿＿＿＿＿＿と、太りますよ。

4. 李さんは＿＿＿＿＿＿＿＿＿＿＿＿＿＿、相撲を見に行きました。

5. この犬は小さいのに、＿＿＿＿＿＿＿＿＿＿＿＿＿＿かわいいです。

6. ＿＿＿＿＿＿＿＿＿＿＿＿＿＿＿、何か質問がありますか。

7. ＿＿＿＿＿＿＿＿＿＿＿＿＿＿はここでは答えません。

8. 新しい知識を学ぶ一方で、＿＿＿＿＿＿＿＿＿＿＿＿＿＿ことも大事です。

三、听录音，在与录音内容相符的句子前画〇，不符的画×。录音播放2遍。

（　　）1. インターネットで中学生を対象にアンケート調査をしました

（　　）2. 80％の人が自分のコンピューターを持っています。

（　　）3. 30％が今度の冬休みに旅行をすると答えました。

（　　）4. 75％の人は、授業に参加しないで毎日家庭教師をしたりお店で働いたりしています。

（　　）5. 25％の人が洋服やカバンなどを買うために授業以外の時間で働きます。

四、用平假名写出下列日语单词的读音。

1. 普段＿＿＿＿＿＿　　2. 規則＿＿＿＿＿＿　　3. 住所＿＿＿＿＿＿　　4. 個人＿＿＿＿＿＿

5. 危険＿＿＿＿＿＿　　6. 梅雨＿＿＿＿＿＿　　7. 量＿＿＿＿＿＿　　8. 人生＿＿＿＿＿＿

9. 夫婦＿＿＿＿＿＿　　10. 過去＿＿＿＿＿＿　　11. 重要＿＿＿＿＿＿　　12. 地震＿＿＿＿＿＿

13. 教育＿＿＿＿＿＿　　14. 職業＿＿＿＿＿＿　　15. 工業＿＿＿＿＿＿　　16. 欠点＿＿＿＿＿＿

五、将下列中文翻译为日语。

1. 价格上涨＿＿＿＿＿＿＿＿＿＿＿＿＿＿　　2. 发生地震＿＿＿＿＿＿＿＿＿＿＿＿＿＿

3. 养狗＿＿＿＿＿＿＿＿＿＿＿＿＿＿　　4. 反复练习＿＿＿＿＿＿＿＿＿＿＿＿＿＿

5. 利用图书馆＿＿＿＿＿＿＿＿＿＿＿＿　　6. 使用会议室＿＿＿＿＿＿＿＿＿＿＿＿

7. 以歌喉为傲＿＿＿＿＿＿＿＿＿＿＿＿　　8. 引导参观学校＿＿＿＿＿＿＿＿＿＿＿＿

9. 复习单词＿＿＿＿＿＿＿＿＿＿＿＿＿　　10. 出口天然气＿＿＿＿＿＿＿＿＿＿＿＿

11. 进口汽车＿＿＿＿＿＿＿＿＿＿＿＿＿　　12. 后悔的心情＿＿＿＿＿＿＿＿＿＿＿＿

六、仿照示例，使用「Nに比べて」的表达方式，以某事物为参照进行对比。

例　普通の人と喫煙者（吸烟者）

　　普通の人に比べて、喫煙者は味覚が鈍くなると言われている。

1. 去年と今年

＿＿＿＿＿＿＿＿＿＿＿＿＿＿＿＿＿＿＿＿＿＿＿＿＿＿＿＿＿＿＿＿＿＿＿＿

2. 昨日と今日

＿＿＿＿＿＿＿＿＿＿＿＿＿＿＿＿＿＿＿＿＿＿＿＿＿＿＿＿＿＿＿＿＿＿＿＿

3. 東京と田舎

＿＿＿＿＿＿＿＿＿＿＿＿＿＿＿＿＿＿＿＿＿＿＿＿＿＿＿＿＿＿＿＿＿＿＿＿

4. 女性と男性

＿＿＿＿＿＿＿＿＿＿＿＿＿＿＿＿＿＿＿＿＿＿＿＿＿＿＿＿＿＿＿＿＿＿＿＿

5. 兄と弟

＿＿＿＿＿＿＿＿＿＿＿＿＿＿＿＿＿＿＿＿＿＿＿＿＿＿＿＿＿＿＿＿＿＿＿＿

七、仿照示例，使用「～ばかり」的表达方式，描述他人或事物的行为或状态。

誰が	誰に対して	何の状況
例 母	息子	毎日ゲームばかりしている。（总是打游戏）

（続表）

誰が	誰に対して	何の状況
		（总是看电视）
		（总是睡觉）
		（总是做炒饭）
		（总是工作）
		（总是开会）

八、仿照示例，使用「Nに関する」的表达方式，进行解释或说明。

例　A：これは何の記事ですか。

　　B：3年生の卒業式に関する記事です。

1. A：「マッチ売りの少女」とはどんな物語ですか。

　　B：＿＿＿＿＿＿＿＿＿＿＿＿＿＿＿＿

2. A：「一休さん」とはどんな物語ですか。

　　B：＿＿＿＿＿＿＿＿＿＿＿＿＿＿＿＿

3. A：これは何の調査ですか。

　　B：＿＿＿＿＿＿＿＿＿＿＿＿＿＿＿＿

4. A：これは何の発表会ですか。

　　B：＿＿＿＿＿＿＿＿＿＿＿＿＿＿＿＿

5. A：これは何のお知らせですか。

　　B：＿＿＿＿＿＿＿＿＿＿＿＿＿＿＿＿

九、选择合适的单词并改为适当的形式，补全句子。（每个单词只用1次）

かける	切る	もらう	遠い	鳴る	出る	する	ない

1. 山田さんから最近電話が＿＿＿＿＿＿＿＿＿＿けど、元気にやっているのかな。

2. 田中さんから何度も電話を＿＿＿＿＿＿＿んだけど、忙しくてこちらからまだ＿＿＿＿＿＿。

3. 友達と電話で話をしている田中さんが、なぜか突然怒り出して、電話を＿＿＿＿＿＿＿＿しまいました。

4. 甲：「もしもし、こちらの声、聞こえますか」

　　乙：「電話が＿＿＿＿＿＿＿＿そちらの声がよく聞こえないんですけど」

5. （電話のベルが＿＿＿＿＿＿＿）「私は今、忙しいから、田中さん、電話に＿＿＿＿＿＿＿ください」

6. 今、週2回親に電話を＿＿＿＿＿＿＿＿。

十、找出下列句子中有误的部分，画线并改正。

1. 日本の高校生の間にスマートフォンが普及しています。

＿＿＿＿＿＿＿＿＿＿＿＿＿＿＿＿＿＿＿＿＿＿＿＿＿＿＿＿＿＿＿＿＿＿

2. 調査によったら、合格者は93人です。

_____

3. 100人あれば、90人以上が反対します。

_____

4. 性格は父親に似ます。

_____

5. 梅雨の時期のに、あまり雨が降っていない。

_____

6. 歌手として活動している一方に、映画にも出ている。

_____

7. この国は農産品を中心に海外を輸出している

_____

8. 地震の被害を少しでも小さいするための努力ができます。

_____

十一、阅读短文，从A、B、C、D中选出最佳选项。

（一）

　　携帯電話がない時代は、待ち合わせ（约定）の時間になっても相手が来ないと①_____。②_____、携帯電話が登場してからは「③_____？」と気軽に確認できるようになり、とても便利になりました。

　　④_____、携帯電話をひとり一台持つことが当たり前（理所应当）になりました。日本の総務省の調査によると、2020年6月時点で、携帯電話の契約数は1億8,691万以上というデータが⑤_____。携帯電話の誕生は1985年⑥_____遡ります（追溯）。この間（在此期间）、使われる携帯電話はその姿を変えながら、ネットワークのシステム（网络系统）⑦_____、人々のコミュニケーションの在り方までも変えました。今回はそんな携帯電話の歴史を読んで⑧_____。携帯電話の前身は、1979年にサービス（服务）を開始した自動車電話（汽车电话）だったと⑨_____。自動車電話は自動車にアンテナ（天线）を設置し、自動車のバッテリー（电池）を電源として使うので、自動車の外への持ち運びは⑩_____。

（　　）① A 安心でした　　　B 不安でした　　　C 面倒でした　　　D 不愉快でした

（　　）② A そこで　　　　　B そして　　　　　C それで　　　　　D しかし

（　　）③ A 今日元気　　　　B 今何時　　　　　C 今どのあたり　　D お茶はどう

（　　）④ A 今では　　　　　B 今には　　　　　C 今とは　　　　　D 今と言えば

（　　）⑤ A 出ています　　　B 分かっています　C 調べています　　D 流れています

（　　）⑥ A へ　　　　　　　B にまで　　　　　C へまで　　　　　D までに

（　　）⑦ A だけ　　　　　　B だけで　　　　　C だけでなく　　　D ではなく

（　　）⑧ A きましょう　　　B きました　　　　C いきましょう　　D いきました

（　　）⑨ A 言われています　B 言われていました　C 言っています　D 言われていました

（　　）⑩ A できます　　　　B できました　　　C できません　　　D できませんでした

（二）

　　私は①＿＿＿＿＿＿SNS を利用しています。国②＿＿＿＿＿＿今起きていることや国の友達の様子などを知りたい時、SNS は便利です。ニュースサイト（新闻网站）から③＿＿＿＿＿＿ニュースや、友達がシェア（分享）④＿＿＿＿＿＿情報をいつも見ています。だから、外国に⑤＿＿＿＿＿＿、国で起きた事件や話題になっていることを⑥＿＿＿＿＿＿国にいるかのように知ることができます。話題⑦＿＿＿＿＿＿遅れることがありません。家族や友達の投稿を見る⑧＿＿＿＿＿＿もとても楽しいです。

（　　）①A よく　　　　　　B あまり　　　　　　C ほとんど　　　　　D すべて
（　　）②A に　　　　　　　B で　　　　　　　　C が　　　　　　　　D を
（　　）③A 送られていった　B 送られてきた　　　C 送ってこられた　　D 送って行かれた
（　　）④A してやった　　　B してあげた　　　　C してもらった　　　D してくれた
（　　）⑤A いても　　　　　B いなくても　　　　C あっても　　　　　D なくても
（　　）⑥A ぜひ　　　　　　B ただ　　　　　　　C もちろん　　　　　D まるで
（　　）⑦A を　　　　　　　B で　　　　　　　　C に　　　　　　　　D と
（　　）⑧A に　　　　　　　B で　　　　　　　　C の　　　　　　　　D を

十二、将下列中文翻译成日语。

　　这是我最近去超市买东西时遇到的事。我正要走出超市时，眼前出现一位坐着电动轮椅的老爷爷。我有点赶时间，就比老爷爷先站在了自动门的前面。门一开，我听到了一声"谢谢"。我寻着声音看过去，只见那位老爷爷看上去非常高兴，微笑着说"谢谢"。在听到这句"谢谢"之前，我并没有意识到，对于老爷爷而言，通过自动门是一件非常费力的事情。

（参考：电动轮椅/電動車いす；先/先に；自动门/自動ドア）

＿＿
＿＿
＿＿
＿＿
＿＿

十三、默写课文。

　　スマートフォンが①＿＿＿＿＿＿＿＿＿＿＿＿、今までには②＿＿＿＿＿＿＿＿＿＿＿問題が起こっています。そのひとつが③＿＿＿＿＿＿＿＿＿＿＿＿問題です。④＿＿＿＿＿＿＿＿＿＿＿＿がなくて、詐欺にあったり、有料のサイトに登録して、⑤＿＿＿＿＿＿＿＿＿＿＿を請求されたりする⑥＿＿＿＿＿＿＿＿＿＿＿＿。また、SNSを通して、⑦＿＿＿＿＿＿＿＿＿＿＿＿などの個人情報が流出したり、⑧＿＿＿＿＿＿＿＿＿＿＿が起こったりすることも大きな問題です。90％の高校生が「自分の個人情報を掲載することは危険だ」と⑨＿＿＿＿＿＿＿＿＿＿＿＿、実際は、その中の80％が「個人情報をSNSに掲載している」と⑩＿＿＿＿＿＿＿＿＿＿＿。

ステップ3とステップ4

一、听录音，选择与录音内容相符的选项。每段录音只播放1遍。

（　　）1. 男の人は地震の時、どこにいましたか。
　　　　A 教室　　　　　　　　B 運動場　　　　　　　C 体育館

（　　）2. 昨日の地震は何時に止まったのですか。
　　　　A 11時22分　　　　　　B 10時　　　　　　　　C 11時18分

（　　）3. 男の人はこれから何をしますか。
　　　　A 咳を治す。　　　　　　B 薬を飲む。　　　　　C 家に帰って休む。

（　　）4. 曹さんの今の夢は何ですか。
　　　　A サッカー選手　　　　B 歌手　　　　　　　　C 教師

（　　）5. 男の人はいつもみかんをどのように使いますか。
　　　　A そのまま食べる。　　B お風呂に入れる。　　C みかんジュースにする。

二、听录音，根据录音内容补全句子。每段录音播放2遍。

1. 日本の高校では授業の後や＿＿＿＿＿＿＿＿＿＿＿＿＿＿部活動が行われています。

2. 部活動を通して、＿＿＿＿＿＿＿＿＿＿＿＿＿できる人も多いです。

3. ＿＿＿＿＿＿＿＿＿＿＿＿！スピードが落ちているぞ！

4. 皆さんはその料理の＿＿＿＿＿＿＿＿＿＿＿を知っていますか。

5. 「昆布」が「＿＿＿＿＿＿＿」と掛け言葉だからです。

6. 幼稚園の建設に反対するニュースを見て、＿＿＿＿＿＿＿＿＿＿＿＿。

7. 帰国することになったので、＿＿＿＿＿＿＿＿＿＿をしたい。

8. 私を＿＿＿＿＿＿＿＿＿＿＿家族のために、大学に合格しなければなりません。

三、听录音，在与录音内容相符的句子前画〇，不符的画×。录音播放2遍。

（　　）1. ９月に九州の友達が会いに来てくれます。

（　　）2. 東京から九州の福岡まで普通電車でだいたい５時間半かかります。

（　　）3. 東京から九州の福岡まで飛行機の場合、１時間半かかります。

（　　）4. 今回は割引のチケットを買って飛行機で行きます。

（　　）5. 今回、東京から九州の福岡までの交通費は２万円です。

四、用平假名写出下列日语单词的读音。

1. 災害＿＿＿＿＿　　2. 台風＿＿＿＿＿　　3. 教科書＿＿＿＿＿　　4. 労働者＿＿＿＿＿

5. 咳＿＿＿＿＿　　　6. 心配＿＿＿＿＿　　7. 揺れ＿＿＿＿＿　　　8. 判断＿＿＿＿＿

9. 指導＿＿＿＿＿　　10. 危険＿＿＿＿＿　　11. 重要＿＿＿＿＿　　12. 大事＿＿＿＿＿

13. 完全＿＿＿＿＿　　14. 普段＿＿＿＿＿　　15. 十分＿＿＿＿＿　　16. 着物＿＿＿＿＿

五、将下列中文翻译成日语。

1. 治病＿＿＿＿＿＿＿＿＿＿＿＿＿＿＿＿＿＿
2. 船摇晃＿＿＿＿＿＿＿＿＿＿＿＿＿＿＿＿＿＿
3. 避开危险的场所＿＿＿＿＿＿＿＿＿＿＿＿
4. 有收获＿＿＿＿＿＿＿＿＿＿＿＿＿＿＿＿＿＿
5. 实现梦想＿＿＿＿＿＿＿＿＿＿＿＿＿＿
6. 使街道变干净＿＿＿＿＿＿＿＿＿＿＿＿＿
7. 变轻松＿＿＿＿＿＿＿＿＿＿＿＿＿＿＿＿
8. 加热牛奶＿＿＿＿＿＿＿＿＿＿＿＿＿＿＿
9. 使身体变暖＿＿＿＿＿＿＿＿＿＿＿＿＿
10. 使房间变暖＿＿＿＿＿＿＿＿＿＿＿＿＿

六、仿照示例，使用「Sし、S（し）」的表达方式，列举理由。

例 说出自己喜欢的一个人物并陈述理由。

　　私は、〇〇さんが好きです。〇〇さんは、格好いいし、優しいし、運動が上手だからです。

1. 说出自己喜欢的一本书并陈述理由。

＿＿＿＿＿＿＿＿＿＿＿＿＿＿＿＿＿＿＿＿＿＿＿＿＿＿＿＿＿＿＿＿＿＿＿

2. 说出自己喜欢的一位老师并陈述理由。

＿＿＿＿＿＿＿＿＿＿＿＿＿＿＿＿＿＿＿＿＿＿＿＿＿＿＿＿＿＿＿＿＿＿＿

3. 说出自己推荐的一座城市并陈述理由。（推荐/勧める）

＿＿＿＿＿＿＿＿＿＿＿＿＿＿＿＿＿＿＿＿＿＿＿＿＿＿＿＿＿＿＿＿＿＿＿

4. 说出自己推荐的一家饭店并陈述理由。

＿＿＿＿＿＿＿＿＿＿＿＿＿＿＿＿＿＿＿＿＿＿＿＿＿＿＿＿＿＿＿＿＿＿＿

5. 说出自己推荐的（　　　　　　　）并陈述理由。

＿＿＿＿＿＿＿＿＿＿＿＿＿＿＿＿＿＿＿＿＿＿＿＿＿＿＿＿＿＿＿＿＿＿＿

七、从A、B、C、D中选择合适的选项。

1. 明日までにレポートを＿＿＿＿＿なければならないので、今日、１日中図書館で資料を＿＿＿＿＿。
   ① A 取ら　　　　　　B 出さ　　　　　　C し　　　　　　　D 作ら
   ② A 集めていた　　　B 見つけていた　　C もとめていた　　D 解けていた
2. 女：偉いね。日本語の勉強をしているのですか。＿＿＿＿＿そうですね。
   男：単語を辞書で＿＿＿＿＿ながら読んでいくんだから、大変なんだ。
   ① A むずかし　　　　B くやし　　　　　C すずし　　　　　D はずかし
   ② A 調べ　　　　　　B 見　　　　　　　C 読み　　　　　　D 使い
3. この言葉の意味を＿＿＿＿＿いるんですが、辞書には＿＿＿＿＿いません。
   ① A 見つけ　　　　　B 調べて　　　　　C まとめて　　　　D 読んで
   ② A 合って　　　　　B 出て　　　　　　C 上げて　　　　　D つけて
4. 8ページしかない論文ですが、辞書を＿＿＿＿＿ながら読むので、何時間も＿＿＿＿＿しまう。
   ① A 探し　　　　　　B 読み　　　　　　C 引き　　　　　　D 持ち
   ② A 使って　　　　　B とって　　　　　C かけて　　　　　D かかって
5. 毎日予習と復習を＿＿＿＿＿ていれば、試験で悪い点を＿＿＿＿＿事は無い。
   ① A 勉強し　　　　　B 用意し　　　　　C 利用し　　　　　D し
   ② A 取る　　　　　　B 得る　　　　　　C 配る　　　　　　D くれる

八、仿照示例，在括号中填写适当的动词。

例 靴をはく⇔靴を（脱ぐ）

1. 気温が上がる⇔気温が（　　　　　）
2. 子犬が生まれる⇔子犬が（　　　　　）
3. 人口が増える⇔人口が（　　　　　）
4. おいしそうな料理⇔（　　　　　）な料理
5. 危険な場所⇔（　　　　　）な場所
6. 好きな食べ物⇔（　　　　　）な食べ物
7. 大変な仕事⇔（　　　　　）な仕事
8. 明るい部屋⇔（　　　　　）部屋
9. 優しい先生⇔（　　　　　）先生
10. 太いひも⇔（　　　　　）ひも

九、从A、B、C、D中选出语义逻辑不合理的选项。

（　　）1. 李：ああ、地震だ！

鈴木：＿＿＿＿＿＿！

A 速く逃げろ　　　　B 下に入って　　　　C 怖い　　　　D 楽しみだ

（　　）2. 先生：また、遅刻したのですか。

生徒：＿＿＿＿＿＿。

A すみません

B 許してください

C ごめんください

D これから必ず気を付けます

（　　）3. 田中：今、寿司を取ろうと思うんだけど、一緒にどう？

李：＿＿＿＿＿＿。

A では始めましょう

B いいんですか

C もう食べてしまったんです

D ありがとうございます

（　　）4. 佐藤：せっかく久しぶりに集まったんだから、お酒を飲みに行きましょうか。

鈴木：＿＿＿＿＿＿。

A いいですよ

B ごめん。今日、車で来たんです

C そうしよう

D 失礼します

（　　）5. 男：ちょっと、味を見て。

女：＿＿＿＿＿＿。

A もう少し塩を入れたら

B ちょうどいいですよ

C 眼鏡を貸して

D 甘味はちょっと足りないなあ

十、找出下列句子中有误的部分，画线并改正。

1. 「ウィーン！」という音は「緊急地震速報」を言います。

＿＿＿＿＿＿＿＿＿＿＿＿＿＿＿＿＿＿＿＿＿

2. 地震の揺れの数秒前と数十秒前に、警報が鳴るんです。

＿＿＿＿＿＿＿＿＿＿＿＿＿＿＿＿＿＿＿＿＿

3. 広い地域に地震があったようです。

＿＿＿＿＿＿＿＿＿＿＿＿＿＿＿＿＿＿＿＿＿

4. 私はSNSで地震のことを書きました。

　　_____

5. 今日は遅刻してしまってすごい目に遭いました。

　　_____

6. 私は足が踏まれました。

　　_____

7. インターネットによって簡単に買い物ができます。

　　_____

8. 外で大きな音をしました。

　　_____

十一、阅读短文，从A、B、C、D中选出最佳选项。

　1980年代は、①「_____」携帯の時代でした。②_____、ショルダーフォン（背包式电话）が登場しました。つまり、普段は車に搭載（とうさい）③_____、必要な時だけ肩掛けベルト（跨肩背带）のついた通信端末を持ち歩く形のものでした。電池が小型化④_____ため、重さは3kgもあったそうです。毎月の基本料金が2万円以上、通話料金が1分100円と高額でした。

　⑤_____、小型のショルダーフォンが発売されましたが、それでも⑥_____990gもありました。

　1987年にはNTTから携帯用の電話が登場しました。重さは900gと少し⑦_____、現在のスマートフォン（110g～170g）に比べると⑧_____でした。この端末の最大連続通話時間は60分。使用環境によっては500分以上の連続通話が可能なものも存在する現代に比べると、その短さに⑨_____。この時期、⑩_____日本経済がバブル（泡沫经济）の絶頂期だった頃、携帯電話文化も花開いた（はなひら）のです。

（　）① A 携帯できる　　B 携帯できた　　　　C 携帯できない　　　　D 携帯できなかった

（　）② A この時　　　B その時　　　　　　C あの時　　　　　　　D この間

（　）③ A しておいて　B してしまって　　　C してきて　　　　　　D していって

（　）④ A されていた　B されていなかった　C されてあった　　　　D されておいた

（　）⑤ A この後　　　B その後　　　　　　C あの後　　　　　　　D これから

（　）⑥ A ただ　　　　B ちょうど　　　　　C また　　　　　　　　D まだ

（　）⑦ A 軽くはなりましたが　　　　　B 重くはなりましたが

　　　　　 C 鋭くはなりましたが　　　　　D ほしくはなりましたが

（　）⑧ A 大変な厚さ　B 大変な硬さ　　　　C 大変な重さ　　　　　D 大変な軽さ

（　）⑨ A 怒ります　　B 叱ります　　　　　C 驚きます　　　　　　D 悩みます

（　）⑩ A ちょうど　　B かなり　　　　　　C しばらく　　　　　　D せっかく

十二、根据手机的发展历程，将方框中的年代填写在括号里。

1980年代	1990年代	2000年代	2010年代	2015年	2020年

1. カメラ付き携帯電話が登場した。（　　　　　　　）
2. まだまだポケベル（BB 机）が圧倒的に多かった。（　　　　　　　）
3. MVNO（虚拟移动客户端）などの選択でとても安いスマホの使用が可能となった。（　　　　　　　）
4. スマートフォン時代が到来した。（　　　　　　　）
5. 5G が始まりました。（　　　　　　　）
6. 「携帯できない」携帯時代（ショルダーフォン登場）。（　　　　　　　）

十三、将下列中文翻译成日语。

佐藤老师：

　　您好！我是张峰。

　　留学期间承蒙您的热情关照。多亏了老师的帮助，我的留学才得以顺利结束。

　　在日本的留学生活对我的成长是非常有意义的。非常感谢您！

　　如果您有机会来中国的话，请一定联系我。

　　我期待和您再次相聚。

　　张峰

_____

_____

_____

_____

十四、默写课文。

　　劉正さんが川口翔太さんの家へ遊びに行った時のことです。二人が①_____と、「ウィーン！」と突然、携帯電話から②_____。

川口：あ、劉さん、地震が③_____！

　劉：え、ええ？早く外に出ましょう！

川口：④_____よ。ええと、そこに机があるから、⑤_____！

（二人が机の下に入ると、⑥_____が起きた。）

川口：あ、⑦_____。もう大丈夫そうです。今の地震、⑧_____。

　劉：そうですね。⑨_____ことは聞いていましたが、⑩_____と、本当に怖かったです。

第10課　お小遣い

语言知识要点

1. 重点词语

名词	お小遣い、能力、ポケット、銀行、理想、アルバイト、役、ブログ、アドレス、作品、国民、尊敬、全体、キャンセル、疑問、被災地、社会、物理、広告、芸術、芸術家、選手、レート、ソフト、おもちゃ	
动词	V₂	足りる、下げる
	V₃	ハッとする、満足する、調査する、計算する、合計する
形容词	A₁	貧しい、偉い
	A₂	無駄、満足、一生懸命
副词	一生懸命	
词组	役に立つ	

2. 语法项目

序号	语法项目	含义	例句
1	Vべき	表示有义务或应该做某事，意为"当然……""应当……"。	お金は自分のためだけじゃなくて、人のためにも使うべきだ。
2	Sって（传闻、引用）	①表示传闻，转述从别人那里听说的信息，意为"听说……"。 ②接在「言う」「思う」「頼む」等词前面，表示引用，与「と」用法相同。	・その小学生、将来は貧しい人のために働きたいんだって。 ・田中さんはすぐ来るって言っていますよ。
3	～だろうか	表示推测或疑问，意为"可能……吧""也许……吧""会……呢""能……吗"。	みなさんはどんなことに自分のお小遣いを使っているだろうか。
4	N自身	意为"……本身""……本人"。	彼女自身も被災者のために、募金をしたことがあった。

（续表）

序号	语法项目	含义	例句
5	Nから（依据）	表示做出后项判断的依据，意为"根据……""从……""依据……"。	この経験を通して、長期的な視点<u>から</u>、お金について考えることが、大切だとわかった。

ステップ1とステップ2

一、听录音，选择与录音内容相符的选项。每段录音只播放1遍。

（　　）1. 男の人は小学生の時、毎月のお小遣いはどれぐらいでしたか。

　　　A 600円　　　　　　　　　B 800円　　　　　　　　C 300円

（　　）2. 男の人は何が苦手ですか。

　　　A 勉強　　　　　　　　　B お金の管理　　　　　　C 読書

（　　）3. 男の人は今日は何をしますか。

　　　A 仕事を休む。　　　　　B 家に連絡する。　　　　C 普通通り仕事をする。

（　　）4. 女の人は高校の時の友達に何をしましたか。

　　　A お金を借りた。

　　　B お金を貸してあげた。

　　　C お金を貸してあげなかった。

（　　）5. 女の人のアドバイスは何ですか。

　　　A 予約をキャンセスすること

　　　B 予約の時間を変えること

　　　C ホテルを変えること

二、听录音，根据录音内容补全句子。每段录音播放2遍。

1. うちは＿＿＿＿＿＿＿＿＿＿＿＿＿＿が厳しいです

2. このズボンは＿＿＿＿＿＿＿＿＿＿＿＿＿＿があります。

3. 私たちは貧しい人を＿＿＿＿＿＿＿＿＿＿＿＿＿＿ですよ。

4. 多くの国民はこの意見に＿＿＿＿＿＿＿＿＿＿＿＿。

5. 田中さんは＿＿＿＿＿＿＿＿＿＿＿＿＿って言っていますよ。

6. 毎月のお小遣いは＿＿＿＿＿＿＿＿＿＿＿＿＿？

7. 最近、お金が足りなくて＿＿＿＿＿＿＿＿＿＿＿＿。

8. アルバイトは、大学生に＿＿＿＿＿＿＿＿＿＿＿＿。

三、听录音，在与录音内容相符的句子前画〇，不符的画×。录音播放2遍。

（　　）1. 日本に来て1か月が経ちました。

（　　）2. 最初の1か月は、勉強のことで大変でした。

（　　）3.　今は授業の予習と復習と宿題ばかりで、遊びに行く時間もありません。

（　　）4.　先週、試験で満点を取りました。

（　　）5.　せっかく中国に来たので、もっと充実した留学生活を過ごしたい。

四、用平假名写出下列日语单词的读音。

1. 能力＿＿＿＿＿＿
2. 銀行＿＿＿＿＿＿
3. 理想＿＿＿＿＿＿
4. 役＿＿＿＿＿＿
5. 作品＿＿＿＿＿＿
6. 商品＿＿＿＿＿＿
7. 尊敬＿＿＿＿＿＿
8. 全体＿＿＿＿＿＿
9. 無駄＿＿＿＿＿＿
10. 無理＿＿＿＿＿＿
11. 体操＿＿＿＿＿＿
12. 態度＿＿＿＿＿＿
13. 承知＿＿＿＿＿＿
14. 集中＿＿＿＿＿＿
15. 国民＿＿＿＿＿＿
16. 一生懸命＿＿＿＿＿＿

五、将下列中文翻译成日语。

1. 时间不够＿＿＿＿＿＿＿＿＿＿＿＿
2. 低头＿＿＿＿＿＿＿＿＿＿＿＿
3. 无益的事＿＿＿＿＿＿＿＿＿＿＿＿
4. 起作用＿＿＿＿＿＿＿＿＿＿＿＿
5. 得到零花钱＿＿＿＿＿＿＿＿＿＿
6. 钱包里装着钱＿＿＿＿＿＿＿＿＿＿
7. 打工＿＿＿＿＿＿＿＿＿＿＿＿
8. 写博文＿＿＿＿＿＿＿＿＿＿＿＿
9. 写在博文里＿＿＿＿＿＿＿＿＿＿
10. 优秀的作品＿＿＿＿＿＿＿＿＿＿
11. 尊敬的人＿＿＿＿＿＿＿＿＿＿＿
12. 祈求幸福＿＿＿＿＿＿＿＿＿＿＿

六、仿照示例，使用「Vほうがいい」「Vべき」「Vないほうがいい」「Vべきではない」的表达方式，写出自己的看法或判断。

例1　心配なことがある・両親や先生に相談する。

　　→心配なことがあるなら、両親や先生に相談するべきだと思います。

　　→心配なことがあるなら、両親や先生に相談したほうがいいと思います。

例2　電車の中で・携帯を使う。

　　→電車の中で、携帯を使わないほうがいいと思います。

　　→電車の中で、携帯を使うべきではないと思います。

1. 部屋の掃除・毎日する。

＿＿＿＿＿＿＿＿＿＿＿＿＿＿＿＿＿＿＿＿＿＿＿＿＿＿＿＿＿＿

＿＿＿＿＿＿＿＿＿＿＿＿＿＿＿＿＿＿＿＿＿＿＿＿＿＿＿＿＿＿

2. 映画を見る時・大声で話す。

＿＿＿＿＿＿＿＿＿＿＿＿＿＿＿＿＿＿＿＿＿＿＿＿＿＿＿＿＿＿

＿＿＿＿＿＿＿＿＿＿＿＿＿＿＿＿＿＿＿＿＿＿＿＿＿＿＿＿＿＿

3. 約束に遅れそうな時・早めに（提前）連絡する。

＿＿＿＿＿＿＿＿＿＿＿＿＿＿＿＿＿＿＿＿＿＿＿＿＿＿＿＿＿＿

＿＿＿＿＿＿＿＿＿＿＿＿＿＿＿＿＿＿＿＿＿＿＿＿＿＿＿＿＿＿

4. アルバイト中・冗談を言う。

＿＿＿＿＿＿＿＿＿＿＿＿＿＿＿＿＿＿＿＿＿＿＿＿＿＿＿＿＿＿

5. 学校のルール・守る。

七、仿照示例，使用「Sそうだ」「Sって」「〜らしい」的表达方式，描述从外界听说的事。

例 あそこ・パン・おいしい
　　あそこのパンはおいしいそうだ。
　　あそこのパンはおいしいんだって。
　　あそこのパンはおいしいらしい。

1. 明日・雨・降る

2. 彼女・来月・留学する

3. 李さん・今日・休む

4. 夕べ・地震・ある

5. 誕生日パーティー・みんな・来る

八、仿照示例，使用「Sと言う」「Sって（言う）」的表达方式，表示引用的内容。

例 お母さん、お父さんがお酒が飲みたいと言っているよ。
　　→お母さん、お父さんがお酒が飲みたいって言っているよ。

1. 私は周林（しゅうりん）と言います。

2. 「ありがとう」は中国語で"谢谢"と言います。

_____

3. 彼も試合に参加すると言っていたよ。

_____

4. お母さん、お兄ちゃんに出て行けと言われた！

_____

5. この楽器は尺八と言います。

_____

九、选择合适的动词并改为适当形式，补全句子。（每个单词只用1次）

合う	入る	開ける	する	鳴る
かける	行く	見る	曲がる	落ちる

1. 脱いだコートは必ずハンガー（衣架）に＿＿＿＿＿＿＿＿おくこと。

2. 体に＿＿＿＿＿＿＿＿コートを見つけるのは難しいです。

3. 暑いから窓を＿＿＿＿＿＿＿＿てください。

4. 毎日寝る前にお風呂に＿＿＿＿＿＿＿＿ます。

5. この店は前はおいしかったけど、最近、味が少し＿＿＿＿＿＿＿＿てきた。

6. 結婚前は料理も洗濯も＿＿＿＿＿＿＿＿ことがありませんでした。

7. この電車はベルが＿＿＿＿＿＿＿＿たら、すぐに発車します。

8. 駅前の大きい道をまっすぐ＿＿＿＿＿＿＿＿ます。

9. 地図を＿＿＿＿＿＿＿＿ながら探しましょう。

10. この角を右に＿＿＿＿＿＿＿＿と、交番（警察的值班岗亭）があります。

十、阅读短文，从A、B、C、D中选出最佳选项。

　　フローレンス・ナイチンゲール（弗洛伦斯·南丁格尔）は今から200年①＿＿＿＿＿前にイギリスの大金持ちの家に生まれました。フローレンスは、とても心の②＿＿＿＿＿女の子でした。古くなったお人形の手入れ（修补）をすることが好きでした。③＿＿＿＿＿をした犬を一生懸命看病したこともありました。こうしたことに④＿＿＿＿＿、きれいな服を着てパーティー⑤＿＿＿＿＿出るのはつまらないと思っていました。フローレンスはやがて「心から打ち込めることを見つけたい」と考えるようになりました。

　　ある時、フローレンスはお母さんに⑥＿＿＿＿＿、近所の家を訪ねました。フローレンスが⑦＿＿＿＿＿食べ物を差し出すと、その家のおばあさんは「ありがとうございます。うちの子供たちはずっとおなかを空かせていたのです（饿肚子）。」と言って、何度も頭を下げたのです。フローレンスは「知らなかったわ。食べるもの⑧＿＿＿＿＿困っている人たちがいるなんて。」と言って、とても⑨＿＿＿＿＿。それからフローレンスはよく食べ物を持って貧しい人たちの家を訪ねる⑩＿＿＿＿＿。

（　　）①　A ほど　　　　　B ころ　　　　　　C ごろ　　　　　　D ばかり

（　　）②　A すごい　　　B 鋭い　　　　　　C 明るい　　　　　D 優しい

（　　）③　A 遠慮　　　　B 苦労　　　　　　C 怪我　　　　　　D 散歩

（　　）④　A 比べると　　B 比べても　　　　C 比べなくて　　　D 比べていて

（　）⑤ A を　　　　　　 B で　　　　　　　 C に　　　　　　　 D が

（　）⑥ A 頼む　　　　　 B 頼まれて　　　　 C 配る　　　　　　 D 配られて

（　）⑦ A 持ってくる　　 B 持ってきた　　　 C 持っていく　　　 D 持っていった

（　）⑧ A をも　　　　　 B でも　　　　　　 C にも　　　　　　 D とも

（　）⑨ A あやまりました　 B たのしみました　 C たたかいました　 D おどろきました

（　）⑩ A ようになります　 B ようになりました　 C ようにします　 D ようにしました

十一、阅读表格内容，仿照下方解说部分，完成对数据的解释和说明。

「子どもの暮らしとお金に関する調査」2015年度調査——お小遣いの使い方

順位	日本人中学生	日本人高校生
1位	友達との外食・軽食代 〈77%〉	友達との外食・軽食代 〈89%〉
2位	おやつなどの飲食物 〈75%〉	おやつなどの飲食物 〈88%〉
3位	友達へのプレゼント 〈71%〉	休日に遊びにいくときの交通費 〈79%〉
4位	文房具 〈69%〉	友達へのプレゼント 〈77%〉
5位	家の人へのプレゼント 〈68%〉	昼食 〈73%〉
6位	休日に遊びにいくときの交通費 〈64%〉	家の人へのプレゼント 〈70%〉
7位	ゲーム代 〈61%〉	映画やライブのチケット 〈69%〉
8位	小説や雑誌 〈59%〉	文房具 〈65%〉
9位	まんが 〈58%	小説や雑誌 〈60%〉
10位	映画やライブのチケット 〈53%〉	まんが 〈57%〉

（参考：外食/堂食；軽食/小吃、快餐；おやつ/点心、零食；ライブ/現場演出；昼食/午餐）

解説：日本人中学生のお小遣いの使い方について、以下の調査結果が分かりました。第1位は、「友達との外食・軽食代」で、全体の77%を占めています。第2位は、「おやつなどの飲食物」で、全体の75%を占めています。第3位は、「友達へのプレゼント」で全体の71%を占めています。第4位は＿＿＿＿＿＿＿＿＿＿＿＿＿＿＿＿＿＿＿＿＿＿＿＿＿＿＿＿＿＿＿＿＿＿＿＿＿

＿＿＿

＿＿＿

＿＿＿

＿＿＿

＿＿＿

一方、日本人高校生の場合、第1位は＿＿＿＿＿＿＿＿＿＿＿＿＿＿＿＿＿＿＿＿＿＿＿＿＿

_____

_____

_____

_____

_____

　そして、日本人中学生と高校生のお小遣いの使い方を比べると、第1位と第2位は同じです。みな「友達との外食・軽食代」と「おやつなどの飲食物」です。大きく違うところが4つあります。一つ目は、「休日に遊びにいくときの交通費」で、中学生の中では第6位ですが、高校生の中では第3位です。つまり、中学生に比べて、高校生のほうが外へ遊びに行く機会が多いです。二つ目は「映画やライブのチケット」で、_____

_____

三つ目は、「ゲーム代」で、_____

_____

四つ目は、「昼食」で、_____

_____

十二、默写课文。

畑中：先週、①_____時、本を読んであげた小学生と②_____。

川口：へえ。どんな話をしたの？

畑中：その小学生、③_____のために、④_____って。

川口：偉いね。「⑤_____。」ということかな。

畑中：うん。私は「⑥_____。」と反省した。でも、人の役に立ちたいと思うけれど、⑦_____、まだわからない。

川口：そうだね。それは、難しい問題だなあ。最近、⑧_____をブログに書いたんだ。

畑中：⑨_____、そのブログ。

川口：本当？ありがとう。じゃあ、アドレスを送るから、読んだら、⑩_____。

ステップ3とステップ4

一、听录音，选择与录音内容相符的选项。每段录音只播放1遍。

（　　）1. 女の子はどんなことにお小遣いを使っていますか。

　　　　Aお菓子と映画のチケット

　　　　B文房具と昼食

　　　　Cお菓子と文房具

（　　）2. 女の人は何をしましたか。

A 大学に入った。　　　　B 一時帰国した。　　　　C 試合に勝った。

（　　）3. 一人暮らしの特徴ではないものはどれですか。

A 自由だ。　　　　　　B お金がかかる。　　　　C 家事と料理をしなくてもいい。

（　　）4. 男の人は、子どもの時、どんな家事をしましたか。

A 庭の掃除　　　　　　B お風呂の掃除　　　　　C 部屋の掃除

（　　）5. 女の人はいつも携帯を使って何をしますか。

A ゲームをする。　　　B 映画を見る。　　　　　C 友達と情報交換をする。

二、听录音，根据录音内容补全句子。每段录音播放2遍。

1. 私自身、今まで＿＿＿＿＿＿＿＿＿＿＿＿＿＿＿＿＿＿＿お金を使ったことはありません。

2. 私は、インターネットで＿＿＿＿＿＿＿＿＿＿＿＿＿＿＿＿＿を読んで感動しました。

3. おばあさんは、＿＿＿＿＿＿＿＿＿＿＿＿＿＿＿＿＿継続的に被災地に募金を送っていました。

4. 私はお年玉をもらったことがありますが、＿＿＿＿＿＿＿＿＿＿＿＿＿＿＿＿＿。

5. 1回人を助けただけで＿＿＿＿＿＿＿＿＿＿＿＿＿＿＿＿＿。

6. 困った友達を助けなかったことを＿＿＿＿＿＿＿＿＿＿＿＿＿＿＿＿＿。

7. 私は砂漠を緑にする夢が＿＿＿＿＿＿＿＿＿＿＿＿＿＿＿＿＿と信じています。

8. 今度の夏休みに＿＿＿＿＿＿＿＿＿＿＿＿＿＿＿＿＿つもりです。

三、听录音，在与录音内容相符的句子前画〇，不符的画×。录音播放2遍。

（　　）1. この調査は390校の小学校・中学校・高等学校のご協力を得ています。

（　　）2. 50,149名の児童・生徒に参加してもらいました。

（　　）3. 「お金をたくさん貯めたい」と思っている児童・生徒は6～9割を占めています。

（　　）4. 「お金よりも大事なものがある」と思っている児童・生徒は7～8割を占めています。

（　　）5. 中学生・高校生の8～9割が「お金はコツコツ働いて貯めるものだ」と思っています。

四、用平假名写出下列日语单词的读音。

1. 疑問＿＿＿＿＿　　　2. 被災地＿＿＿＿＿　　　3. 社会＿＿＿＿＿　　　4. 物理＿＿＿＿＿

5. 広告＿＿＿＿＿　　　6. 後悔＿＿＿＿＿　　　7. 芸術家＿＿＿＿＿　　　8. 選手＿＿＿＿＿

9. 満足＿＿＿＿＿　　　10. 調査＿＿＿＿＿　　　11. 計算＿＿＿＿＿　　　12. 合計＿＿＿＿＿

13. 地域＿＿＿＿＿　　　14. 民族＿＿＿＿＿　　　15. 招待＿＿＿＿＿　　　16. 遠慮＿＿＿＿＿

五、将下列中文翻译成日语。

1. 生气＿＿＿＿＿＿＿＿　　　2. 出现在广告中＿＿＿＿＿＿　　　3. 得到玩具＿＿＿＿＿＿＿

4. 借助外力＿＿＿＿＿＿＿　　　5. 确定目标＿＿＿＿＿＿＿　　　6. 奥运会运动员＿＿＿＿＿＿

7. 比率发生变化＿＿＿＿＿　　　8. 降血压＿＿＿＿＿＿＿　　　9. 退烧了＿＿＿＿＿＿＿

10. 出血＿＿＿＿＿＿＿＿　　　11. 咳嗽＿＿＿＿＿＿　　　12. 早睡＿＿＿＿＿＿＿

六、仿照示例，使用「〜だろうか」「〜でしょうか」的表达方式进行推测。

(例) 明日はお祭りがあるから、町は { にぎやかだろう。
にぎやかでしょう。

1. 空に雲がたくさんあるから、もうすぐ { ＿＿＿＿＿＿＿＿
＿＿＿＿＿＿＿＿

2. 前の試験は簡単すぎたから、きっと次の試験は { ＿＿＿＿＿＿＿＿
＿＿＿＿＿＿＿＿

3. 仕事が全然終わらないって言っていたから、今夜のパーティーに彼は { ＿＿＿＿＿＿＿＿
＿＿＿＿＿＿＿＿

4. このあたりはスーパーもデパートもないから、生活は { ＿＿＿＿＿＿＿＿
＿＿＿＿＿＿＿＿

5. 今月はアルバイトにあまり行かなかったから、給料は { ＿＿＿＿＿＿＿＿
＿＿＿＿＿＿＿＿

七、仿照示例，使用「N自身」（突出强调N）的表达方式造句。

(例) この問題は、あなたが一番分かっているだろう。（自身）
　　この問題は、あなた自身が一番分かっているだろう。

1. 彼がどう考えているのかは分かりません。（自身）
　＿＿＿＿＿＿＿＿＿＿＿＿＿＿＿＿＿＿＿＿＿＿＿＿＿＿＿

2. これは私の考えです。（自身）
　＿＿＿＿＿＿＿＿＿＿＿＿＿＿＿＿＿＿＿＿＿＿＿＿＿＿＿

3. このことは彼しか分からない。（自身）
　＿＿＿＿＿＿＿＿＿＿＿＿＿＿＿＿＿＿＿＿＿＿＿＿＿＿＿

4. この車は彼女が買ったものです。（自身）
　＿＿＿＿＿＿＿＿＿＿＿＿＿＿＿＿＿＿＿＿＿＿＿＿＿＿＿

5. あの時の自分の行動を振り返ると、とても恥ずかしいです。（自身）
　＿＿＿＿＿＿＿＿＿＿＿＿＿＿＿＿＿＿＿＿＿＿＿＿＿＿＿

八、仿照示例，使用「Nから」的表达方式，有依据地进行判断。

(例) 彼は何でも知っていることから、この分野のベテラン（老手）だと分かる。
1. 道路が濡れていることから、＿＿＿＿＿＿＿＿＿＿＿＿＿＿＿＿＿＿＿＿＿＿＿
2. 彼女は顔色が良いことから、＿＿＿＿＿＿＿＿＿＿＿＿＿＿＿＿＿＿＿＿＿＿＿
3. 二人の顔が似ていることから、＿＿＿＿＿＿＿＿＿＿＿＿＿＿＿＿＿＿＿＿＿＿
4. 残された指紋から、＿＿＿＿＿＿＿＿＿＿＿＿＿＿＿＿＿＿＿＿＿＿＿＿＿＿＿
5. この成績から、＿＿＿＿＿＿＿＿＿＿＿＿＿＿＿＿＿＿＿＿＿＿＿＿＿＿＿＿＿
6. この文章の描き方から、＿＿＿＿＿＿＿＿＿＿＿＿＿＿＿＿＿＿＿＿＿＿＿＿＿

九、阅读短文，从A、B、C、D中选出最佳选项。

　　フローレンス（弗洛伦斯）は病気のおばあさんの肩を揉んで①＿＿＿＿＿こともあります。「ありがとう。とても気分が②＿＿＿＿＿。」おばあさんが③＿＿＿＿＿と、フローレンスは幸せな気持ちになったのです。「世の中には苦しんでいる人たちがたくさんいる。④＿＿＿＿＿人たちの力になるにはどうすればいいのかしら。」と、フローレンスは毎日のように考え、その答えを見つけました。「そうだ。私は看護師になろう。」と、決めたのです。⑤＿＿＿＿＿には家族も友達も反対しました。⑥＿＿＿＿＿の病院は暗くて汚い場所でした。看護師はみっともない（不体面的）仕事だと⑦＿＿＿＿＿。また、その頃、女の人が仕事をするのはよほど貧しい人だけでした。しかし、フローレンスの決心は⑧＿＿＿＿＿ものでした。

　　「看護師は⑨＿＿＿＿＿仕事です。私はどうしても困っている人たちのために働きたいのです」と思って、フローレンスは31歳の時に、生まれ育った家⑩＿＿＿＿＿離れ、1人でドイツの病院へ行きました。

（　　）① A あげる　　　　　B あげた　　　　　C くれる　　　　　D もらう

（　　）② A わるくなった　　　　　　　　　　B よくなったよ
　　　　　C おかしくなった　　　　　　　　　D さびしくなった

（　　）③ A 喜んでくれる　　　　　　　　　　B 喜んでくれた
　　　　　C 喜んであげる　　　　　　　　　　D 喜んであげた

（　　）④ A こんな　　　　　B そんな　　　　　C あんな　　　　　D どんな

（　　）⑤ A これ　　　　　B ここ　　　　　C こう　　　　　D この

（　　）⑥ A この頃　　　　　B その頃　　　　　C あのごろ　　　　　D その際

（　　）⑦ A 思います　　　　　B 思いました　　　　　C 思われています　　　　　D 思われていました

（　　）⑧ A うまい　　　　　B すごい　　　　　C かたい　　　　　D ひどい

（　　）⑨ A 立派な　　　　　B わがまま　　　　　C 適当　　　　　D 盛んな

（　　）⑩ A に　　　　　B を　　　　　C で　　　　　D と

十、根据短文内容，选择适当的选项填写在横线上。

　　フローレンス（弗洛伦斯）は戦争で苦しんでいる人たちを助けるために戦場に行きました。①＿＿＿＿＿。フローレンスは部屋をきれいに掃除しました。そのおかげで、②＿＿＿＿＿。フローレンスは毛布や包帯をたくさん手に入れました。③＿＿＿＿＿。「まるで生き返ったようだ。ありがとう。」と、患者たちは涙を流してお礼を言ったのです。「きっとよくなりますよ。がんばって。」と、フローレンスは痛みで眠れない患者を励ましました。そして、優しく手を握りました。④＿＿＿＿＿。

A 病院はとても清潔になりました。

B 戦場の病院はまるで地獄のようです。

C 患者たちはフローレンスのことを「ランプを持った貴婦人」と呼んでいました。

D 毎日夜になると、手にランプを持って患者たちの様子を見て回りました。

十一、将下列中文翻译成日语。

　　在此之前，老旧的东西我都会毫不犹豫地扔掉。但是，实际上很多废旧物品都可以循环利用。比如，废报纸可以用来制造手纸或笔记本。所以今后我们必须重视废旧物品的循环使用问题，这样可以节约资源。

（参考：手纸/トイレットペーパー）

_____
_____
_____
_____

十二、默写课文。

　　私自身も、この作文を読んで、①_____。何か欲しいものがあれば、②_____。そして、いらなくなったら、③_____。しかし、よく考えれば、お小遣いのお金は、④_____とは言えない。それは、私の家族が⑤_____
お金だ。

　　被災地へ募金を送るのは、すばらしいことだ。しかし、募金をすることだけで、⑥_____。この経験を通して、⑦_____、お金について考えることが、大切だとわかった。

　　私たちは、社会に出たら、自分で自分のお金を⑧_____。そして、お金をどのように利用するのか考えることは、⑨_____。長い人生のためには、お金の⑩_____の両方を知ることが必要なのではないだろうか。

第11課　自然災害への対応

语言知识要点

1. 重点词语

名词		津波、棚、交通、交通機関、首都、安全、正確、土地、イントネーション、いとこ、カード、交流会、チケット、キロメートル、波、海岸、命、自動車、幅、費用、地下鉄
动词	V₁	流す、亡くなる
	V₂	慌てる、逃げる、止める、間違える、片付ける
	V₃	交流する、整理する、渋滞する、比較する、感心する
形容词	A₁	羨しい
	A₂	安全、正確
副词		たまに、どんどん

2. 语法项目

序号	语法项目	含义	例句
1	V/V ないことがある	表示偶尔会发生某事或出现某种情况，意为"有时会……""有时不……"。	海底で大きな地震があると、津波が来る<u>ことがあります</u>。
2	V ておく	表示为了达到某种目的，而事先做某种准备。	家の近くの安全な場所を調べ<u>ておいて</u>ください。
3	V/A だけ	表示达到某个动作或某种状态的最高程度，意为"尽量……""尽可能……"。	近くに高い建物がない場合は、丈夫な建物を見つけて、できる<u>だけ</u>上の階に逃げましょう。
4	どれくらい（どれぐらい）	表示询问数量、长度、速度以及时间等，意为"多久……""多少……"。	すみません、津波の速さは、<u>どれくらい</u>なのでしょうか。
5	N1 は N2 が〜	以某事物（N1）为话题，对该事物的一部分或从属于该事物的物体（N2）的状态或性质进行描述。	オリンピック選手<u>は足が</u>とても速いですが、津波はそれよりも速いのです。

ステップ1とステップ2

🎧 **一、听录音，选择与录音内容相符的选项。每段录音只播放1遍。**

（　）1. 男の人は朝ご飯をどうしていますか。
　　　　A 毎日食べる。　　　　B たまに食べない。　　　C 全然食べない。
（　）2. 女の人の友達は何時ごろ来ますか。
　　　　A 午前11時ごろ　　　　B 午後1時ごろ　　　　C 午後3時ごろ
（　）3. 男の人は何をもらいましたか。
　　　　A 雑誌2冊と本3冊
　　　　B 雑誌2冊と本3冊と辞書1冊
　　　　C 雑誌1冊と本3冊と辞書2冊
（　）4. 男の人の新しい仕事はどうですか。
　　　　A 不思議だ。　　　　B 楽だ。　　　　C 大変だ。
（　）5. なぜ日本語のイントネーションが重要ですか。
　　　　A 間違えると、相手に誤解される。
　　　　B 間違えると、相手に怒られる。
　　　　C 間違えると、相手に笑われる。

🎧 **二、听录音，根据录音内容补全句子。每段录音播放2遍。**

1. ＿＿＿＿＿＿＿＿＿＿＿＿＿＿＿、安全な場所に逃げましょう。
2. 家の近くの安全な場所を＿＿＿＿＿＿＿＿＿＿＿＿＿＿＿。
3. ビルの近くにいると、上から＿＿＿＿＿＿＿＿＿＿＿＿＿＿ことがあります。
4. 大きな地震が起きると、電車やバスが＿＿＿＿＿＿＿＿＿＿＿＿。
5. テレビ、ラジオ、インターネットなどで＿＿＿＿＿＿＿＿＿＿＿を調べてみてください。
6. 丈夫な建物を見つけて、できるだけ＿＿＿＿＿＿＿＿＿＿＿＿逃げましょう。
7. 津波は強い力を持つので、＿＿＿＿＿＿＿＿＿＿＿＿ことがあります。
8. 2m以上の津波が来た場所では、70%の建物が＿＿＿＿＿＿＿＿＿＿＿＿。

🎧 **三、听录音，在与录音内容相符的句子前画〇，不符的画×。录音播放2遍。**

（　）1. 昨日、仕事をしていた時に、地震がありました。
（　）2. 私は今まで地震を何度も経験したことがあるので、慌てませんでした。
（　）3. 昨日の地震はひどかったです。
（　）4. 自分の安全を守るために、まず外に出ます。
（　）5. 火がついていたら、火を消します。

四、用平假名写出下列日语单词的读音。

1. 津波＿＿＿＿＿　　　2. 棚＿＿＿＿＿　　　3. 交通機関＿＿＿＿　　　4. 首都＿＿＿＿＿

5. 安全＿＿＿＿＿＿　　6. 正確＿＿＿＿＿＿　　7. 土地＿＿＿＿＿＿　　8. 交流会＿＿＿＿＿

9. 整理＿＿＿＿＿＿　　10. 親戚＿＿＿＿＿＿　　11. 朝寝坊＿＿＿＿＿　　12. 立派＿＿＿＿＿＿

13. 唇＿＿＿＿＿＿　　14. 舌＿＿＿＿＿＿　　15. 冷蔵庫＿＿＿＿＿　　16. 人気料理＿＿＿＿

五、将下列中文翻译成日语。

1. 冲马桶＿＿＿＿＿＿＿＿＿＿＿＿＿＿＿　　　2. 计算错误＿＿＿＿＿＿＿＿＿＿＿＿＿＿＿

3. 收拾房间＿＿＿＿＿＿＿＿＿＿＿＿＿＿　　　4. 用文字交流＿＿＿＿＿＿＿＿＿＿＿＿＿

5. 安全的方法＿＿＿＿＿＿＿＿＿＿＿＿＿　　　6. 正确的发音＿＿＿＿＿＿＿＿＿＿＿＿＿

7. 逃到山里＿＿＿＿＿＿＿＿＿＿＿＿＿＿　　　8. 觉得羡慕＿＿＿＿＿＿＿＿＿＿＿＿＿＿

9. 受伤＿＿＿＿＿＿＿＿＿＿＿＿＿＿＿＿　　　10. 骨折＿＿＿＿＿＿＿＿＿＿＿＿＿＿＿＿

11. 观察情况＿＿＿＿＿＿＿＿＿＿＿＿＿＿　　　12. 用冰冷却＿＿＿＿＿＿＿＿＿＿＿＿＿＿

六、仿照示例，使用「Vことがある/Vないことがある」的表达方式，描述个人情况。

Vことがある	例 12時間以上寝る	私はたまに12時間以上寝ることもある。
	1日中ゲームする	
	1日に20キロ以上歩く	
	1食ご飯を3杯以上食べる	
Vないことがある	例 1週間お風呂に入らない	私は1週間お風呂に入らないことがある。
	1週間お金を1銭も使わない	
	2日間、携帯を使わない	
	1日一言を言わない	

七、仿照示例，使用「Vておく」的表达方式，描述为某事做准备。

1. 友達が家に来ます。どんな準備をしておきますか。

例 部屋をきれいに掃除しておきます。

＿＿＿＿＿＿＿＿＿＿＿＿＿＿＿＿＿＿＿＿＿＿＿＿＿＿＿＿＿

＿＿＿＿＿＿＿＿＿＿＿＿＿＿＿＿＿＿＿＿＿＿＿＿＿＿＿＿＿

2. アルバイトの面接を受けます。どんな準備をしておきますか。

＿＿＿＿＿＿＿＿＿＿＿＿＿＿＿＿＿＿＿＿＿＿＿＿＿＿＿＿＿

＿＿＿＿＿＿＿＿＿＿＿＿＿＿＿＿＿＿＿＿＿＿＿＿＿＿＿＿＿

＿＿＿＿＿＿＿＿＿＿＿＿＿＿＿＿＿＿＿＿＿＿＿＿＿＿＿＿＿

3. 日本へ旅行に行きます。どんな準備をしておきますか。

＿＿＿＿＿＿＿＿＿＿＿＿＿＿＿＿＿＿＿＿＿＿＿＿＿＿＿＿＿

＿＿＿＿＿＿＿＿＿＿＿＿＿＿＿＿＿＿＿＿＿＿＿＿＿＿＿＿＿

＿＿＿＿＿＿＿＿＿＿＿＿＿＿＿＿＿＿＿＿＿＿＿＿＿＿＿＿＿

ステップ1とステップ2

八、阅读下面的对话，体会「V/Aだけ」的用法，使用这一表达方式，表达尽可能做某事。

> 先生：みなさん、お菓子を持ってきました。どうぞ食べてください。
> 学生：1人1個だけですか。
> 先生：たくさんありますから、みなさん、食べられる数、全部食べてもいいですよ。
> 学生：先生、私は10個も食べられますよ。
> 先生：大丈夫です。食べられるだけ食べてください。
> 学生：食べられるだけ食べてもいいんですか。ありがとうございます。

1. 母が入院しましたから、病院に行ける日、全部行くつもりです。
_____

2. ここにある漢字を読めるもの、全部読んでください。
_____

3. 知っている国の名前を書けるもの、全部書いてみよう。
_____

4. この店は食べ放題（自助餐）だから、食べられる量、全部食べたい。
_____

5. 日本のお土産を買えるもの、買って国へ帰ります。
_____

6. 家にある本を持ってこられるもの、全部持ってきてください。
_____

7. 学生のうちに資格は取れるもの、全部取るつもりです。
_____

8. ここにある箱を持てるもの、全部持って、二階へ行ってください。
_____

9. 悲しい時は、1時間でも、2時間でも、どれぐらい泣いてもいいよ。
_____

10. 今日は一つでも、二つでも、どれぐらいケーキを食べてもいいですよ。
_____

九、从方框中选择合适的外来语，补全句子。（每个单词只用1次）

ゲームソフト	スマートフォン	メディア	サイト	アドレス	ブログ

1. _____とは、従来の携帯電話に比べてパソコンに近い性質を持った情報機器です。

2. _____とは、「場所」の意味で、インターネット上で情報やデータのある場所です。

3. _____とは、手紙、新聞、広告、電話、テレビ、インターネットなどの「情報伝達媒体」のことです。

4. _____とは、個人やグループで運営され、投稿された記事を時系列（时间系列）に表すWeBサイトのことです。

5. ITの分野では、＿＿＿＿＿＿＿＿＿とは、人間や機器、データなどの所在(しょざい)を表す文字列(もじれつ)や番号、ビット列などの識別符号(しきべつふごう)です。

6. ＿＿＿＿＿＿＿＿＿とはコンピューターゲームおよびゲーム専用機用のソフトウェアのことです。

十、阅读短文，从A、B、C、D中选出最佳选项。

　　今から約250年前のドイツの街で4歳の男の子、ルートビッヒ・バン・ベートーベン（路德维希・凡・贝多芬）がお父さんにピアノを①＿＿＿＿＿。ベートーベンのお父さんは音楽家でしたが、いつもお酒を②＿＿＿＿＿。仕事もうまく行かなくて生活も貧しくなりました。お父さんは③＿＿＿＿＿、息子を④＿＿＿＿＿「天才」と言われて大活躍していたモーツァルト（莫扎特）のような大音楽家⑤＿＿＿＿＿育てようと必死だったのです。お父さんの教え方は乱暴で、ベートーベンは楽譜通りに弾かないと⑥＿＿＿＿＿こともありました。「苦しいよ……寂しいよ……ママ。」とベートーベンは悲鳴をあげました。⑦＿＿＿＿＿、お母さんは赤ちゃんの世話でとても忙しかったのです。お母さんに甘えることもできないベートーベンにとって、⑧＿＿＿＿＿。

　　⑨＿＿＿＿＿ベートーベンが音楽の本当の楽しさを知ったのは11歳の時、王様(おうさま)のお城(しろ)でオルガン（风琴）を弾く仕事をするネーフェ（尼飞）先生と出会ってからでした。先生はお父さんとは違い、のびのびと自由にピアノを弾くことを⑩＿＿＿＿＿。また、弾くだけでなく曲(きょく)の作り方も教えてくれたのです。

（　　）①A 教えてあげました　　B 教えてもらっていました　　C 教えてくれました　　D 教えていました

（　　）②A 飲んでばかりいます　　　　　　　　　　B 飲んでばかりいました
　　　　　　C 飲みばかりいます　　　　　　　　　　　　D 飲みばかりいました

（　　）③A そこで　　　　　　B そして　　　　　　C それとも　　　　　D または

（　　）④A この頃　　　　　　B その頃　　　　　　C あの頃　　　　　　D その間

（　　）⑤A で　　　　　　　　B を　　　　　　　　C と　　　　　　　　D に

（　　）⑥A 叩く　　　　　　　B 叩いた　　　　　　C 叩かれる　　　　　D 叩かれた

（　　）⑦A しかし　　　　　　B だから　　　　　　C それで　　　　　　D そして

（　　）⑧A お母さんだけが友達でした　　　　　　　B 赤ちゃんだけが友達でした
　　　　　　C ピアノだけが友達でした　　　　　　　　D モーツァルトだけが友達でした

（　　）⑨A こんな　　　　　　B そんな　　　　　　C あんな　　　　　　D その

（　　）⑩A 許してくれました　　　　　　　　　　　B 許してあげました
　　　　　　C 許してくれませんでした　　　　　　　D 許してあげませんでした

十一、参考方框中的内容，仿照示例，简要介绍东日本大地震。

東(ひがし)日本大震災(にほんだいしんさい)	2011年3月11日午後2時46分	マグニチュード9（震級9級）
死者(ししゃ)　15,467名	行方(ゆくえ)不明者(ふめいしゃ)7,482名	負傷者(ふしょうしゃ)5,388名　避難者(ひなんしゃ)124,594名
建物全壊(たてものぜんかい)103,981戸	半壊(はんかい)96,621戸	一部損壊(いちぶそんかい)371,258戸

（出典(しゅってん)　2011年6月20日17：00現在(げんざい)　首相官邸(しゅしょうかんてい)　緊急災害対策本部発表(きんきゅうさいがいたいさくほんぶはっぴょう)）

【特集　東日本大震災：防災情報のページ】

例　東日本大震災は2011年3月11日に起きた大地震です。

1. ＿＿＿＿＿＿＿＿＿＿＿＿＿＿＿＿＿＿＿＿＿＿＿＿＿＿＿＿＿＿＿＿＿＿＿＿＿
2. ＿＿＿＿＿＿＿＿＿＿＿＿＿＿＿＿＿＿＿＿＿＿＿＿＿＿＿＿＿＿＿＿＿＿＿＿＿
3. ＿＿＿＿＿＿＿＿＿＿＿＿＿＿＿＿＿＿＿＿＿＿＿＿＿＿＿＿＿＿＿＿＿＿＿＿＿
4. ＿＿＿＿＿＿＿＿＿＿＿＿＿＿＿＿＿＿＿＿＿＿＿＿＿＿＿＿＿＿＿＿＿＿＿＿＿
5. ＿＿＿＿＿＿＿＿＿＿＿＿＿＿＿＿＿＿＿＿＿＿＿＿＿＿＿＿＿＿＿＿＿＿＿＿＿
6. ＿＿＿＿＿＿＿＿＿＿＿＿＿＿＿＿＿＿＿＿＿＿＿＿＿＿＿＿＿＿＿＿＿＿＿＿＿
7. ＿＿＿＿＿＿＿＿＿＿＿＿＿＿＿＿＿＿＿＿＿＿＿＿＿＿＿＿＿＿＿＿＿＿＿＿＿
8. ＿＿＿＿＿＿＿＿＿＿＿＿＿＿＿＿＿＿＿＿＿＿＿＿＿＿＿＿＿＿＿＿＿＿＿＿＿

十二、默写课文。

　　日本は①＿＿＿＿＿＿＿＿＿＿国です。海底で大きな地震があると、②＿＿＿＿＿＿＿＿ことがあります。みなさんの留学中にも、地震や津波が来る可能性があります。では、家にいる時に③＿＿＿＿＿＿＿＿、どうすればよいでしょうか。そんな時は、④＿＿＿＿＿＿＿＿＿＿としてはいけません。⑤＿＿＿＿＿＿＿＿＿たり、⑥＿＿＿＿＿＿＿＿＿たりして危ないため、まずは、⑦＿＿＿＿＿＿＿＿＿＿。慌てないでくださいね。料理をしている時は、⑧＿＿＿＿＿＿＿＿＿＿。しかし、無理に⑨＿＿＿＿＿＿＿＿とすると、けがをする危険があるので、⑩＿＿＿＿＿＿＿＿。

ステップ3とステップ4

🎧 **一、听录音，选择与录音内容相符的选项。每段录音只播放1遍。**

（　　）1. 北京から天津まで高速鉄道でどれぐらい時間がかかりますか。

　　　A 30分ぐらいかかります。

　　　B 40分ぐらいかかります。

　　　C 2時間半かかります。

（　　）2. 参加者がどれぐらい来ると予想されますか。

　　　A 100人　　　　　　　B 120人　　　　　　C 150人

（　　）3. 東北料理の味はどうですか。

　　　A 福建料理と比べて味が薄いです。

　　　B 福建料理と比べて味が濃いです。

　　　C 福建料理と同じぐらい味が薄いです。

（　　）4. 男の人は走るのがどうですか。

　　　A 昔と比べて遅くなった。

　　　B 昔と比べて速くなった。

　　　C 昔と同じぐらい速い。

（　　）5. 男の人のテニスはどうなりましたか。

　　　A 上手になりました。　　B 下手になりました。　　C 前と変わっていません。

🎧 二、听录音，根据录音内容补全句子。每段录音播放2遍。

1. 昆明まで飛行機で＿＿＿＿＿＿＿＿＿＿＿。

2. このレポートを完成するまで、＿＿＿＿＿＿＿＿＿＿かかりました。

3. 蘭さんの家は庭が広いので、＿＿＿＿＿＿＿＿＿＿。

4. 姉は＿＿＿＿＿＿＿＿＿＿です。

5. ＿＿＿＿＿＿＿＿＿＿、値段が高いんです。

6. 陸地に近いほど、＿＿＿＿＿＿＿＿＿＿。

7. このゲームはやればやるほど、＿＿＿＿＿＿＿＿＿＿。

8. この問題は＿＿＿＿＿＿＿＿＿＿、難しく感じます。

🎧 三、听录音，在与录音内容相符的句子前画〇，不符的画×。录音播放2遍。

（　）1. スポーツクラブ（健身倶乐部）は遊ぶために行くところです。

（　）2. 母は半年前に骨が折れて、体が弱くなりました。

（　）3. 父に誘われて、近くのスポーツクラブに通い始めました。

（　）4. スポーツクラブで若い人たちと同じ場所で運動したり、同じくらいの年の仲間と一緒に頑張ったりすることができます。

（　）5. 私もそのスポーツクラブに通いたいです。

四、用平假名写出下列日语单词的读音。

1. 波＿＿＿＿＿　　2. 海岸＿＿＿＿＿　　3. 命＿＿＿＿＿　　4. 自動車＿＿＿＿＿

5. 幅＿＿＿＿＿　　6. 費用＿＿＿＿＿　　7. 地下鉄＿＿＿＿＿　　8. 渋滞＿＿＿＿＿

9. 比較＿＿＿＿＿　　10. 感心＿＿＿＿＿　　11. 歩道＿＿＿＿＿　　12. 結婚＿＿＿＿＿

13. 横＿＿＿＿＿　　14. 縦＿＿＿＿＿　　15. 観察＿＿＿＿＿　　16. 保護＿＿＿＿＿

五、将下列中文翻译成日语。

1. 发生自然灾害＿＿＿＿＿＿＿＿＿＿　　2. 联系家人的方法＿＿＿＿＿＿＿＿＿＿

3. 复杂的问题＿＿＿＿＿＿＿＿＿＿　　4. 离车站很近＿＿＿＿＿＿＿＿＿＿

5. 跑得快＿＿＿＿＿＿＿＿＿＿　　6. 道路堵塞＿＿＿＿＿＿＿＿＿＿

7. 狭窄的道路＿＿＿＿＿＿＿＿＿＿　　8. 避难＿＿＿＿＿＿＿＿＿＿

9. 逃向外面＿＿＿＿＿＿＿＿＿＿　　10. 物品坠落＿＿＿＿＿＿＿＿＿＿

11. 书架倾倒＿＿＿＿＿＿＿＿＿＿　　12. 公共交通停运＿＿＿＿＿＿＿＿＿＿

六、使用「～どれくらい（どれぐらい）」的表达方式，提出问题，了解必要的信息。

1. 假设你和家人要去厦门旅行，仿照示例，询问到达厦门所需要的时间、费用及从酒店到鼓浪屿的距离。

例 アモイまで飛行機でどれぐらい時間がかかりますか。＿＿＿＿＿＿＿＿＿＿

①_____

②_____

（参考：厦門/アモイ；鼓浪屿/コロンス島^{とう}）

2. 假设家中老人要举办一场生日庆祝会，询问邀请的人数、菜品的数量、会场情况等。

①_____

②_____

③_____

（参考：会场/会場^{かいじょう}）

3. 就自己想报考的大学的历史、知名度、学生人数等提出问题。

①_____

②_____

③_____

七、仿照示例，使用「N1はN2が～」的表达方式，描写这一家人的外貌特征。

例　お父さんは背^せが高いです。

1. _____

2. _____

3. _____

4. _____

5. _____

6. _____

7. _____

8. _____

八、仿照示例，使用「（A/Vば）A/Vほど」的表达方式造句。

例1 旅行に行く時・荷物が軽い・いい→旅行に行く時、荷物が軽ければ軽いほどいいです。

例2 家・丈夫・安心→家は丈夫ならば丈夫なほど安心です。

例3 日本語・話す・上手になる→日本語は話せば話すほど上手になります。

1. お金があまりない・安い・いい→＿＿＿＿＿＿＿＿＿＿＿＿＿＿＿＿＿＿

2. 辛いものが好きだ・辛い・うれしい→＿＿＿＿＿＿＿＿＿＿＿＿＿＿＿＿

3. お知らせを出す・早い・いい→＿＿＿＿＿＿＿＿＿＿＿＿＿＿＿＿＿＿

4. 試験・簡単・うれしい→＿＿＿＿＿＿＿＿＿＿＿＿＿＿＿＿＿＿＿＿

5. 仕事・危険・重要→＿＿＿＿＿＿＿＿＿＿＿＿＿＿＿＿＿＿＿＿＿＿

6. 休日・暇・いい→＿＿＿＿＿＿＿＿＿＿＿＿＿＿＿＿＿＿＿＿＿＿＿

7. 頑張る・給料・もらえる→＿＿＿＿＿＿＿＿＿＿＿＿＿＿＿＿＿＿＿

8. この問題・考える・分からなくなる→＿＿＿＿＿＿＿＿＿＿＿＿＿＿＿

9. 山頂に近づく・空気・薄い→＿＿＿＿＿＿＿＿＿＿＿＿＿＿＿＿＿＿

九、阅读短文，从A、B、C、D中选出最佳选项。

「自然①＿＿＿＿耳を傾けなさい。水の流れや鳥のさえずり（叫声）……自分の心②＿＿＿＿耳をすませなさい。③＿＿＿＿。」と、ネーフェ（尼飞）先生が言いました。ベートーベン（贝多芬）はネーフェ先生が大好きになりました。④＿＿＿＿、ピアノも作曲も⑤＿＿＿＿うまくなりました。⑥＿＿＿＿、17歳の時、先生はこう言ったのです。「ウィーン（维也纳）へ勉強に行かないか。君の作る曲はすばらしい。もっとうまくなります。」「ぼくが？あのウィーンに？」ベートーベンの頭に⑦＿＿＿＿のはモーツァルトの顔でした。「あの有名なモーツァルト先生が活躍するウィーン——よし。やってやるぞ！」とベートーベンは決心しました。

音楽の街、ウィーンでは音楽家たちが腕を競い合う演奏会が⑧＿＿＿＿。ベートーベンは早速モーツァルトのいる会場に行きました。「先生、ぼくのピアノを聴いてください。」と頼みました。⑨＿＿＿＿、モーツァルトは見向きもしません（不理睬）。「モーツァルト先生、何か曲の最初の部分だけください。ぼくがその後に自分で考えたメロディー（旋律）をつけて、弾いてみせます。」と、ベートーベンは負けないで言いました。モーツァルトは振り向いて（转过头）、紙⑩＿＿＿＿音符を少しだけ描きました。すると、ベートーベンのピアノが走り出しました。

（　）① A に　　　　　B で　　　　　　　C を　　　　　　　D と

（　）② A で　　　　　B の　　　　　　　C より　　　　　　D に

（　）③ A きっといい曲が作れます　　　　B きっといい歌が作れます
　　　　　　　C きっといい自然が作れます　　　D きっといい世界が作れます

（　）④ A けれども　　B すると　　　　　C ところが　　　　D そこで

（　）⑤ A だいたい　　B どんどん　　　　C しばらく　　　　D すべて

（　）⑥ A そして　　　B それで　　　　　C では　　　　　　D または

（　）⑦ A 気づいた　　B 残した　　　　　C 浮かんだ　　　　D 思い出した

（　）⑧ A 開いています　B 開いていました　C 開かれています　D 開かれていました

(　) ⑨ A ところが　　　　B そこで　　　　　　C それから　　　　　　D そして
(　) ⑩ A で　　　　　　　B に　　　　　　　　C の　　　　　　　　　D より

十、将1至4重新排序，组成一段语义通顺的短文。

モーツァルトは、ベートーベンの「即興演奏」に驚いた。

1. モーツァルトの言葉通り、ベートーベンの人気は高まっていきました。
2. ところがその先に、大きな大きな運命が待っていたのです。
3. 貧しい生活からもなんとか抜け出し、音楽家としての道も開き始めました。
4. そして、会場の皆に「素晴らしい。この子は将来きっと立派な音楽家になるに違いない。」と言いました。
   耳の病気でした。「おかしいぞ。耳の中でジージー音がする。」それに気づいたのは 27 歳の時でした。
   ＿＿＿＿→＿＿＿＿→＿＿＿＿→＿＿＿＿

十一、将下列中文翻译成日语。

在日本，机器人的应用非常广泛。比如，很多工厂使用机器人制造汽车、包装东西等。但是，这些机器人没有人的外形，看上去就是机械。

＿＿

＿＿

＿＿

十二、默写课文。

劉：すみません、津波の速さは、①＿＿＿＿＿＿＿＿＿＿＿＿＿＿＿＿でしょうか。

田中：そうですね。陸地から遠いほど、②＿＿＿＿＿＿＿＿＿＿＿＿＿＿＿。水深500mでは、時
　　　速250キロメートルくらいですから、③＿＿＿＿＿＿＿＿＿＿＿＿＿＿ですね。

アマンダ：え、そんなに速いんですか！

田中：水深10mでも、時速30〜40キロメートルです。オリンピック選手は足がとても速いです
　　　が、津波は④＿＿＿＿＿＿＿＿＿＿＿＿＿＿＿。

アマンダ：陸地に近いほど、波が高くなりますよね。

田中：はい。ですから、津波が海岸に着くのを見てから、避難を始めても、⑤＿＿＿＿＿＿＿＿＿
　　　＿＿＿＿＿＿。

アマンダ：津波から避難する時は、⑥＿＿＿＿＿＿＿＿＿＿＿＿＿＿＿＿のでしょうか。

田中：基本的には、⑦＿＿＿＿＿＿＿＿＿＿＿＿＿＿＿。しかし、東日本大震災の時には、自動車で避
　　　難した人が全体の57パーセントいました。

劉：自動車で避難する人が多くなると、⑧＿＿＿＿＿＿＿＿＿＿＿＿＿＿＿＿のではないでしょう
　　　か。

田中：⑨＿＿＿＿＿＿＿＿＿＿＿＿＿＿＿。実際に、1993年に北海道で起きた地震の時には、幅が狭
　　　い道路に津波が入ってきて、多くの人が⑩＿＿＿＿＿＿＿＿＿＿＿＿＿＿。

アマンダ：お話を聞いて、⑪＿＿＿＿＿＿＿＿＿＿＿＿＿＿＿が一番大切だとわかりました。

第12課　美しい地球を守ろう

语言知识要点

1. 重点词语

名词		地球、原因、生物、オゾン、アース・アワー、キャンペーン、メッセージ、アイデア、人間関係、ポスター、政府、スピーチコンテスト、産業、ガス、可能、霧、位置、コーヒー、港、芝居、手袋、道具
动词	V₁	広がる、防ぐ、描く
	V₂	消える、進める、見せる
	V₃	影響する、実行する、破壊する、行動する、予定する、関係する、省エネする
形容词	A₂	可能

2. 语法项目

序号	语法项目	含义	例句
1	Nに沿って	表示按照前项的方针、指示、顺序、标准，或者是沿着某条道路、河流等做后项动作，意为"按照……""依照……""沿着……"。	時差に沿って、東から西へ、順番に電気が消えていくんです。
2	Vてくる	表示某种变化的出现或开始。	産業革命以降、人間の活動によって、温室効果ガスの排出量が増えてきました。
3	Nでも（举例）	表示在同类事项中任意举出一例，暗示还有其他选项，意为"例如……""……这类"。	散歩でもしようか。
4	Vてもらう	表示说话人请求他人为自己或自己一方的人做某事。	周りの人々にも参加してもらったら、みんなも省エネについて考えることができるのではないでしょうか。
5	Nに（能力主体）	表示具有某种能力的主体。	一人ひとりにどんなことができるのでしょうか。

ステップ1とステップ2

一、听录音，选择与录音内容相符的选项。每段录音只播放1遍。

（　　）1. この工場の商品制作の基準はどうなっていますか。

　　　　A 商品制作の基準はありません。

　　　　B 国の安全基準を使っています。

　　　　C 壁に制作基準は張ってありません。

（　　）2. 新しい政策の目的は何ですか。

　　　　A 環境を大切にすること

　　　　B 政府の方針を大切にすること

　　　　C 実施を大切にすること

（　　）3. 駅までどれくらいかかりますか。

　　　　A 歩いて10分かかります。

　　　　B 歩いて40分かかります。

　　　　C バスで20分かかります。

（　　）4. 男の人は走ってみてどう感じましたか。

　　　　A よく眠れませんでした。

　　　　B 大変疲れました。

　　　　C とても気持ちがよかったです。

（　　）5. 来週の運動会はどうしますか。

　　　　A みんなで決めた計画に沿って、準備を進めていきます。

　　　　B みんなで運動会の計画を決めているところです。

　　　　C 運動会の準備はもうできています。

二、听录音，根据录音内容补全句子。每段录音播放2遍。

1. 朝早いから込んでいないと思ったが、実はとても＿＿＿＿＿＿＿＿＿＿＿＿＿＿＿。

2. 母は美しい景色を見て、「きれいですね」と言いながら、＿＿＿＿＿＿＿＿＿＿＿＿＿＿＿。

3. 日本人形が置かれている部屋に、＿＿＿＿＿＿＿＿＿＿＿＿＿＿＿。

4. ＿＿＿＿＿＿＿＿＿＿＿＿＿＿＿ので、傘をさして道を歩いた。

5. 石庭は細かい＿＿＿＿＿＿＿＿＿と15個の＿＿＿＿＿＿＿＿＿＿でできている。

6. 白い砂は＿＿＿＿＿＿を表し、大きな石は＿＿＿＿を表していると言われている。

7. ＿＿＿＿＿＿＿＿＿＿＿＿＿と思ったが、＿＿＿＿＿＿＿＿＿＿＿ので嵐山へ行った。

8. 修学旅行は小学校、中学校、高校の＿＿＿＿＿＿＿＿＿＿＿＿＿のことだ。

三、听录音，在与录音内容相符的句子前画〇，不符的画×。录音播放2遍。

（　　）1. 日本では昔、リサイクル社会でした。

（　　）2. 日本では、今、ゴミについて問題視されています。

（　　）3. 技術が発達することによって、ゴミが減りました。

（　　）4. 生活が便利になったと同時に、ゴミも減りました。

（　　）5. 物の値段が安くなったので、人々は物をあまり大切にしなくなった。

四、用平假名写出下列日语单词的读音。

1. 地球_____	2. 温暖化_____	3. 生物_____	4. 人間関係_____
5. 政府_____	6. 砂漠化_____	7. 原因_____	8. 対策_____
9. 影響_____	10. 規模_____	11. 時差_____	12. 実行_____
13. 破壊_____	14. 行動_____	15. 予定_____	16. 関係_____

五、将下列中文翻译成日语。

1. 看新闻_____ 2. 保护环境_____

3. 节约用水_____ 4. 从东到西_____

5. 邀请朋友_____ 6. 好主意_____

7. 污染扩散_____ 8. 森林消失_____

9. 推进计划_____ 10. 冰融化_____

11. 制作宣传海报_____ 12. 采取对策_____

六、仿照示例，使用「N1に沿って」「N1に沿ったN2」的表达方式造句。

例（1）計画・準備をする　　　　　　　（2）計画・やり方
計画に沿って準備する。_____　計画に沿ったやり方_____

1. （1）流れ・形を変える　　　　　　　（2）流れ・道

　　_____

2. （1）線路・歩く　　　　　　　　　　（2）線路・コース

　　_____

3. （1）政府の方針・実施する　　　　　（2）政府の方針・政策

　　_____

4. （1）川・電車が走る　　　　　　　　（2）川・電車の走るコース

　　_____

七、仿照示例，从环保的视角，对下列内容进行分类。

> ごみ　省エネ　CO_2（二酸化炭素）　温暖化　自然　地球環境
> 森林保護　CO_2削減　使い捨ての物の使用　リサイクルの推進　ゴミ処理に関する法律の制定
> 砂漠化　野生動物　熱帯雨林　オゾン層の破壊　川の汚染

1. 〜を減らす	2. 〜を防ぐ
例 ごみ	
3. 〜を守る	4. 〜に取り組む

八、从方框中选择下列句子描述的物品。

かばん	テーブル	鍋	自転車	ソファー	腕時計

1. 譲ります。ラーメンを作るのにちょうどいいです。（　　　　）

2. 譲ります。幅120㎝、奥行き60㎝、高さ70㎝、重さ３キロ。折り畳むことができます。（　　　　）

3. 2000円で売ります。26インチ（英寸）。通勤、通学に便利です。（　　　　）

4. 譲ります。たくさん入るので学生向きです。3WAY（持つ、背負う、肩掛け）使えて便利です。
　　（　　　　）

5. 譲ります。白。３人掛け。座り心地がいい。北欧のデザイン。（　　　　）

6. 3000円で売ります。男性用。サイズ40㎜。シルバー、日本製。高機能。（　　　　）

九、阅读下列句子，仿照示例，属于环保行为的画○，不属于环保行为的画×。

例 ゴミを減らそう。（　○　）

1. 1週間に2回だったゴミ出しが2週間に1回に減った。（　　　　）

2. 紙ゴミはどんなに小さなものでもリサイクルにする。（　　　　）

3. 生ごみは畑に埋める。（　　　　）

4. ゴミが出にくい食品をなるべく選ぶ。（　　　　）

5. 過剰に包装していないものを選ぶ。（　　　　）

6. 人がいない時、電気を消す。（　　　　）

7. 使い捨てのもの（一次性产品）をよく使う。（　　　　）

8. 夏の時、部屋のクーラー（空调）を23度に設定する。（　　　　）

9. 毎日出かける時、必ずタクシーに乗る。（　　　　）

10. 古い服を捨てる。（　　　　）

11. お肉をたくさん食べる。（　　　　）

12. 買い物に行く時、プラスチック（塑料）の袋が必要だ。（　　　　）

十、从方框中选择合适的外来语，补全句子。（每个单词只用1次）

ポスター	メッセージ	イントネーション	アイディア
オゾン	キャンペーン	キロメートル	

1. ただいま、_____実施中です。

2. どんな_____を送ったか、聞いてみましょう。

3. すばらしい_____ですね。これで難問を解決できます。

4. この_____をどこに張ったらいいですか。

5. _____層の破壊が大きな環境問題をもたらします。

6. 兄は1日5_____走ります。

7. 日本語を読む時、_____に気を付けてください。

十一、找出下列句子中有误的部分，画线并改正。

1. 私の町には柿田川（かきたがわ）といった川があります。川の水はほぼ（几乎）全て富士山の湧（わ）き水です。
   _____

2. このような川は他にはあまり見ません。
   _____

3. 長さは1.2キロしかあるとても短い川です。
   _____

4. 地域の人は川を守るとして、工場を移転させました。
   _____

5. その結果、川は元の豊かな美しい川に戻りました。
   _____

6. この川がいなくなってしまったら、大変なことになってしまいます。
   _____

7. 二度に同じことを繰り返さないように川を守っていきたいと思います。
   _____

十二、阅读短文，从A、B、C、D中选出最佳选项。

　　ベートーベン（贝多芬）はピアノを強く①_____、音が大きく聞こえません。病気はひどくなり、自分の声も、大声を出さなければ聞き取れなくなってしまったのです。「音楽家にとって、耳は②命なのに……」ベートーベンの心の中は③真っ暗になっていきました。「これではもう、ピアノが弾けない。曲が作れない。④_____音楽家なんて、生きている意味がないじゃないか。死んでしまえ。」と、ベートーベンは32歳でついに家族への最後の手紙を書き始めたのです。「誰がぼくの苦しみが分かるだろうか……ぼくを今まで⑤_____のは音楽だった……そうだ！大切な音楽を捨てて、僕は⑥_____。心の中から音が消えたわけじゃないんだ。小さい頃聞いた川のせせらぎ（潺潺水声）、鳥のさえずり（鸣叫）、懐かしい音が、心にまだ⑦_____！それを曲にしよう。」というように、ベー

トーベンはひたすらに（一心只顾）自分の心と向き合いました。そして、書き進める⑧＿＿＿＿、新た
な気持ちが沸き上がるのを感じたのです。耳が聞こえなくても生きる勇気を持って、音楽を作り続けよ
うと決めたベートーベンは、⑨＿＿＿＿＿、迫力あふれる曲を⑩＿＿＿＿生み出していきました。

（　　）① A 叩いて　　　　　　　B 叩いても　　　　　　C 叩いたら　　　　　　D 叩けば

（　　）② ここで「命」は何を意味していますか。

　　　　　A きわめて重要だ。　　　　　　　　　B 一回しかない。

　　　　　C お金で買うことができない。　　　　D 耳にも命がある。

（　　）③ ここで「真っ暗」は何を意味していますか。

　　　　　A 見えなくなってしまった。　　　　　B 不思議になってしまった。

　　　　　C 残念になってしまった。　　　　　　D 絶望的になってしまった。

（　　）④ A その　　　　　　　B そんな　　　　　　C そう　　　　　　D それ

（　　）⑤ A 避けた　　　　　　B 信じた　　　　　　C 支えた　　　　　　D 育てた

（　　）⑥ A 死ぬ　　　　　　　B 死なない　　　　　C 死ねない　　　　　D 死のう

（　　）⑦ A 残るんじゃないか　　　　　　　　　B 残っているんじゃないか

　　　　　C 残らないんじゃないか　　　　　　　D 残っていないんじゃないか

（　　）⑧ A うち　　　　　　　B うちで　　　　　　C うちに　　　　　　D うちへ

（　　）⑨ A その前　　　　　　B その後　　　　　　C その中　　　　　　D その際

（　　）⑩ A どんどん　　　　　B やっぱり　　　　　C なかなか　　　　　D まったく

十三、默写课文。

李：ニュースの内容、①＿＿＿＿＿＿＿＿＿＿＿＿＿＿でしたけれど、わかりましたか。

鈴木：ええと、アース・アワーについてですよね。②＿＿＿＿＿＿＿＿＿＿＿＿＿ね。

李：はい。今年は3月26日だそうです。

王：私も聞いたことがあります。地球環境を守るための活動ですが、③＿＿＿＿＿＿＿＿＿＿＿

　　そうですね。

李：そうなんです。④＿＿＿＿＿＿＿＿＿＿＿＿＿、年によって違います。

王：実際に、どんなことをするんですか。

李：⑤＿＿＿＿＿＿＿＿＿＿＿＿、自分の周りの電気をすべて消すんです。

鈴木：⑥＿＿＿＿＿＿＿＿＿＿＿＿だそうですよ。時差に沿って、東から西へ、⑦＿＿＿＿＿＿

　　です。

王：すごいですね。⑧＿＿＿＿＿＿＿＿＿＿＿＿＿＿＿、世界中の人々がよりよい地球になるよう

　　に願って、行動すれば、⑨＿＿＿＿＿＿＿＿＿＿＿＿になりますね。

鈴木：そうだ、⑩＿＿＿＿＿＿＿＿＿＿＿＿はどうですか。よかったら、みんなを誘って、「アース・

　　アワー」に参加してみませんか。

李：⑪＿＿＿＿＿＿＿＿＿＿ですね。賛成です。

ステップ3とステップ4

🎧 **一、听录音，选择与录音内容相符的选项。每段录音只播放1遍。**

（　　）1. 男の人は図書館から借りた本をどうしたのですか。

A 最初は見つからなかったが、今は見つかった。

B 無くなったので、どこにあるか分からない。

C たんすの中に入れて、大事にしていた。

（　　）2. 男の人はコーヒーをどうしていますか。

A 好きだが、あまり飲まない。

B たまにしか飲まない。

C 好きでよく飲む。

（　　）3. 女の人は家にいた時、どれぐらいに1回餃子を食べますか。

A 週1回　　　　　　B 月に1回　　　　　　C 月に2回

（　　）4. 山田さんはどんな人ですか。

A 日本語の歌を教えるのが好きな人

B 日本語の歌がなかなか覚えられない人

C 普段は優しいが、日本語の歌を教える時、厳しくなる人

（　　）5. 男の人はどれぐらいの時間をかけて問題を解けたのですか。

A 1日　　　　　　　B 1週間　　　　　　　C 1か月

🎧 **二、听录音，根据录音内容补全句子。每段录音播放2遍。**

1. 私はこれからも毎年「＿＿＿＿＿＿＿＿＿＿」に参加しようと考えています。

2. みんな＿＿＿＿＿＿＿＿＿＿ことが大事です。

3. 私たちには、＿＿＿＿＿＿＿＿＿＿責任があります。

4. 「低炭素生活」を行うために、＿＿＿＿＿＿＿＿＿＿が必要です。

5. この頃、時々、喉が痛くなったり、ちょっと＿＿＿＿＿＿＿＿＿＿するんです。

6. 北海道は、冬、＿＿＿＿＿＿＿＿＿＿ところです。

7. その雪を利用して、＿＿＿＿＿＿＿＿＿＿に「さっぽろ雪まつり」が行われます。

8. タイ料理のレストランで＿＿＿＿＿＿＿＿＿＿。

🎧 **三、听录音，在与录音内容相符的句子前画○，不符的画×。录音播放2遍。**

（　　）1. 人は活動している時、体温が高くなり、休む時は、体温が低くなります。

（　　）2. 人は体温が下がると、元気になります。

（　　）3. 温かいお風呂に入ると、体が温まってきます。

（　　）4. お風呂から出た後には、体温が下がります。

（　　）5. 寝る前にお風呂に入るのはよくないことです。

四、用平假名写出下列日语单词的读音。

1. 産業＿＿＿＿＿＿
2. 可能＿＿＿＿＿＿
3. 霧＿＿＿＿＿＿
4. 位置＿＿＿＿＿＿

5. 港＿＿＿＿＿＿
6. 芝居＿＿＿＿＿＿
7. 手袋＿＿＿＿＿＿
8. 道具＿＿＿＿＿＿

9. 防ぐ＿＿＿＿＿＿
10. 描く＿＿＿＿＿＿
11. 見せる＿＿＿＿＿＿
12. 笑顔＿＿＿＿＿＿

13. 怪我＿＿＿＿＿＿
14. 相撲＿＿＿＿＿＿
15. 遅刻＿＿＿＿＿＿
16. 当番＿＿＿＿＿＿

五、将下列中文翻译成日语。

1. 收集信息＿＿＿＿＿＿＿＿＿＿＿＿
2. 河水流动＿＿＿＿＿＿＿＿＿＿＿＿

3. 感兴趣＿＿＿＿＿＿＿＿＿＿＿＿
4. 腹痛＿＿＿＿＿＿＿＿＿＿＿＿

5. 雾很大＿＿＿＿＿＿＿＿＿＿＿＿
6. 简单的饮食＿＿＿＿＿＿＿＿＿＿＿＿

7. （时间等）方便＿＿＿＿＿＿＿＿＿
8. 添麻烦＿＿＿＿＿＿＿＿＿＿＿＿

9. 生气＿＿＿＿＿＿＿＿＿＿＿＿
10. 意见不一致＿＿＿＿＿＿＿＿＿＿

11. 活动身体＿＿＿＿＿＿＿＿＿＿＿＿
12. 心情放松＿＿＿＿＿＿＿＿＿＿＿＿

六、使用「Vてくる」的表达方式，描述发展变化的趋势。

1. 描述近年来家乡的发展变化。

　①＿＿＿＿＿＿＿＿＿＿＿＿＿＿＿＿＿＿＿＿

　②＿＿＿＿＿＿＿＿＿＿＿＿＿＿＿＿＿＿＿＿

　③＿＿＿＿＿＿＿＿＿＿＿＿＿＿＿＿＿＿＿＿

2. 描述近年来中国社会的发展变化。

　①＿＿＿＿＿＿＿＿＿＿＿＿＿＿＿＿＿＿＿＿

　②＿＿＿＿＿＿＿＿＿＿＿＿＿＿＿＿＿＿＿＿

　③＿＿＿＿＿＿＿＿＿＿＿＿＿＿＿＿＿＿＿＿

（参考：科技水平/科学技術（ぎじゅつ）のレベル）

3. 描述近年来世界的发展变化。

　①＿＿＿＿＿＿＿＿＿＿＿＿＿＿＿＿＿＿＿＿

　②＿＿＿＿＿＿＿＿＿＿＿＿＿＿＿＿＿＿＿＿

　③＿＿＿＿＿＿＿＿＿＿＿＿＿＿＿＿＿＿＿＿

七、仿照示例，根据括号中的提示，使用「Nでも」的表达方式，向他人提建议。

例 A：明日は海でも見に行かない？/明日海へでも行きませんか。/明日海へでも行きましょうか。

　　B：いいよ。/いいですよ。

1. （飲み物）

　　A：＿＿＿＿＿＿＿＿＿＿＿＿＿＿＿＿＿＿＿＿＿

　　B：＿＿＿＿＿＿＿＿＿＿＿＿＿＿＿＿＿＿＿＿＿

2. （料理）

A：_____

B：_____

3. （果物）

A：_____

B：_____

4. （娯楽）

A：_____

B：_____

5. （勉強）

A：_____

B：_____

6. （観光）

A：_____

B：_____

八、仿照示例，使用「Vてもらう」的表达方式，记录一天中别人为你做的事，以表达感谢。

どんな時	だれが	何を	感謝の言葉
例 朝	母	朝ご飯を作る	朝、母においしい朝ご飯を作ってもらいました。とても感謝しています。

九、从方框中选择下列句子中助词「に」的用法。（每个选项只用1次）

A 能力主体	B 时间	C 目的地	D 动作对象
E 地点	F 目的	G 判断基准	H 频率

1. 公園の中<u>に</u>池があります。（　　　）
2. 仕事は 7 時<u>に</u>終わります。（　　　）
3. 土曜日は学校<u>に</u>行きません。（　　　）
4. 家は駅<u>に</u>近いです。（　　　）
5. 先生<u>に</u>お手紙を書いた。（　　　）
6. 明日、また遊び<u>に</u>来てください。（　　　）
7. 月<u>に</u> 1 回映画を見ます。（　　　）
8. そんなことくらい、私<u>に</u>もできる。（　　　）

十、找出下列句子中有误的部分，画线并改正。

1. 夜中に急にお腹が痛くなってきたので、目を覚めた。

   _____

2. 最近、忙しくて遊びに行けない人が増えていきます。

   _____

3. もうすぐお正月ので、掃除でもしましょうか。

   _____

4. 私は手袋を忘れたので、仕方なく友達に手袋を貸してあげた。

   _____

5. 隣に座った李さんが教科書を寮に忘れたので、見せてくれた。

   _____

6. これまでの偉人たちにもできなかったことを挑戦したいです。

   _____

7. 毎日車で出かけることは環境をやさしいと言えるでしょうか。

   _____

8. 太平洋（たいへいよう）の島国（しまぐに）は海抜（かいばつ）が低いので、地球温暖化の海面上昇（かいめんじょうしょう）によって被害（ひがい）が懸念（けねん）されている。

   _____

十一、阅读短文，从A、B、C、D中选出最佳选项。

（一）

　　友達に①_____散歩の会に参加しました。参加者は年配の方が多いのかなと思っていましたが、②_____、思ったより若い人が多くて驚きました。みんなとすぐ仲良くなって、おしゃべりしながら散歩を楽しみました。初めは散歩と聞いて、歩くだけかと思っていました。③_____、参加者の中に街に詳しい方がいらっしゃって、街の歴史をいろいろ④_____ことができました。ゆっくり歩くと、

いつも⑤＿＿＿＿＿＿小さなお店などを見つけることができて楽しかったです。またぜひ参加してみたいです。

(　) ① A 誘って　　　　　　B 誘い　　　　　　　C 誘われて　　　　　　D 誘う

(　) ② A 行って　　　　　　B 行ってみて　　　　C 行ってみるところ　　D 行ってみたところ

(　) ③ A ところが　　　　　B そして　　　　　　C それから　　　　　　D また

(　) ④ A 教えてくれる　　　B 教えてあげる　　　C 教えてもらう　　　　D 教えて

(　) ⑤ A 気づく　　　　　　B 気づいた　　　　　C 気がつかない　　　　D 気がつかなかった

（二）

私は家族に⑥＿＿＿＿＿を伝えたい時、一緒にご飯を食べに行って、みんなが好きな食べ物を⑦＿＿＿＿＿。一緒に食事をしながら、最近何をしているのか、どんなことがあったかなど⑧＿＿＿＿＿＿のおしゃべりをします。感謝の気持ちを⑨＿＿＿＿＿＿言葉で言ったりしません。感謝の言葉を言わなくても私の気持ちは伝わっていると思うからです。感謝している人のことをいつも⑩＿＿＿＿＿＿ことが大切だと思います。

(　) ⑥ A 感謝の気持ち　　　B 安心の気持ち　　　C 遠慮の気持ち　　　　D 期待の気持ち

(　) ⑦ A ご案内します　　　B ご協力します　　　C ご招待します　　　　D ご馳走します

(　) ⑧ A 自然　　　　　　　B 普通　　　　　　　C 当然　　　　　　　　D 最近

(　) ⑨ A 一緒に　　　　　　B 特に　　　　　　　C たまに　　　　　　　D 先に

(　) ⑩ A 忘れる　　　　　　B 忘れた　　　　　　C 忘れなかった　　　　D 忘れないでいる

十二、将1至4重新排序，组成一段语义通顺的短文。

父は医者で大学病院に勤めていた。私は3人兄弟の1番上の息子として生まれた。

1. 高校生になってから、私は絵を描く仕事がしたいと思い始めた。

2. しかし私は科学があまり好きになれなかった。

3. 私が子供の時、両親はとても厳しかった。

4. 私を医者にしたかった父は科学の本をたくさん買ってきてくれた。

このことを父に話した時に、父は少し残念そうな表情をしていたが、「大変な仕事だけど頑張れよ」と言ってくれた。

＿＿＿＿→＿＿＿＿→＿＿＿＿→＿＿＿＿

十三、将下列中文翻译成日语。

富士山是日本最高的山峰，海拔约3776米。今年暑假，我第一次爬了富士山。一开始我坐车到达半山腰。为了在山顶看日出，我晚上10点就开始登山了。尽管是夏天，但山上仍然很冷，而且山路很难走。爬到一半的时候，我都想回去了。当我坚持爬到了山顶，看到日出时，我的疲劳也消失得无影无踪了。

（参考：日出/朝日（あさひ）；山顶/頂上（ちょうじょう）

＿＿＿＿＿＿＿＿＿＿＿＿＿＿＿＿＿＿＿＿＿＿＿＿＿＿＿＿＿＿＿＿＿＿＿＿＿＿

＿＿＿＿＿＿＿＿＿＿＿＿＿＿＿＿＿＿＿＿＿＿＿＿＿＿＿＿＿＿＿＿＿＿＿＿＿＿

＿＿＿＿＿＿＿＿＿＿＿＿＿＿＿＿＿＿＿＿＿＿＿＿＿＿＿＿＿＿＿＿＿＿＿＿＿＿

＿＿＿＿＿＿＿＿＿＿＿＿＿＿＿＿＿＿＿＿＿＿＿＿＿＿＿＿＿＿＿＿＿＿＿＿＿＿

十四、黙写課文。

　産業革命以降、①_____によって、温室効果ガスの排出量が②_____
_____。その結果、地球の気温が③_____。
地球の環境が変わって、④_____が多くなっています。⑤_____
_____ためには、私たちの生活の中で、できるだけ⑥_____
_____という「低炭素生活」が⑦_____。

　去年、私は家族と「アース・アワー」に参加しました。「アース・アワー」とは、⑧_____
_____という活動です。その夜、家の電気を消すと、⑨_____
_____。そこで、父は「⑩_____。」と提案してくれ
ました。久しぶりにゆっくりと散歩をすることで、⑪_____に
なりました。その夜に節約した電力は、⑫_____だっ
たかもしれません。しかし、「⑬_____」を通して、
「⑭_____」について、深く考えることができました。それから、出
かける時には、必ず、⑮_____ようになりました。

第三单元总结

（　　）1. 携帯料金の一番安い会社はどれですか。

　　　　　Ａ Ａ社　　　　　　　　Ｂ Ｂ社　　　　　　　　Ｃ Ｄ社

（　　）2. 携帯電話に対して新しく求められていることは何ですか。

　　　　　Ａ 機能（きのう）の高いこと

　　　　　Ｂ 薄くて軽いこと

　　　　　Ｃ 小さくて安いこと

（　　）3. 日本人のお小遣いは平均してどれぐらいですか。

　　　　　Ａ 2万円　　　　　　　Ｂ 3万6747円　　　　　　Ｃ 3.5万円

（　　）4. 男の人がお小遣いを一番多く使っていることはどれですか。

　　　　　Ａ 朝ご飯を食べること　　Ｂ 昼ご飯を食べること　　Ｃ 携帯料金を払うこと

（　　）5. 台風による被害はどうでしたか。

　　　　　Ａ 建物が完全に壊されたのは2棟で、亡くなった人は1人です。

　　　　　Ｂ 建物が半分壊されたのは2棟で、亡くなった人は1人です。

　　　　　Ｃ 建物が完全に壊されたのは2棟で亡くなった人は2人です。

🎧 二、听录音，在与录音内容相符的句子前画〇，不符的画×。录音播放2遍。

（　　）1. 今日、東京ではとても暑い天気です。

（　　）2. 女の人は出かけようとしています。

（　　）3. 暑い時、出かけることをなるべく避けたほうがいいです。

（　　）4. できるだけ部屋を暑くしたほうがいいです。

（　　）5. 暑い時、運動をしないほうがいいです。

🎧 三、先通读文章并推测空白处内容，再听录音，补全短文。录音播放2遍。

（一）

　　私は中学時代不登校（ふとうこう）でしたが、この学校で過ごした①＿＿＿＿＿＿＿＿＿という歳月（さいげつ）で自分の気持ちに②＿＿＿＿＿＿＿＿＿をつけることができました。去年、大学を卒業して、会社に入ることができ、さらに自分を③＿＿＿＿＿＿＿＿＿頑張りたいと思います。

（二）

高校生活を通じて、悩みながらも目標_{もくひょう}を持つことができ、④＿＿＿＿＿＿＿＿＿ことに対して真_{しん}
摯に向き合う姿勢_{しせい}を⑤＿＿＿＿＿＿＿＿＿ことができました。現在では介護関係_{かいごかんけい}の仕事に就き毎日_つ
⑥＿＿＿＿＿＿＿＿＿。

（三）

地球環境高校に転校_{てんこう}し、⑦＿＿＿＿＿＿＿＿＿をして、お金を貯めて、念願_{ねんがん}の語学留学をしまし
た。現在は英語の知識をさらに広げるため⑧＿＿＿＿＿＿＿＿＿。将来は、国際会議で活躍できるよ_{こくさい}
うな人材になりたいです。

四、从A、B、C中选择正确的读音。

1. 住所（　　　）
   A じゅうしょう　　　　B じゅうしょ　　　　C じゅしょ

2. 欠点（　　　）
   A けってん　　　　B けてん　　　　C げってん

3. 心配（　　　）
   A しんはい　　　　B しんばい　　　　C しんぱい

4. 満足（　　　）
   A まんそく　　　　B まんぞく　　　　C まんぞぐ

5. 芸術（　　　）
   A けいじゅつ　　　　B けいじゅつ　　　　C げいじゅつ

6. 土地（　　　）
   A とち　　　　B つち　　　　C どち

7. 渋滞（　　　）
   A しゅうたい　　　　B じゅうたい　　　　C じゅうだい

8. 揺れる（　　　）
   A ゆれる　　　　B よれる　　　　C われる

9. 防ぐ（　　　）
   A ふさぐ　　　　B ふそぐ　　　　C ふせぐ

10. 倒す（　　　）
    A たおす　　　　B なおす　　　　C ためす

11. 芝居（　　　）
    A しはい　　　　B しばい　　　　C しっぱい

12. 逃げる（　　　）
    A さける　　　　B さげる　　　　C にげる

五、写出画线部分对应的日语汉字。

1. 学校の<u>きそく</u>を守らなければなりません。　　　　　　　　　（　　　　　　　　　）

2. まもなく<u>つゆ</u>の季節に入ります。　　　　　　（　　　　　　　）

3. うちでは猫を 2 匹<u>か</u>っています。　　　　　　（　　　　　　　）

4. 選挙の結果は政治を大きく<u>えいきょう</u>します。　（　　　　　　　）

5. 中に入って体を<u>あたた</u>めてください。　　　　　（　　　　　　　）

6. <u>むだ</u>ではないので、やってみてください。　　　（　　　　　　　）

7. テレビでこの<u>こうこく</u>をよく見ます。　　　　　（　　　　　　　）

8. 今日は何か<u>よてい</u>がありますか。　　　　　　　（　　　　　　　）

9. 環境は<u>かい</u>は許されません。　　　　　　　　　（　　　　　　　）

10. <u>どうぐ</u>があると、やりやすくなります。　　　　（　　　　　　　）

六、将下列中文翻译成日语的外来语。

中国語	日本語	中国語	日本語
演讲比赛		海报	
地球一小时行动		臭氧	
打工		气体，煤气	
消息，声明		票，券	
咖啡		宣传活动	
博客		口袋，衣袋	
想法		千米	
网址，地址		软件	
媒体，媒介		卡片	
取消，解约		智能手机	
语调，声调		比率	
网站		衬衣	

七、根据下列释义，从方框中选择相应的动词填写在括号里。

下げる	上がる	広がる	描く	起こる	避ける	足りる	慌てる	流す
防ぐ	間違える	消える	揺れる	進める	治す	見せる	信じる	逃げる

1. 人や動物が高いところへ移動する。　　　　　　　　（　　　　　　　）

2. 物事や動きが新しく生じる。　　　　　　　　　　　（　　　　　　　）

3. ある点を中心として前後、左右、上下などに動く。　（　　　　　　　）

4. 好ましくない人・物・事態に近づかないようにする。（　　　　　　　）

5. 病気やけがを治療して健康な状態にする。　　　　　（　　　　　　　）

6. 必要なだけの数量が十分ある。　　　　　　　　　　（　　　　　　　）

7. 物の位置を上から下へ移す。 （　　　　　）

8. 突然のことで落ち着きを失う。 （　　　　　）

9. 捕まらないように走って去る。 （　　　　　）

10. 液体が自然に下に移動するようにする。 （　　　　　）

11. 間違いをする。 （　　　　　）

12. 幅や面積が広くなる。 （　　　　　）

13. 目に見えていた物がなくなって見えなくなる。 （　　　　　）

14. 前の方へ移動させる。 （　　　　　）

15. 外部から入ろうとするものが中に入らないようにする。 （　　　　　）

16. 隠すことなく見える状態にする。 （　　　　　）

17. 絵をかく。 （　　　　　）

18. 本当だと思って疑わない。 （　　　　　）

八、从方框中选择合适的副词，将对应的选项填写在横线上。（每个单词只用1次）

A 十分	B ずいぶん	C 一生懸命	D たまに
E どんどん	F ただ	G せっかく	H 普段

1. ＿＿＿＿＿頑張ります。

2. 1人で＿＿＿＿＿先に行ってしまいました。

3. この部屋は2人で住むには＿＿＿＿＿だ。

4. 今は＿＿＿＿＿悲しいだけだ。

5. 彼とは＿＿＿＿＿会います。

6. ＿＿＿＿＿用意した料理が冷えてしまいました。

7. ＿＿＿＿＿寒いところだ。

8. ＿＿＿＿＿からの努力が大事です。

九、从方框中选择合适的形容词并改为适当的形式，补全句子。（每个单词只用1次）

悔しい	偉い	羨ましい	貧しい	重要だ	危険だ

1. これは＿＿＿＿＿＿＿＿＿＿＿＿＿ことです。やめたほうがいいです。

2. この事件は＿＿＿＿＿＿＿＿＿＿＿＿＿意味を持っています。

3. 涙が出るほど＿＿＿＿＿＿＿＿＿＿＿＿＿。

4. 彼は＿＿＿＿＿＿＿＿＿＿＿＿＿生活をしています。

5. 最後まで頑張る君は＿＿＿＿＿＿＿＿＿＿＿＿＿よ。

6. 一戸建て（独门独院）の家に住めるとは＿＿＿＿＿＿＿＿＿＿＿＿＿話だ。

十、选出画线部分与示例用法不同的一项。

1. 本ばかり読んでいる。

A 彼は外国から帰ったばかりだ。

B 彼女はいつも気が変わってばかりいる。

C 彼は話してばかりいる。

D 彼らは激しいけんかばかりしている。

2. 新しい知識を学ぶ一方で、学んだ知識を復習することも大事です。

A 私は教師である一方で、父親でもある。

B 山本さんは大学のクラブでリーダーを務める一方で、アルバイトでもマネージャーとして
活躍した。

C この会社はジム（健身房）を運営する一方で、料理教室も運営している。

D 最近、村の若い者が減る一方です。

3. 料理できないから、毎日外で食べている。

A まだ間に合うから、急がなくてもいいよ。

B 明日用事があるから、早く寝ないと。

C 醤油は大豆から作る。

D 暖かくなってきたから、何か運動したい。

4. 新聞でも読もうか。

A お茶でも飲みませんか。

B そんなことは子供でもできます。

C 映画でも見に行きましょう。

D 港まで海でも見に行かない？

5. 中学生の君にその問題が解けたとはすごいことだ。

A 田中さんに日本語を教えてもらいます。

B みんなのために、私にもできることがあります。

C 田中さんにできないことはない。

D 一人ひとりにどんなことができるでしょうか。

十一、从A、B、C、D中选择最佳选项。

1. 一番安いのはどれ_____教えてください。

   A か　　　　　　　　B を　　　　　　　　C だ　　　　　　　　D と

2. 新幹線に乗る前_____時間を調べる必要があります。

   A に　　　　　　　　B で　　　　　　　　C の　　　　　　　　D と

3. 雨_____運動会は中止になりました。

   A に　　　　　　　　B で　　　　　　　　C から　　　　　　　D ので

4. この食堂_____、お酒はありません。

   A では　　　　　　　B なら　　　　　　　C には　　　　　　　D って

5. このことは本当_____分かりません。

   A が　　　　　　　　B と　　　　　　　　C か　　　　　　　　D かどうか

6. これは何＿＿＿＿果物ですか。

    A か   B とか   C という   D といい

7. 勉強＿＿＿＿ではなくて、いろいろな家事もやってみたいです。

    A だけ   B しか   C なら   D について

8. 歩く姿勢＿＿＿＿誰だか分かる。

    A まで   B から   C 自身   D として

9. 買う＿＿＿＿、買わない＿＿＿＿、早く決めてください。

    A と、と   B か、か   C や、や   D とか、とか

10. どの大学に入るかは、彼＿＿＿＿とても重要です。

    A にとって   B について   C 通して   D に対して

11. 忙しい＿＿＿＿パーティーに行けなかったそうだ。

    A だから   B なので   C けど   D ため

12. 夏休みにふるさとに帰らない＿＿＿＿です。

    A とおり   B なの   C のか   D つもり

13. いちごは産地＿＿＿＿、値段が違う。

    A にそって   B までに   C によって   D による

14. にんじんは目にいい＿＿＿＿どうして食べないのですか。

    A ので   B のに   C ため   D から

15. いい成績を取って、先生＿＿＿＿褒められました。

    A から   B を   C まで   D で

16. 李さんは家に帰った＿＿＿＿、すぐ宿題をします。

    A なら   B のに   C たら   D あと

17. 何度もやって＿＿＿＿できるようになりました。

    A せっかく   B たぶん   C ただ   D やっと

18. 満点を取る＿＿＿＿頑張ります。

    A たら   B ために   C くらい   D ように

19. ケーキ＿＿＿＿食べてはいけません。

    A ばかり   B として   C ほど   D ながら

20. 昨日、母に餃子を作って＿＿＿＿。

    A あった   B いた   C もらった   D くれた

21. すみませんが、窓を＿＿＿＿いいですか。

    A 開いても   B 開いては   C 開けても   D 開けては

22. 天気予報では今日、雨が＿＿＿＿。

    A 降りそうだ   B 降るそうだ   C 降ったそうだ   D 降るようだ。

23. まだ宿題がたくさんあるので、＿＿＿＿なりません。

    A 帰らないで   B 帰らなければ   C 帰っても   D 帰ったら

24. ぼくは友達に手紙を_____。

    A 届いた   B 取った   C 送った   D くれた

25. 生徒は学校の規則を守る_____。

    A べきだ   B ことがある   C なければならない   D 一方だ

26. テレビを_____うちに、眠くなってしまいました。

    A 見て   B 見た   C 見ない   D 見ている

27. 私は決して皆さんを_____。

    A 忘れる   B 忘れません   C 忘れた   D 忘れられない

28. この選手は国を代表してオリンピック大会に参加する_____。

    A ことになる   B ことになった   C ようになる   D ようにする

29. 私は痩せるために、毎日５キロ走る_____。

    A ことになった   B ことになっている   C ことをしている   D ことにしている

30. 自転車よりタクシーで_____が速いですよ。

    A 行くほう   B 行くのほう   C 行かないほう   D 行かなかったほう

十二、从A、B、C、D中选出语义逻辑不合理的选项。

1. 男：今の地震、ずいぶん大きかったですね。

   女：_____。

   A 怖かった   B まだ揺れている

   C これぐらいは平気ですよ   D わあ、すばらしい

2. 男：災害を完全に避けることは難しいです。

   女：_____。

   A それでも何か避ける方法はないでしょうか   B だから災害は怖くありません

   C だからとても心配しています   D だから被害を防ぐことが大切ですね

3. 男：そのブログ、ぼくも読みたいなあ。

   女：_____。

   A それはいくらですか   B じゃ、アドレスを教えてあげます

   C どうしてですか   D 李さんのブログですか

4. この作文を読んで、_____。

   A ハットした   B びっくりした   C 感動した   D 新聞に書かれた

5. 男：今、かなり渋滞しています。

   女：_____。

   A どうしましょう   B 遅刻するかもしれません

   C 道が狭いからね   D もうすぐできます。

6. 男：26日はどうですか。

   女：_____。

   A すみません。予定が入っています   B 大丈夫です

   C 羨ましいですね   D ２６日はちょっと……

十三、找出下列句子中有误的部分，画线并改正。

1. 昔、大地は平らで動くことがなく、天のほうがが動くと信じた。

_____

2. 科学者以上にいろいろなことで好奇心を持っているのは子どもたちです。

_____

3. 科学者の生き方や研究への情熱を知ることで、子どもたちは科学に興味を引くことでしょう。

_____

4. 20世紀半ばのアメリカで使われていた農薬では、見逃せない環境への影響があった。

_____

5. 少女はそこに含まれる有害な化学物質と気づき、世界に先駆け警鐘を鳴らした。

_____

6. ノーベル賞受賞者をはじめ、さまざまな分野に活躍する29人の日本人科学者を取材した。

_____

十四、阅读短文，从A、B、C、D中选出最佳选项。

　　先週の日曜日に、私は5歳の息子と散歩に出かけました。赤信号で交差点①_____止まったときのことです。息子が空を指差して、「お父さん、小鳥だ」と言いました。見上げると、3羽の小鳥が木の枝の間を飛んでいました。②_____、息子が真面目な顔をして、「小鳥もお父さんとお母さんと出かけている。3人は③_____歌っているね。上手だね」と言ったのです。私は息子の言葉に④_____しました。普段、道を歩く時、小鳥を見ても何とも思わなかったんです。しばらく歩くと、息子がまた叫びました。「お父さん、花が咲いたよ。昨日はまだ⑤_____よ」。「すごいなあ。いろいろ観察しているね」と、私は思わず息子のことを褒めて⑥_____。

　　家に戻って、今までの仕事を振り返ってみました。会社に入って何年も⑦_____、仕事内容に慣れてきていました。⑧_____、仕事の新鮮味を感じなくなり、あまり考えずに仕事をするようになりました。そんな自分を嫌に思いながら、何をすることもできずにいました。息子の言葉を思い出して、ふと、「毎日のことをよく観察し、何か新鮮な視点で仕事を改善することは⑨_____ものか」と思ったのです。毎日同じことをしていることに疑問を持たなくても、他の方法でやってみることも大切です。このように、⑩_____のおかげで、当たり前（理所当然）の作業に新たな工夫を凝らし、創造的な仕事をしようと決意したのです。

(　) ① A を　　　　　　　B で　　　　　　　　C に　　　　　　　　D と
(　) ② A そこで　　　　B だから　　　　　　C でも　　　　　　　D すると
(　) ③ A うれしい　　　B うれしそうに　　　C うれしそうな　　　D うれしそうで
(　) ④ A びっくり　　　B はっきり　　　　　C しっかり　　　　　D すっかり
(　) ⑤ A 咲いた　　　　B 咲かなった　　　　C 咲いていた　　　　D 咲いていなかった
(　) ⑥ A くれました　　B もらいました　　　C あげました　　　　D いました
(　) ⑦ A 過ぎて　　　　B 過ごして　　　　　C 近づいて　　　　　D なって

（　　）⑧ A けれども　　　　B それで　　　　　　C または　　　　　　D それでは
（　　）⑨ A できる　　　　　B できない　　　　　C できた　　　　　　D できなかった
（　　）⑩ A 小鳥　　　　　　B 自分の　　　　　　C 会社　　　　　　　D 息子

十五、根据文章内容，选择适当的选项填写在横线上。

　　あなたは今日、何回「ありがとう」を言いましたか。人間力のある人は「ありがとう」を口癖にしています。①＿＿＿＿＿＿＿＿＿＿＿＿。

　　素直に言えないという人は「ありがとう」のハードル（难关）を自分の基準で高くしすぎていませんか。そのハードルを下げて、小さな事でも感謝の言葉をかけてあげたら、②＿＿＿＿＿＿＿＿＿＿＿＿。普段の生活の中でも、「ありがとう」を使う練習をしてみませんか。例えば、エレベーターでボタンを押して待ってくれたら、③＿＿＿＿＿＿＿＿＿＿＿＿。

　　誰かに何かをしてもらったら、「ありがとう」と言いましょう。④＿＿＿＿＿＿＿＿＿＿＿＿。でも、「ありがとう」は前向きの言葉で気分も上がります。⑤＿＿＿＿＿＿＿＿＿＿＿＿。

A「すみません」ではなく、「ありがとうございます」を

B 感謝することの大切さを知っているからです

C 言えば言うほど心が温まります

D 周りの人も「ありがとう」のハードルを下げていく楽しさを知るでしょう

E「すみません」は謝罪の言葉としても使うので、少し暗い気分になります

十六、将下列日语翻译成中文。

　　喉の渇いた蟻が川の水を飲みに行ったとき、川に流されて溺れそうになりました。木の上でそれを見ていた鳩が木の葉を落としてやると、蟻は葉の上に乗って、川岸につき、助かりました。すると、一人の猟師がやって来て、鳩を捕まえようとしました。蟻がその猟師の足に噛み付いたため、驚いた猟師は持っていた竿を落としました。おかげで鳩はその場を逃れたのです。

_____

_____

_____

_____

_____

_____

《新起点日语第二册一课一练》
答案手册

第1課　学校生活

ステップ1とステップ2

一、

1. B　2. A　3. B　4. A　5. A　6. A

二、

1. 立て　2. 見つけ　3. 熱心　4. 通って　5. 久しぶりに

6. 失敗して　7. やっぱり　8. かなり　9. 付き合う　10. 激しい

三、

①出せ　②空を飛べ　③見られ　④行け　⑤会え

四、

1. けいかく　2. ねっしん　3. じゅんび　4. りゆう　5. れんらく　6. しゅうかん　7. ちょくせつ

8. きょうそう　9. りかい　10. しょうせつ　11. しっぱい　12. すがた　13. かいぎ　14. さいしょ

15. げんざい

五、

1. 計画を立てる　2. 夢を持つ　3. 読書を習慣にする　4. 家族と連絡を取る/家族と連絡する　5. 競争が激しい

6. 携帯電話を使う　7. 本を配る　8. 小説を読む　9. 2つの組（グループ）に分ける　10. 気軽に付き合える

11. 留学生活を体験する　12. 楽しく生活する　13. 考えていることを直接言う　14. 周り（の人）を気にする

15. 黒板の字が読めない

六、

动词的基本形	动词的可能形
例：行く	行ける
付き合う	付き合える
立てる	立てられる
理解する	理解できる
準備する	準備できる
来る	来られる
結ぶ	結べる
まとめる	まとめられる
読む	読める
参加する	参加できる
起きる	起きられる

七、

1. ①本が読め　②本が借りられ　③辞書は借りられ　④ご飯は食べられ

2. ①学校に行け　②お風呂に入れ　③運動でき　④冷たい物が飲め　⑤一日中休め

八、

（答案不唯一，教师鼓励学生尽量说出更多的内容）

1. おいしい肉まんじゅう……　2. 北京、おいしい北京ダック……　3. 美しい湖……　4. 北京、万里の長城

5. スキー……　6. 海南島、海水浴……

九、

（可自由填写）

漢字が読める、漢字が書ける、新聞が読める、泳げる、サッカーができる、英語が話せる、

日本語の歌が歌える……

十、

1. 取る→取れる　2. 1人で→1人に　3. 中に→中で　4. 楽しい→うれしい　5. 泊まる→泊まった

6. どんな→どう　7. 初めまして→おかげさまで

十一、

（答案不唯一，根据自己的情况，正确使用词汇及语法表达即可）

　　私は日本語であいさつができます。自分の名前も言えます。でも、日本語の作文はまだ書けません。これから頑張って早く作文が書けるようになりたいです。

十二、

　　昔は遠いところへも歩いていきました。馬や小さい船は使っていましたが、行けるところは少なくて、知っている世界は狭かったです。その後、人々は船で遠くまで行けるようになりました。ヨーロッパの人は船で遠い国へ行って、珍しい物を持って帰りました。19世紀に、汽車と汽船ができて、大勢の人やたくさんの物が運べるようになりました。外国へ行く人も多くなりました。

十三、

①和食が食べたくなる　②日本の家族と連絡が取れる　③周りを気にする　④考えていることを直接言う

⑤気軽に付き合える　⑥みんなとても頑張っている　⑦体験してみたい

ステップ3とステップ4

一、

1. B　2. A　3. B　4. B　5. A

二、

1. 食べない　2. 嫌いでも　3. 揃える　4. 成長　5. 覚えられる　6. 食堂のメニュー

三、

1. A　2. C　3. B　4. A　5. C　6. C　7. B

四、

1. よしゅう　2. くろう　3. めいわく　4. ひつよう　5. けんきゅう　6. せいちょう　7. さんぽ　8. みぶん

9. せんもん　10. せつめい　11. けいざい　1 2. だいがく

五、

1. 外国語でスピーチをする　2. 発音がいい/発音がきれいだ　3. 勇気を出す　4. 歴史を研究する
5. 先生に質問をする　6. 風邪が治った/風邪がよくなった　7. 新しい単語を予習する　8. メニューが豊富だ
9. 取材を受ける　10. 国旗を揚げる

六、

1. ずつ、に　2. たら　3. は、が　4. の　5. で　6. から、を　7. で　8. ても　9. と/に　10. ずつ

七、

1. D　2. E　3. F　4. G　5. B　6. C　7. A

八、

1. F　2. G　3. D　4. H　5. A　6. B　7. I　8. J　9. C　10. E

九、

①ようにし　2ようにし　③ようにし　④ようになり　⑤ようになり/ようになって
⑥ようにし　⑦ようになり　⑧ようになり

十、

①聞く　②話せる　③走る　④走れる

十一、

①眠く　②じゃなく/ではなく　③分からなく/理解できなく/難しく　④嫌い　⑤なってい/なっ
⑥よく寝　⑦食事の時間になっ　⑧おなかがすいていなく　⑨忙しく　⑩飲まなく

十二、

1. 風邪を→風邪が　2. なります→します　3. します→なります　4. ついて→ついての
5. 休校する→休校/休校する→休校すること

十三、

①中国語の専門用語が分からなくて　②だんだん理解できる　③うれしい　④英語の発音がとてもいい
⑤なかなか話せなかった　⑥勇気を出して話す　⑦中国の歴史を研究するのが夢　⑧必ず先生に質問をする
⑨経済についての説明　⑩体育館でバドミントンをした

第2課　課外活動

ステップ1とステップ2

一、

1. B　2. A　3. B　4. B　5. A　6. B

二、

1. はやって　2. 盛ん　3. 練習試合　4. 茶道　5. 木を植え　6. 子供、大人　7. 破られて　8. 授業態度
9. どの国の商品　10. 自由に

三、

①見学　②有名　③呼ばれて　④建てられ　⑤元　⑥建てられた

四、

1. どりょく　2. はっぴょう　3. きそ　4. じっけん　5. けっか　6. じゆう　7. さどう　8. きもの　9. たいど
10. しょうひん　11. かんせつ　12. きゅうじつ　13. ぶんるい　14. でんとう　15. けっこう

五、

1. 課外活動に参加する　2. 体力を上げる　3. 友達を作る　4. 目標を立てる　5. 達成感を得る
6. 自信がつく/自信がある　7. 大会に出る/大会に参加する　8. お菓子を作る　9. 結果を発表する
10. 情報を伝える

六、

动词的基本形	动词的被动形
例：行く	行かれる
喜ぶ	喜ばれる
得る	得られる
発表する	発表される
理解する	理解される
来る	来られる
褒める	褒められる
断る	断られる
配る	配られる
書く	書かれる
食べる	食べられる

七、

1. ラジオを捨てられました/ラジオを捨てられた　2. 言われませんでした/言われなかった
3. 大きい机を持ってこられて　4. 休まれて

八、

①入られて　②取られた　③聞かれ　④知られて　⑤書かれ　⑥使われて　⑦書かれ　⑧翻訳されて
⑨読まれて　⑩作られて　⑪愛されて

九、

①政治経済学を勉強する　②健康の/体の　③桜を見る/花見をする/花見の

十、

略

十一、

　[明日出す]→作文は明日出さなければなりませんか。

［300字以上］→作文は300字以上でなければなりませんか。

［「です・ます」体で書く］→作文は「です・ます」体で書かなければなりませんか。

［テーマを自分で決める］→作文のテーマは自分で決めなければなりませんか。

十二、

中国の莫高窟は人々によく知られている世界文化遺産の一つで、1987年に「世界遺産リスト」に登録されました。莫高窟は建てられてから千年以上経っています。明の時代以後は人々に忘れられたこともありますが、20世紀初めになってから次々と発見されたそうです。莫高窟の壁画は内容が豊かで、その価値がとても高いと言われています。

十三、

①研究会で発表　②内容を分かりやすく伝える　③自由に研究できる　④新しい目標を見つける
⑤一生の友達ができる人も多い

ステップ3とステップ4

一、

1. A　2. B　3. B　4. A　5. A　6. B

二、

1. 断っても　2. 人気が落ち　3. 将来について　4. 味が違い　5. 求める　6. 気候、差

三、

1. ○　2. ×　3. ×　4. ○　5. ×

四、

1. けんがく　2. おどろく　3. むり　4. いけん　5. しゅうちゅう　6. かんせい　7. きこう

8. りょうきん　9. ちほう　10. しょうち

五、

1. 健康にいい　2. 勉強に集中する　3. スピードが落ちる　4. 高校に入学する/高校に入る　5. 成績が下がる

6. 試合に参加する/試合に出る　7. 意見を言う　8. 値段が変わる　9. 人によって違う　10. 学校の周りを走る

六、

1. C　2. E　3. F　4. B　5. A　6. D

七、

1. では、が　2. に　3. に、で、に　4. が、で、を、に　5. に、を　6. だけ、も　7. を、に　8. には

9. で、ても　10. ぞ/よ

八、

1. D　2. B　3. E　4. A　5. C　6. A　7. B

九、

1. D　2. A　3. B　4. C　5. A　6. C　7. B　8. D

十、

1. B　2. A　3. B　4. A　5. A　6. B

十一、

1. [自分の部屋は自分で掃除する。]

　　李：自分の部屋は自分で掃除しなければなりませんか。

　　田中：はい、自分の部屋は自分で掃除しなければなりません。

2. [学校に行く。]

　　李：台風が来ても学校に行かなければなりませんか。

　　田中：いいえ、台風が来たら、学校に行かなくてもいいです。

3. [毎日お弁当を持って学校に行く。]

　　李：毎日お弁当を持って学校に行かなければなりませんか。

　　田中：はい、毎日お弁当を持って行かなければなりません。

　　田中：いいえ、お弁当を持って行かなくてもいいです。食堂があります。

4. [目上の人には敬語を使う。]

　　李：目上の人には敬語を使わなければなりませんか。

　　田中：はい、目上の人には敬語を使わなければなりません。

5. [毎日部活に参加する。]

　　李：毎日部活に参加しなければなりませんか。

　　田中：はい、スポーツ部は毎日部活に参加しなければなりません。

　　田中：いいえ、毎日部活に参加しなくてもいいです。

十二、

1. くる→いく　　2. 私の足は知らない人に→私は知らない人に足を　　3. 誘って→誘われて

4. 国際会議を→国際会議が　　5. 入れても→入れなくても　　6. 種類について→種類によって

7. 友達は→友達に　　8. ようにした→ようになった

十三、

①練習を手伝ったり　　②走ったりすること　　③最後の大会がある　　④すべての高校がそう

⑤スポーツが有名な高校もある　　⑥テレビで見て　　⑦休みの日がほとんどない　　⑧勉強に集中する

⑨一人一人が「部活」に求める　　⑩走るスピードが落ちている

第3課　「食」から見る世界

ステップ1とステップ2

一、

1. B　2. A　3. B　4. B　5. B　6. A

二、

1. 用意　2. 早く元気になる　3. 後悔しない　4. 国へ帰る　5. スマホ　6. 流行語、聞いた

7. 兄弟かどうか、似ている　8. お節料理を食べた

三、

1. D　2. C　3. A　4. B

四、

1. とくちょう　2. みんぞく　3. ちいき　4. ようい　5. しょうたい　6. えんりょ　7. りょうしん

8. しんせき　9. とくべつ　10. ねぼう　11. こうかい　12. たなばた　13. りっぱ　14. りゅうこう

15. あぶら

五、

1. 文化の違いに気づく　2. 橋を渡る　3. 試験に合格する/試験に受かる　4. 友達を食事に招待する

5. 口に合う　6. 幸せを祈る　7. お金の形に似ている　8. 駅に向かう/駅に行く　9. いつもより早く起きる

10. アドバイスをくれる　11. 具を餃子の皮に包む　12. お湯の中に入れる　13. 家庭によって作り方が違う

14. 食べ物の一つ一つに意味がある/一つ一つの食べ物に意味がある

六、

1. 聞こえるように　2. 落とさないように　3. 治るように　4. 歌えるように/なるように

七、

①A　②A　③B　④A　⑤B　⑥B　⑦B　⑧A　⑨B　⑩A

八、

1. あるかどうか　2. 好きかどうか　3. 着いたかどうか

4. 参加できるかどうか/出られるかどうか/来られるかどうか　5. 正しいかどうか/うまくできたかどうか

九、

略

十、

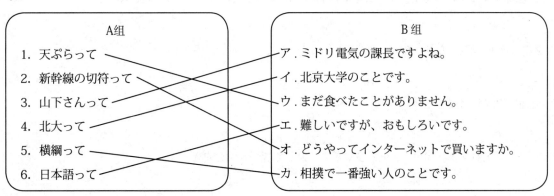

A組	B組
1. 天ぷらって	ア. ミドリ電気の課長ですよね。
2. 新幹線の切符って	イ. 北京大学のことです。
3. 山下さんって	ウ. まだ食べたことがありません。
4. 北大って	エ. 難しいですが、おもしろいです。
5. 横綱って	オ. どうやってインターネットで買いますか。
6. 日本語って	カ. 相撲で一番強い人のことです。

十一、

1. 16歳の誕生日の時、母は（私に）新しい携帯電話をくれました。

2. 高校に入学する時、兄は（私に）日本語の辞書をくれました。

3. 新年の時、おじは（私に）村上春樹の本をくれました。

4. 春節の時、おばは（私に）すてきなかばんをくれました。

5. 中学校を卒業する時、祖父は（私に）万年筆をくれました。

十二、

①住んでいた　②習った　③読んだ　④登った　⑤見た　⑥泊まった　⑦行った　⑧着た

十三、

①お正月に食べる料理のこと　②食べ物の一つ一つに意味がある　③家族の幸せを祈る　④掛け言葉だ
⑤かけている　⑥デパートで買う人も増えている　⑦「白玉団子」を食べることが多い　⑧餃子を食べ
⑨昔のお金の形に似ている　⑩作り方が違う

ステップ3とステップ4

一、

1. C　2. B　3. F　4. A　5. D　6. E

二、

①外を見る　②かぶっている　③飛んでいる　④乗っている　⑤帰国する　⑥日本の話をする
⑦宿題をする　⑧作文を書く

三、

1. ×　2. ○　3. ○　4. ×　5. ○

四、

1. なべ　2. ざいりょう　3. さいご　4. にんき　5. じゅんじょ　6. ふくざつ　7. ほどう　8. とうぜん
9. ふしぎ　10. れいぞうこ　11. しゅうちゅう　12. たいど　13. せいよう　14. なかま　15. げんかん
16. かつやく　17. だいひょう　18. たいそう　19. せいちょう　20. めいわく

五、

1. 特徴を持っている/特徴がある　2. 店を開く　3. 大きな音がする　4. 作り方を紹介する　5. 人気料理になる
6. 不思議な味がする　7. 歩道を歩く　8. 肉を炒める　9. 味噌を入れる　10. 鍋に油を入れる

六、

1. A　2. D　3. F　4. C　5. E　6. B

七、

1. を　2. に　3. が　4. を　5. に　6. が

八、

①辛すぎる　②入れすぎ　③短すぎ　④多すぎ　⑤難しすぎ　⑥働きすぎ

九、

①飲みすぎない　②少なすぎ/短すぎ　③しすぎ/やりすぎ　④高すぎ　⑤長すぎ

十、

①行きたいの　②買ったの　③来たの/届いたの/もらったの　④買い物をするの　⑤来たの　⑥生活するの

十一、

1. 忘れないために→忘れないように

2. 日本語が上手に話すように→日本語が上手に話せるように/日本語を上手に話すために
3. 日本人だかどうか→日本人かどうか　4. 姉がくれる→姉がくれた　5. 行くことが→行ったこと
6. お茶を→お茶に　7. 多いすぎます→多すぎます　8. 香りを→香りが　9. 人気のは→人気なのは
10. 見るが→見るのが

十二、

　　今年の夏休みに、王華さんはボランティアとして、四川パンダ棲息地に行きました。四川パンダ棲息地は2006年に「世界遺産リスト」に登録されました。そこにはパンダのほかにも、珍しい動植物がたくさんいて、「生きた博物館」と言えます。王華さんはそこで美しい景色を楽しんだ（見た）だけでなく、パンダについての知識もたくさん学びました。

　　王華さんが四川に行くのは初めてです。辛い物が苦手なので、四川の料理は王華さんには辛すぎました。帰る時、友達に送ろうと思って、四川のお土産を買いました。友達が好きかどうか分かりません。

十三、

①特徴を持っている　②盛岡市で店を開いたことから始まった　③食べたおいしい　④忘れられなかった
⑤中国で食べた味噌の味と違う　⑥人気料理になっている

第4課　「静かな」日本

ステップ1とステップ2

一、

1. C　2. A　3. E　4. F　5. D　6. B

二、

1. バスに乗ったら　2. 富士山が見え　3. 着られなくなった、着られる
4. 家族みんなで行く、友達と別れる、楽しみ

三、

1. ○　2. ×　3. ○　4. ×　5. ○

四、

1. れいぎ　2. いぎ　3. けっこん　4. きねん　5. けいけん　6. かんさつ　7. そうとう　8. たて　9. ほご
10. けんこう　11. たたく　12. かむ

五、

1. マナーが違う/マナーが異なる　2. 首を縦に動かす/首を縦にする　3. 首を横に動かす/首を横にする
4. 情報を交換する　5. 新幹線に乗る　6. くしゃみをする　7. 隣に座る　8. 犬の鳴き声がうるさい
9. 李さんの意見に反対する　10. 自分の習慣と違う　11. 問題が解けた　12. 家族の人に電話する
13. ここから遠い　14. 思ったよりおいしい　15. 変な音がした　16. たばこを吸う　17. わがままを言う
18. ホテルを予約する

六、

1. 火曜日、コンビニに行ったら、中学時代の友達に会った。

9

2. 水曜日、喫茶店でコーヒーを注文したら、紅茶が出てきた。

3. 木曜日、パソコンを使おうと思ったら、壊れていた。

4. 金曜日、晩ご飯を作ろうと思ったら、冷蔵庫に何もなかった。

5. 土曜日の朝、窓を開けたら、雪が降っていた。

6. 日曜日、英会話教室に行ったら、テストがあった。

七、

1. 土曜日はバイトがあります。日曜日なら大丈夫です。

2. 水曜日の午後はバイトがあります。火曜日の午後なら大丈夫ですよ。

3. 木曜日の午前は授業があって午後は部活があります。金曜日なら行けますよ。

4. 寿司なら私も大好きです。金曜日は午後授業がありませんから、行きましょう。/金曜日の午後なら大丈夫
   です。授業はありませんから。

5. 週末なら、日曜日がいいです。/土曜日は無理ですが、日曜日なら大丈夫です。

八、

①明日テスト　②それが終わっ　③おもしろい映画がある　④学校が終わっ　⑤あさって

九、

1. C　2. A　3. B　4. C

十、

①触ってはいけません　②食べてはいけません　③話してはいけません　④走っていけません

⑤捨ててはいけません　⑥入れてはいけません　⑦置いてはいけません

十一、

1.

　A私：じゃあ、　温かい水をたくさん飲んだ　ほうがいいですよ。

　B私：今日は　運動しない　ほうがいいですよ。

2.

　A私：大丈夫です。　がっかりしない　ほうがいいですよ

　B私：　続けて頑張った　ほうがいいですよ。

3.

　A私：　冷たい物を食べない　ほうがいいですよ

　B私：　病院に行った　ほうがいいですよ。

4.

　A私：　これから気をつけた　ほうがいいですよ

　B私：　明日は忘れない　ほうがいいですよ。

十二、

①とても静かで　　②ちょっと怖い　　③疲れて寝ている人も多かった　　④くしゃみをし

⑤くしゃみをしてはいけない　⑥くしゃみはし　　⑦静かな時間を過ごし　　⑧恥ずかしかった

⑨隣に座っている友達と話す　⑩声を小さく

一、

1. C　2. C　3. A　4. B　5. C

二、

1. ○　2. ×　3. ○　4. ×　5. ○

三、

①どの季節　②桜　③紅葉　④お寺や神社　⑤有名　⑥東京　⑦人気があります

四、

1. どうろ　2. えがお　3. もじ　4. けが　5. まったく　6. おれる　7. かた　8. ほね　9. しゅんせつ

10. うごかす

五、

1. 日本に住んでいる　2. 食事会に出席する　3. 勉強を頑張る　4. 相手の立場を考える　5. みんなで相談する

6. 外国で働く　7. 骨が折れる　8. 私にとって（は）難しい　9. 全く話せない　10. 機会がある

六、

1. 美紀さんは中学校で英語を教えることになりました。

2. 健太さんは大学院で経済学を勉強することになりました。

3. 安子さんはお母さんの店で手伝うことになりました。

4. 武さんはイギリスの自動車工場で働くことになりました。

5. 陽太さんはアフリカへボランティアをしに行くことになりました。

七、

1. A　2. B　3. B　4. A　5. B　6. A

八、

1. 100年後は人口が今より少ないかもしれません。

2. 50年前は今より空気がよかったかもしれません。

3. 30年後は車にガソリンを使わないかもしれません。

4. 500年前は珍しい動物が今より多かったかもしれません。

5. 40年後はロボットを使う家庭が多くなるかもしれません。

九、

1. A　2. D　3. C　4. B　5. A　6. B

十、

1. C→B→A→D　　　　　2. D→B→A→C　　　　　3. B→C→A→D　　　　　4. B→A→D→C

十一、

1. 寒くなります→寒くなりました　2. 好きだかもしれません→好きかもしれません

3. 誰についても→誰にとっても　4. 参加するようになりました→参加することになりました

5. 大きく→小さく/大きくした→大きくしない　6. メールをするごろの→メールをするぐらいの

7. 名物のなら→名物なら　8. 入ってもいいです→入ってはいけません

十二、

1. 忙しくても、週末ぐらいはゆっくり休んだほうがいいと思いますよ。

2. 博物館なら、地下鉄で行ったほうが便利かもしれません。

3. 日本の友達にメールを送ったら、すぐ返事が来ました（届きました）。

4. 私は王さんの考え方が全く理解できません。

5. 来週の国旗掲揚式で私がクラスを代表してスピーチをすることになりました。

6. 私にとって、一番楽しい時は友達と一緒にいる時です。

十三、

①全く知らなかった　　②迷惑になっていた　　③何も言えなかった　　④楽しい話し声
⑤うるさい音になる　　⑥相手の立場を考える　　⑦隣人への「思いやり」

第一単元总结

一、

1. C　2. B　3. B　4. C　5. A

二、

1. ○　2. ×　3. ○　4. ×　5. ×

三、

①続い　②起きて　③高くなる　④もし　⑤住め　⑥空気　⑦返し

四、

1. B　2. A　3. C　4. B　5. C　6. A　7. B　8. C　9. A　10. B　11. A　12. C　13. B　14. A　15. B
16. C　17. A　18. C　19. B　20. A

五、

1. 習慣　2. 動　3. 連絡　4. 苦労　5. 予習　6. 態度　7. 悩　8. 用意　9. 遠慮　10. 断　11. 複雑　12. 記念
13. 異　14. 笑顔　15. 過

六、

①B　②C　③A　④D　⑤A　⑥C　⑦A　⑧B　⑨D　⑩A

七、

1. B　2. J　3. D　4. E　5. I　6. G　7. H　8. F　9. C　10. A

八、

1. H　2. E　3. D　4. A　5. B　6. C　7. F　8. G

九、

①忙しく　②行っ　③食べ　④高く　⑤好きではなく　⑥倒れない　⑦守る　⑧かぶれる　⑨しない
⑩行ける　⑪聞ける　⑫見える　⑬聞いた　⑭見た　⑮来た　⑯行った　⑰見た　⑱食べた　⑲習った

⑳泊まった

十、

1. できるだけ家で食事をしたほうがいいと思います。

2. できるだけエレベーターを使わないほうがいいと思います。

3. 毎日1時間以上運動したほうがいいと思います。

4. 夜遅く食べないほうがいいと思います。

5. 毎日食べたものを記録しておいたほうがいいと思います。

6. コーヒーに砂糖を入れないほうがいいと思います。

十一、

1. B　2. A　3. B　4. A

十二、

1.（韓国）①休まなく　②使った　③入って

2.（ブラジル）④有名　⑤速くて　⑥明るい

3.（マレーシア）⑦なら　⑧という　⑨から　⑩ぐらい

十三、

　漢字、平仮名、片仮名は日本語の中でよく使われている3種類の文字です。漢字は中国で生まれた文字で、約3世紀から4世紀にかけて日本へ伝わりました。それまで日本にはまだ文字というものがありませんでした。初め、日本人はただ漢字を並べるだけで、日本語を表していました。元の漢字の意味とは関係なく、日本語の音だけを表したのです。しかし、このような方法で書くのは時間もかかって、また不便でした。そこで、日本人は漢字を元にして、音だけを表す文字—平仮名とカタカナを発明しました。

第5課　伝統文化

ステップ1とステップ2

一、

1. B　2. B　3. A　4. B

二、

1. 責任を感じて　2. 電話によるご相談　3. 共通　4. 自然が美しい　5. 分析　6. 発展　7. 女性

三、

①印　②種類　③増え　④病気は口から　⑤口から入る　⑥間違って　⑦重い病気

四、

1. そうぞう	2. はんい	3. もくてき	4. かんしゃ
5. じょせい	6. どうじ	7. しゅるい	8. ぶぶん
9. てきとう	10. ちこく	11. せきにん	12. とうばん
13. しぜん	14. かいけつ	15. ぶんせき	16. そうだん

17. おんど　　　18. じょうたい　　　19. だんせい　　　20. はってん

五、

1. 伝統文化を守る　　2. 意識を高める　　3. 感謝の気持ちを伝える　　4. 着物を着る

5. 器を回す　　6. 責任を感じる　　7. 人気がある　　8. 時間がかかる

9. 番付が高い　　10. 手が土につく

六、

1. 鈴木さんは体育委員として、体育の授業の手伝いや生徒の健康のために活動しています。

2. 小林さんは図書委員として、学校の図書館の運営や管理などを手伝っています。

3. 田中さんは環境委員として、学校の環境面に注意を払っています。

4. 佐藤さんは風紀委員として、学校の規則を守る点で活動しています。

5. 山下さんは文化委員として、文化活動の手伝いや文化保護のための活動を行っています。

七、

1. りんごがおいしいところとして　　2. いちごをたくさん作っている県として　　3. 山が多い県として

4. おいしい魚料理が食べられるところとして　　5. 温泉が有名なところとして

八、

略

九、

1. 大雨、洪水　　2. 過労、病気　　3. インターネット、犯罪事件　　4. 地震、死亡者　　5. 温度、変化

十、

1. 好きな日本のアニメは宮崎駿の『千と千尋の神隠し』というアニメです。

2. 最近読んだ本は夏目漱石の『吾輩は猫である』という本です。

3. よく行く本屋は「BOOK・OFF」という本屋です。

4. 一番好きな中国の小説は『三体』という小説です。

5. 『三体』は劉慈欣（りゅう じ きん）という作家の小説です。

十一、

①金哲さんという　　②仁川（インチョン）という　　③タッチフットという　　④トッポギという　　⑤継続（けいぞく）は力なりという

十二、

①古い時代　②子供　③学生　④女性　⑤プロ　⑥「場所」　⑦東京　⑧大阪　⑨名古屋　⑩福岡

ステップ3とステップ4

一、

1. 予想　2. 寂しい気持ち　3. 由来　4. 印象　5. 努力　6. 才能　7. 迎えにきて　8. 畳の作り方

二、

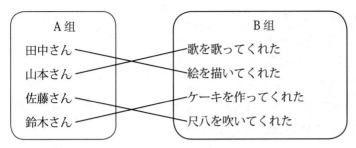

A组
田中さん
山本さん
佐藤さん
鈴木さん

B组
歌を歌ってくれた
絵を描いてくれた
ケーキを作ってくれた
尺八を吹いてくれた

三、

①習慣　　　　②特別　　　　③力　　　　④込んで

⑤直接　　　　⑥送ってくれ　　⑦もらいたい　　⑧商品

四、

1. よそう　　　2. きたい　　　3. ゆらい　　　4. もうふ　　　5. めんどう

6. ていねい　　7. じけん　　　8. まくら　　　9. しゅうり　　10. しるし

11. たたみ　　　12. はったつ　　13. よごれる　　14. さびしい　　15. ささえる

五、

1. 私を支えてくれる/ぼくを支えてくれる　　2. 稽古が厳しい　　3. 血が出た　　4. 服が汚れた

5. 印をつける　　　6. 歴史に詳しい　　7. 成長を続ける　　8. 質問に答える　　9. 自転車を修理する

10. 病気で苦しむ/病気に苦しむ

六、

1. 料理が辛すぎて　　　　　2. 言葉が分からなくて　　　　3. 桜が見られて

4. 人が多すぎて　　　　　　5. 携帯電話が使えなくて

七、

①いなくて　　②体験して/体験できて　③待たなくて　④食べられて　⑤もらって

⑥会えなくて　⑦お世話になって　　　⑧言うことができて　⑨覚えてくれて　⑩遊べなくて

八、

1. 大人でも買う人が多いんです　　2. 外国人でも分かります　　3. 平日でも人がたくさん並んでいます

4. いつでも、どこでも調べられます　5. 子供でもすぐ使えます

九、

1. ノンフライヤー；おいしい料理ができます/料理が作れます……

2. 栄養ドリンク；元気が出ます/目が覚めます……

3. 拡大レンズ；はっきり見えます/心配は要りません……

4. 翻訳ペン；会話ができます/交流できます……

十、（答案不唯一）

1. 紹介してくれました　　　2. 直してくれました　　　3. 貸してくれました

4. 説明してくれました　　　5. 開いてくれました　　　6. 教えてくれました

十一、

1. 鈴木さん、おいしいお寿司の店を紹介してくれませんか。

2. 李さん、今日辞書を家に忘れたので、貸してくれませんか。

3. 鈴木さん、日本語の作文を書きましたが、見てくれませんか。

4. お姉さん、おもしろい漫画を買ってくれない？

5. 田中さん、パソコンを買いたいんですが、一緒に買いに行ってくれませんか。

6. 亮君、土曜日に友達が来るので、パーティーの準備を手伝ってくれない？

十二、

1. 怒った→怒られた　2. 間に合わないで→間に合わなくて　3. どのように→どのような

4. ハンカチを→ハンカチが　5. 代表にとって→代表として　6. 風邪によるの→風邪による

7. 李さんに→李さんが/教えてくれました→教えてもらいました　8. どのような→どのように

十三、

　桜は「日本を代表する花」として、日本人に愛されています。花見は日本の春の大きなイベントで、1000年ほど前から続いてきたそうです。日本で、桜の花が一番早く咲くのは沖縄で、1月末ごろ咲きます。一番遅いのは北海道で、5月末ごろです。桜の季節になると、天気予報では各地方の桜の咲く予想日が発表されます。人々はこの予想日をもとに、花見の日を決めます。では、日本人はどのように花見をするのでしょうか。花見では、桜を見ながら、食べたり飲んだり、歌ったり踊ったりする人が多いです。絵を描いたり、写真を撮ったりする人もいます。昼の桜だけではなく、夜の桜も美しいです。夜でも、花見をする人がたくさんいます。

十四、

①たくさん食べる　②食べることも稽古だ　③昼寝の時間　④夜の自由時間　⑤外出し

⑥故郷の家族と携帯電話で話し　⑦つけてくれた名前　⑧世界は厳しい　⑨私を支えてくれる

⑩うまくいく

第6課　「勇気」を出すということ

ステップ1とステップ2

一、

1. F　2. C　3. G　4. E　5. B　6. D

二、

1. ○　2. ×　3. ○　4. ×

三、

1. B　2. A　3. A　4. ①起きろ　②見ろ　③逃げろ　④待て　⑤落ち着け

四、

1. めいれい　2. ほうほう　3. たにん　4. あやまる　5. ゆるす　6. すすむ　7. よくじつ　8. さわぐ

9. こわす　10. なま　11. なかなおり　12. らく

五、

1. カメラを壊す　2. 親に謝る　3. 弟を許す　4. 他人の意見を受け入れる　5. 友達と仲直りする

6. 仕事がうまく進む/仕事がうまく行く　7. 生（のまま）で食べる　8. 子供たちが騒ぐ　9. 勇気を出す

10. 気持ちが楽になった

六、

基本形	命令形
つける	つけろ
見る	見ろ
進む	進め
来る	来い
掃除する	掃除しろ
入(はい)る	入(はい)れ
答える	答えろ
走る	走れ
言う	言え
頑張る	頑張れ

七、

1. スタート：开始　2. 2歩進め：前进2步　3. 友達とじゃんけんしろ：和朋友做石头剪子布

4. 右手をあげろ：举右手　5. スタートに戻れ：返回到起点　6. 一回休め：歇1次　7. 3歩下がれ：退3步

8. 日本語で名前を言え：用日语说名字　9. ゴール：终点

八、

1. テレビをつけた　2. スーツを着た/スーツの　3. スリッパをはいた/スリッパの　4. ソファーに座った

5. 牛乳を出した　6. 窓を開けた　7. 眼鏡をかけた

九、

①その　②この　③昔　④今　⑤昔　⑥借りた

十、

4 → 1 → 3 → 2

十一、

大家听说过"消费税"吗？在日本购物时，除了商品定价之外，还必须要支付消费税。例如，在商店买100日元的商品时，在收银台实际要支付110日元，多支付的那10日元就是消费税。自2019年10月1日起消费税率由以前的8%变为10%。不过，带回家吃的便当或其他食品的消费税率仍是8%。也许有人会认为仅仅是2%的差别，不是什么了不起的事。但是，像买房子或车子这样的高额消费，就必须要支付很多的消费税。

十二、

①黄さんに謝ったら　②すぐに仲直り　③気持ちが楽になった　④勇気を出して　⑤謝ってよかった

⑥自分が正しい　⑦勇気を出してすればいい

ステップ3とステップ4

一、

1. 生のまま　2. 大きさをした　3. 忙しいよう　4. おもしろい形　5. 窓を開けたまま　6. 元気なよう

7. 顔が赤く　8. 夏のような

二、

1. A　2. B　3. A　4. A　5. B

三、

1. 書く練習をする　2. 日記を書く　3. 本を読む　4. 相談してみる　5. 心配しない

四、

1. とつぜん　2. うんてん　3. ちゅうい　4. たたかう　5. きぶん　6. じょうだん　7. かんじょう

8. するどい　9. あんしん　10. ねむる　11. かくす　12. むね　13. ふとん　14. けっしん　15. わだい

16. いわ

五、

1. 目が不自由な人　2. 手に本を持つ　3. 席を探す　4. 信号が赤になった　5. スピードを落とす

6. 腕を支える　7. 運転に注意する/運転に気を付ける　8. 厳しい表情をしている/表情が厳しい　9. 顔を隠す

10. 昔のことを思い出す　11. 席を譲る　12. 世界で珍しい

六、

1. 餃子　2. すいか　3. テレビ　4. 飛行機　5. ドラえもん　6. バナナ　7. サンドイッチ

七、

1. 行きたくない/行くのは嫌な

2. けんかをした

3. どこかに落とした/どこかに忘れた/どこかで無くした

八、

1. 好きではないようです　2. 忙しいようだ/忙しくなったようだ　3. いるようです　4. 薄いようだ

5. できたようだ/いったようだ

九、

1. 高校時代の写真を見ているうちに、昔の友達を思い出した。

2. 日本語を勉強しているうちに、日本文化に興味を持つようになった。

3. 何回か山登りをしているうちに、山がだんだん好きになった。

4. 失敗話をしているうちに、恥ずかしくて顔が赤くなった。

5. 日本語の会話の練習を続けているうちに、だんだん上手になった。

十、

1. 毎日野菜や果物を食べる　2. 甘い物をたくさん食べない　3. 週に2回プールで泳ぐ　4. 毎日7時間以上寝る

5. インスタンド食品を食べない

十一、

1. ことにした　2. ことにした　3. ことになった　4. ことになった　5. ことにした　6. ことになった

7. ことになり　8. ことにした

十二、

1. 本屋のよう　2. ピアニストのように　3. リンゴのように/リンゴのような　4. ぬいぐるみのような

5. 歌手のように　6. 先生のように

十三、

1. 起きれ→起きろ　2. かぶるまま→かぶったまま　3. 目がしていて→目をしていて

4. 引くようだ→引いたようだ　5. 嫌いようだ→嫌いなようだ　6. 聞くうちに→聞いているうちに

7. ことになった→ことにした　8. 布団のような→布団のように

十四、

　　私は日本に来る前には45キロしかなかったのですが、日本にきてから6か月で5キロも太ってしまいました。中国にいた時は毎日母が健康的な料理を作ってくれましたが、日本では朝ご飯を食べたり食べなかったりしていましたし、ご飯はほとんど外で食べていました。このままだといけないと思って、これからできるだけ自分でご飯を作ることにしました。カレーライスのような、簡単な料理からやってみることにしました。今年の夏は、大学の部活の友達と海へ遊びに行くことになりました。それまでにぜひ痩せたいと考えています。

十五、

①疲れた顔をした　②仕事から帰る　③バスの前の方　④途中のバス停　⑤手に杖を持って
⑥目が不自由な人　⑦空いている席　⑧そのことが分かっていない　⑨人を助ける　⑩頭の中では分かって
⑪いろいろな自分が戦って　⑫相手が必要としている　⑬自然にできる

第7課　一休さん

ステップ1とステップ2

一、

1. C　2. B　3. B　4. C　5. A

二、

1. どの大学に入るのか　2. どんな意味があるのか　3. どんな理由があるのか　4. 見せてあげる

5. 教えてあげます　6. 作ってあげます　7. どれがいいかなあ　8. 直接連絡したほうが　9. 激しい運動

三、

1. ×　2. ○　3. ×　4. ×　5. ○

四、

1. ものがたり　2. あらすじ　3. けいしき　4. きろく　5. きょうと　6. てら　7. ゆか　8. ようふく　9. じみ

10. てんじょう

五、

1. 火が燃えている　2. たくさんのお金を残す　3. カーテンを閉める　4. 手紙が届く　5. 床を拭く

6. イメージを持つ　7. 空に雲が浮かんでいる　8. 太くて長いひも　9. 天井が高い　10. 地味な服

六、

1. すみません。洋服の売り場は何階にあるのか教えてくださいませんか。

2. すみません。この近くにおいしいお店がどこにあるのか教えてくださいませんか。

3. すみません。何時までに寮に帰らなければならないのか教えてくださいませんか。

4. すみません。12番のバスは何時に来るのか教えてくださいませんか。

5. すみません。日本語の試験は何曜日にあるのか教えてくださいませんか。

七、

人物	在什么情况下 （中日文均可）	自言自语地说什么
例：おばあさん	眼鏡が見つけられない時	眼鏡はどこにある（の）かな。
父	仕事で忙しい時	この仕事、いつ終わる（の）かな。
母	天気が悪い時	今日は雨が降る（の）かな。
姉	ケーキを食べる前に	これを食べたら、太る（の）かな。
兄	悪いことをしてしまった時	お母さんに叱られる（の）かな
李さん	試験が終わった後	今回の試験は合格できる（の）かな。

八、

1. 撮ってあげました　2. 貸してやり/あげ　3. 作ってくれました。　4. してくれました　5. 教えてあげたく

6. ほめてくれました　7. 買ってやりました/買ってあげました

九、

1. D　2. C　3. B　4. A　5. B

十、

1. みなさんを→みなさんに　2. 飲み物を→飲み物に　3. 昔話では→昔話には

4. 教えてやった→教えてあげた　5. 教えてあげた→教えてくれた　6. 乗っていった→乗ってきた

7. 大人にため →大人のため　8. 声→音

十一、

①D　②A　③B　④A　⑤B　⑥C　⑦A　⑧D　⑨B　⑩C

十二、

　　私はよく世界のいろいろなところへ旅行に行きます。出発する前に、いつもその国の挨拶を勉強しておきます。例えば、「こんにちは」「ありがとう」などです。なぜなら、その国の言葉でその国の人と話をするとき、彼らはいつも笑顔を見せてくれるからです。それで、私は言葉の力を感じたのです。私は違う言葉と文化を勉強して、世界は本当に多彩なものだと分かりました。

十三、

①どの本にするのか　②どんな本が好きなのか　③にしようと思って　④あんな弟がいたらいいなあ
⑤読んでみるね　⑥一人の男の子が生まれました　⑦ゆっくり話したほうがいいかなあ

ステップ3とステップ4

一、

1. A　2. B　3. A　4. C　5. B

二、

1. 枯れてしまって　2. 海が見えて　3. 勉強を始めた　4. うれしそうだ　5. 泣きそうな顔

6. 雨が降りそう　7. 金曜日までに　8. 日本に行くまでに　9. ボランティアをしてみ

三、

1. C　2. B　3. C　4. A　5. A

四、

1. おく　2. きんし　3. ほうこう　4. かど　5. もん　6. おおぜい　7. けんちくか　8. はんせいてん

9. きょうりょく　10. ちから　11. だいひょう　12. くも　13. いき　14. あじ　15. なかま　16. かつやく

五、

1. 魚が死んだ　2. 急いでください/速くしてください　3. お皿を割る　4. かわいそうな様子

5. 草が枯れている/枯れた　6. ワイシャツを着る　7. ネクタイを締める　8. 左に曲がる

9. 引き出しの中に入れる　10. 紙をまく

六、

1. 母は家に帰ると、すぐご飯を作りました。

2. 兄は家に帰ると、すぐ食べ物を探しました。

3. 弟は家に帰ると、すぐ外で遊びました。

4. 妹は家に帰ると、すぐおもちゃで遊びました。

5. 姉は家に帰ると、すぐ宿題をしました。

七、

1. このボタンを押すと、部屋が明るくなった。

2. このボタンを押すと、音楽が聞こえた。

3. このボタンを押すと、かわいい猫が出てきた。

4. このボタンを押すと、花が咲いた。

5. このボタンを押すと、ドアが閉まった。

八、

1. ・この物語はおもしろそうです。

　・おもしろそうな物語です。

　・李さんはおもしろそうに物語を読んでいます。

2. ・おばあさんは寂しそうです。

・寂しそうなおばあさんです。

・おばあさんは寂しそうに座っています。

3. ・この布団は暖かそうです。

・暖かそうな布団です。

・子どもは暖かそうに布団をかけて寝ています。

九、

1. 問題がそんなに難しくないので、解けそうです。

2. 問題がすごく複雑なので、解けそうに（も）ありません。

3. 危ない！本棚が倒れそうです。

4. 危ない！子供が落ちそうです。

十、

2→3→1→4

十一、

段階	いつまでに	何をしたいか（可多写）
15～19歳	来年の4月までに	1級の日本語能力試験を受けたい。
	19歳までに	好きな大学に入りたい。
20－29歳	25歳までに	日本へ留学に行きたい。
	26歳までに	彼女を作りたい（彼氏を作りたい）。
30－39歳	30歳までに	結婚したい。
	32歳までに	ママになりたい（パパになりたい）。
40－49歳	42歳までに	自分の会社を作りたい。
	49歳までに	世界でいちばん高い山を登りたい。
50－59歳	50歳までに	会社の社員を1万人にしたい。
	59歳までに	家族と世界旅行をしたい。
60－69歳	60歳までに	若い人に自分の経験を教えたい。
	65歳までに	学校を作りたい。
70－79歳	70歳までに	老人ホームを作りたい。
	78歳までに	舞台で踊りたい。
80－89歳	82歳までに	きれいな庭を作りたい。
	88歳までに	本を書きたい。
90－99歳	90歳までに	山の中で修行したい。
	99歳までに	週1回山登りをしたい。

十二、

①B ②D ③C ④B ⑤A ⑥薬屋さんがびっくりしたからです。

⑦薬の作り方がみんなに知られたからです。 ⑧薬屋さんが怒ったからです。 ⑨C

⑩我可没有违反约定。我只不过是立了一个写着制药方法的告示牌。我没有对任何人说，一句都没有说呀。

十三、

日本の方言についてみなさんはどのようなイメージを持っていますか。関西弁は日本の方言の一つで、主に大阪や京都などの地域で使われています。そして、テレビ番組で使われることも多いです。最近、「自分の気持ちを表現できる言葉」として、方言を再評価する人が増えています。

十四、

①和尚様の部屋の前に来る ②小さな音 ③中を見る ④何かを食べていました ⑤しますね

⑥おいしそうですね ⑦足が痛いのだよ ⑧その薬を飲んでもいいですか ⑨絶対に飲んではいけないぞ

⑩机の下に隠しました ⑪私は死にたくないです ⑫和尚様の部屋を出ました

第8課　ボランティア活動

ステップ1とステップ2

一、

1. A　2. B　3. A　4. C　5. A

二、

1. 笑顔で　2. 友達が来てくれた　3. 市役所で受付の仕事　4. 騒いでいます　5. 掛けておいた

6. 質問しようとしない　7. 考えていたより　8. 結婚記念日　9. つけたり消したりする

三、

1. ×　2. ○　3. ×　4. ×　5. ○

四、

1. いし　2. しゅうにゅう　3. せいど　4. かんそう　5. すな　6. はやし　7. あな　8. うすぎ　9. せなか

10. ちょうし

五、

1. 豊かに暮らす　2. 愚公山を移す　3. 新しい場所に移る　4. 薬を塗る/薬をつける

5. 万里の長城を登る　6. 厚着をする　7. 服を準備する　8. 太陽の光が強い　9. 先生に連絡する

10. 受付で待つ

六、

1. せっかく留学に行ったのに、外国人の友達は一人もできなかった。

2. せっかく運動会があるのに、雨で延期になりました。

3. せっかくおいしいいちごを買ったのに、食べるのを忘れてしまいました。

4. せっかくご飯を作ったのに、おいしくないと言われてしまいました。

5. せっかく部屋をきれいに掃除したのに、また汚くなってしまいました。

七、

1. A：Bさん、いつも1人で旅行しますか。
   B：はい、いつも1人で旅行します。/いいえ、いつも家族で旅行します。
2. A：Bさん、いつも1人で歌を歌いますか。
   B：はい、いつも1人で歌を歌います。/いいえ、いつもみんなで歌を歌います。
3. A：Bさん、いつも靴で砂浜を歩きますか。
   B：はい、いつも靴で砂浜を歩きます。/いいえ、いつも裸足で砂浜を歩きます。
4. A：Bさん、赤ちゃんがいつも大声で泣きますか。
   B：はい、いつも大声で泣きます。/いいえ、いつも小さい声で泣きます。

八、

情境	ようだ	～らしい
例：（天気予報） 今日・雨	——	天気予報によると、今日は雨らしい。
例：（自分の観察） 今日・雨	今日は雨のようだ。	——
（友達の話） 李さん・お酒・好きだ	——	友達の話によると、李さんはお酒が好きらしい。
（自分の観察） 李さん・お酒・好きだ	李さんはお酒が好きなようだ。	——
（新聞で見た） あの人・自分・会社・作る	——	新聞で見たが、あの人は自分で会社を作ったらしい。
（自分の観察） あの人・自分・会社・作る	あの人は自分で会社を作ったようだ。	——
（お店の人） こちらのほう・もっと・おいしい	——	お店の人によると、こちらのほうがもっとおいしいらしい。
（自分で比べた） こちらのほう・もっと・おいしい	こちらのほうがもっとおいしいようだ。	——
（検査を受けた） 風邪・ひく	——	風邪をひいたらしい。
（自分の感覚） 風邪・ひく	風邪をひいたようだ。	——

九、

1. D 2. B 3. C 4. A 5. D 6. A 7. A 8. B 9. A 10. D

十、

1. 休みのに→休みなのに　2. 書くのに→書いたのに　3. 食事を→食事に　4. マスクに→マスクで

5. いいようです→いいらしいです/いいそうです　6. 植林活動を→植林活動に　7. 顔を→顔が

8. 砂漠で→砂漠に

十一、

①C　②B　③A　④D　⑤C　⑥A　⑦C　⑧D　⑨A　⑩B

十二、

　　日本の夏はとても暑いです。暑いのに、会社に勤めている男の人はワイシャツを着て、ネクタイをしています。背広を着ている人もたくさんいます。だから、電車の中や会社の中はクーラーの温度がとても低いです。確かに男の人にとってこの温度はちょうどいいでしょう。しかし、女性にとっては大変です。なぜなら女の人は薄い洋服を着ることが多いからです。私も上着を着ないで電車に乗って、風邪を引いたことがあります。健康と省エネのために、この状況を変えたほうがいいと思います。

十三、

①この間はごめんなさい　②内モンゴルの砂漠に行った　③砂漠は、どうでしたか　④全身の肌

⑤「靴袋」という袋を使ったんです　⑥とても有意義な経験　⑦確かに

ステップ3とステップ4

一、

1. B　2. C　3. A　4. B　5. C

二、

1. 中国の砂漠で　2. 続いている　3. 2500本の木を植える　4. やめた時は失敗だ　5. 止まっている

6. 少しずつ覚えていく　7. 子供の数　8. 大きく変わりました

三、1. ○　2. ×　3. ○　4. ○　5. ×

四、

1. せいか　2. のうぎょう　3. ひとびと　4. かんきょう　5. せいかく　6. はっけん　7. せいこう

8. しゅちょう　9. ざんねん　10. さか　11. ぎゃく　12. げき

五、

1. 田舎で暮らす　2. 机を移す　3. 場所がA市に移る　4. 油を塗る　5. 昔を振り返る　6. 元気に育つ

7. 人口が減る　8. 会社に勤める　9. 子供を育てる　10. 自分を信じる　11. すごい人　12. 態度に表れる

六、

1. A 電気がついています。　　　　　　　　2. A 服が落ちています。

　 B 電気がついていません。/電気が消えています。　　 B 服がかかっています。

3. A テレビがついていません。　　　　　　4. A 花が咲いています。

　 B テレビがついています。　　　　　　　　 B 花が咲いていません。

七、

1. 続けていく　2. 続いてきた　3. 増えていく　4. 生活していきたい/生活していこう　5. 頑張ってきたの
6. 努力していく　7. 働いてきました　8. 暮らしてきました

八、

1. C　2. D　3. A　4. B　5. D　6. B

九、

1. D　2. B　3. A　4. C　5. B

十、

1. 心で→心に　2. 買ってくれました→買ってやりました/買ってあげました
3. 考えてきたい→考えていきたい　4. 行くと行かないと→行くか行かないか　5. 仕事が→仕事を
6. 季節による→季節によって　7. 開けたと→開けると　8. 88歳に→88歳で

十一、

①B　②A　③C　④D　⑤A　⑥B　⑦D　⑧C　⑨D　⑩B

十二、

①D　②B　③C　④A

十三、

　　私はアルバイトの面接を受けました。面接の準備は大変でしたが、無事に合格しました。アルバイトを始めて、1か月になりました。最初は、いろいろなことを覚えて大変でした。でも、日本語を使う機会がたくさんあります。日本語を聞くのも話すのも以前と比べてかなりよくなりました。

十四、

①というところ　②着いて　③目が開けられなかった　④とても乾燥していて　⑤想像ができなかった
⑥ガイドさん　⑦見に行った　⑧いっぱいになっていた　⑨驚いた　⑩変えた

第二単元总结

一、

1. B　2. C　3. B　4. C　5. A

二、

1. ○　2. ○　3. ×　4. ×　5. ×

三、

①正しい答え　②間違った答え　③正しい答えを書いた　④正しい　⑤形　⑥世界中で　⑦全部　⑧全体
⑨静かな状態　⑩いい状態

四、

1. B　2. A　3. B　4. B　5. A　6. C　7. B　8. A　9. C　10. A　11. B　12. A　13. C　14. B　15. B
16. A　17. C　18. B　19. A　20. A

五、

1. 範囲　2. 種類　3. 相談　4. 予想　5. 謝　6. 壊　7. 進　8. 騒　9. 鋭　10. 冗談　11. 地味　12. 記録

13. 暮　14. 発見　15. 厚着

六、

1. F　2. J　3. K　4. B　5. D　6. H　7. E　8. I　9. C　10. A

七、

1. 枯れて　2. 届いた　3. 浮かんで　4. 支えて　5. 勤めて　6. 急いで　7. 落として　8. 越える　9. 進め

10. 移って

八、

1. ミドリ商事の田中（さん）という人　2. 今日会社を休むという

3. 夜9時までに帰らなければならないという寮の規則　4. 昨日家の近くで火事が起こったという

九、

1. 昨日、お酒を飲みすぎて、頭が痛いんです。

2. 勉強内容がよく理解できなくて、困っています。

3. 食べすぎてしまって、おなかが痛いんです。

4. 友達とけんかしてしまって、どうしたらいいか分からないんです。

5. 今日、昔の友達に会えて、うれしいんです。

十、

1. 今は海外の物でも、インターネットで簡単に買えるようになりました。

2. 今は会ったことがない人とでも、友達になれるようになりました。

3. 今は外国にいる人とでも、スマホですぐに連絡できるようになりました。

4. 今はどこでもスマホで写真が撮れるようになりました。

5. 今は普通の人でも音楽が発表できるようになりました。

十一、

1. 声　2. 顔　3. 色　4. 形　5. 毛　6. 表情　7. 目

十二、

①いる　②いる　③おいた/ある　④いる　⑤くる　⑥きます　⑦いき　⑧いく　⑨しまった　⑩おいて

⑪きた　⑫しまい　⑬み　⑭あり　⑮み　⑯いき

十三、

1. B　2. D　3. A　4. E　5. H　6. C　7. G　8. F

十四、

①まで　②まで　③までに　④まで　⑤まで　⑥までに　⑦まで　⑧まで　⑨までに

十五、

1. 生まれた　2. 元気　3. なる　4. でき　5. 表れた　6. 来た　7. 嫌い　8. 取れ

十六、

1. そうだ/らしい　2. らしく　3. そうな　4. ように/ような　5. そうに　6. ように

十七、

1. A　2. D　3. C　4. B　5. B

第9課　携帯電話と私たちの生活

ステップ1とステップ2

一、

1. C　2. A　3. B　4. A　5. C

二、

1. 苦しいこと、楽しいこと　2. 犬の自慢　3. 食べてばかりいる　4. 友達に誘われて　5. 大きな耳をしていて

6. 試験の説明に関して　7. 成績に関する質問　8. 学んだ知識を復習する

三、

1. ×　2. ○　3. ×　4. ×　5. ×

四、

1. ふだん　2. きそく　3. じゅうしょ　4. こじん　5. きけん　6. つゆ　7. りょう　8. じんせい　9. ふうふ

10. かこ　11. じゅうよう　12. じしん　13. きょういく　14. しょくぎょう　15. こうぎょう　16. けってん

五、

1. 値段が上がる　2. 地震が起こる　3. 犬を飼う　4. 練習を繰り返す　5. 図書館を利用する

6. 会議室を使用する　7. 歌を自慢する　8. 学校を案内する　9. 単語を復習する　10. ガスを輸出する

11. 車を輸入する　12. 後悔の気持ち

六、

1. 去年に比べて、今年の合格者（ごうかくしゃ）は2倍に増えた。

2. 昨日に比べて、今日は少し寒いですね。

3. 東京に比べて、田舎は物価が安い。

4. 女性に比べて、男性は力が強い。

5. 兄に比べて、弟はスポーツがよくでき、頭もいい。

七、

誰が	誰に対して	何の状況
例：母	息子	毎日ゲームばかりしている。
母	娘	テレビばかり見ている。
母	父	毎日寝てばかりいる。
父	母	毎日チャーハンばかり作っている。

誰が	誰に対して	何の状況
子	親	仕事ばかりしている。
社員	会社	毎日会議ばかりしている。

八、

1. Ｂ：マッチを売っているかわいそうな女の子に関する物語です。

2. Ｂ：いつも人を助ける頭のいいお坊さんに関する物語です。

3. Ｂ：中国の高校生の生活に関する調査です。

4. Ｂ：中国料理の作り方に関する発表会です。

5. Ｂ：台風の避難場所に関するお知らせです。

九、

1. ない　2. もらった、かけていない　3. 切って　4. 遠くて　5. 鳴った、出て　6. します

十、

1. 間に→間で　2. によったら→によると/によれば　3. あれば→いれば　4. 似ます→似ています

5. 時期のに→時期なのに　6. 一方に→一方で　7. 海外を→海外に/海外へ　8. 小さいする→小さくする

十一、

（一）①Ｂ　②Ｄ　③Ｃ　④Ａ　⑤Ａ　⑥Ｂ　⑦Ｃ　⑧Ｃ　⑨Ａ　⑩Ｄ

（二）①Ａ　②Ｂ　③Ｂ　④Ｄ　⑤Ａ　⑥Ｄ　⑦Ｃ　⑧Ｃ

十二、

　　最近、スーパーに買い物に行ったときのことです。私がスーパーを出ようとすると、目の前に電動車いすに乗ったおじいさんがいました。私は急いでいたので、おじいさんより先に自動ドアの前に立ちました。ドアが開くと、「ありがとう」という声が聞こえました。その声の方を見ると、うれしそうに笑顔でお礼を言うおじいさんがいました。お礼を言われるまで、おじいさんにとって、自動ドアを通ることが大変だということに少しも気づかなかったのです。

十三、

①普及する一方で　②起こらなかった　③お金に関する　④十分な知識　⑤高い金額

⑥問題が起こっています　⑦住所　⑧いじめ　⑨考えているのに　⑩答えています

ステップ３とステップ４

一、

1. Ｂ　2. Ａ　3. Ｃ　4. Ｂ　5. Ｃ

二、

1. 休みの日に　2. 一生の友達が　3. 速く走れ　4. 名前の由来　5. 喜ぶ　6. びっくりしました

7. お礼の食事会　8. 支えてくれる

三、

1. ×　2. ×　3. ○　4. ○　5. ×

四、

1. さいがい　2. たいふう　3. きょうかしょ　4. ろうどうしゃ　5. せき　6. しんぱい　7. ゆれ

8. はんだん　9. しどう　10. きけん　11. じゅうよう　12. だいじ　13. かんぜん　14. ふだん

15. じゅうぶん　16. きもの

五、

1. 病気を治す　2. 船が揺れる　3. 危険な場所を避ける　4. 勉強になる/得るものがある　5. 夢を実現する

6. 町をきれいにする　7. 楽になる　8. 牛乳を温める　9. 体を温める　10. 部屋を暖める

六、

1. 私は○○という本が好きです。内容も面白いし、分かりやすいし、一度読み始めたらなかなか止められないからです。

2. 私は○○先生が好きです。授業も分かりやすいし、性格も優しいし、友達のような存在だからです。

3. 私は○○市を勧めます。食べ物がおいしいし、人が優しいし、物価も低いからです。

4. 私は○○という店を勧めます。味がおいしいし、値段も高くないし、サービス（服务）もいいからです。

5. 私は○○という番組を勧めます。内容が面白いし、歴史の知識をたくさん勉強できるからです。

七、

1. Ｂ Ａ　2. Ａ Ａ　3. Ｂ Ｂ　4. Ｃ Ｄ　5. Ｄ Ａ

八、

1. 下がる　2. 死ぬ　3. 減る　4. まずそう　5. 安全　6. きらい　7. 楽（簡単）　8. 暗い　9. 厳しい　10. 細い

九、

1. Ｄ　2. Ｃ　3. Ａ　4. Ｄ　5. Ｃ

十、

1. を言います→と言います　2. 数秒前と→数秒前から　3. 地域に→地域で　4. SNSで→SNSに

5. すごい目→ひどい目　6. 足が→足を　7. によって→を通して/を通じて/を使って　8. 音を→音が

十一、

①Ｃ　②Ｂ　③Ａ　④Ｂ　⑤Ｂ　⑥Ｄ　⑦Ａ　⑧Ｃ　⑨Ｃ　⑩Ａ

十二、

1. 2000年代　2. 1990年代　3. 2015年　4. 2010年代　5. 2020年　6. 1980年代

十三、

佐藤先生

こんにちは。張峰です。

留学中は大変お世話になりました。先生のおかげで、留学を無事に終えることができました。日本での留学生活は私の成長にとても有意義なものだったと思います。佐藤先生、本当にありがとうございました。もし中国にいらっしゃる機会がありましたら、ぜひ連絡してください。

再会できる日を楽しみにしています。

張峰

十四、

①部屋で話している　②大きな音がしました　③来るかもしれない　④危ない　⑤下に入って

⑥30秒ほどの地震　⑦揺れが止まった　⑧ずいぶん大きかったですね　⑨日本に地震が多い

⑩実際に体験してみる

第10課　お小遣い

ステップ1とステップ2

一、

1. A　2. B　3. C　4. C　5. B

二、

1. お金に関するルール　2. 二つのポケット　3. 助けるべき　4. 反対します　5. すぐ来る

6. 何に使っているの　7. 困っている　8. なるまでできない

三、

1. ×　2. ×　3. ×　4. ○　5. ×

四、

1. のうりょく　2. ぎんこう　3. りそう　4. やく　5. さくひん　6. しょうひん　7. そんけい　8. ぜんたい

9. むだ　10. むり　11. たいそう　12. たいど　13. しょうち　14. しゅうちゅう　15. こくみん

16. いっしょうけんめい

五、

1. 時間が足りない　2. 頭を下げる　3. 無駄なこと　4. 役に立つ　5. お小遣いをもらう

6. 財布にお金が入っている　7. アルバイトをする　8. ブログを書く　9. ブログに書く　10. 素晴らしい作品

11. 尊敬する人　12. 幸せを祈る

六、

1. 部屋の掃除は毎日したほうがいいと思います。

　部屋の掃除は毎日するべきだと思います。

2. 映画を見る時、大声で話さないほうがいいと思います。

　映画を見る時、大声で話すべきではないと思います。

3. 約束に遅れそうな時に、早めに連絡したほうがいいと思います。

　約束に遅れそうな時に、早め前に連絡するべきだと思います。

4. アルバイト中、冗談を言わないほうがいいと思います。

　アルバイト中、冗談を言うべきではないと思います。

5. 学校のルールを守ったほうがいいと思います。

学校のルールを守るべきだと思います。

七、

1. 明日は雨が降るそうだ。

　明日は雨が降るって。

　明日は雨が降るらしい。

2. 彼女は来月、留学するそうだ。

　彼女は来月、留学するんだって。

　彼女は来月、留学するらしい。

3. 李さんは今日休むそうだ。

　李さんは今日休むって。

　李さんは今日休むらしい。

4. 夕べは地震があったそうだ。

　夕べは地震があったんだって。

　夕べは地震があったらしい。

5. 誕生日パーティーにみんな来るそうだ。

　誕生日パーティーにみんな来るって。

　誕生日パーティーにみんな来るらしい。

八、

1. 私は周林って言います。

2. 「ありがとう」は中国語で"谢谢"って言います。

3. 彼も試合に参加するって言っていたよ。

4. お母さん、お兄ちゃんに出て行けって言われた！

5. この楽器は尺八って言います。

九、

1. かけて　2. 合う　3. 開け　4. 入り　5. 落ち　6. した　7. 鳴っ　8. 行き　9. 見　10. 曲がる

十、

①A　②D　③C　④A　⑤C　⑥B　⑦B　⑧C　⑨D　⑩B

十一、

解説：日本人中学生のお小遣いの使い方について、以下の調査結果が分かりました。第1位は「友達との外食・軽食代」で、全体の77％を占めています。第2位は「おやつなどの飲食物」で、全体の75％を占めています。第3位は「友達へのプレゼント」で全体の71％を占めています。第4位は「文房具」で、全体の69％を占めています。第5位は「家の人へのプレゼント」で、全体の68％を占めています。第6位は「休日に遊びにいくときの交通費」で、全体の64％を占めています。第7位は「ゲーム代」で全体の61％を占めています。第8位は「小説や雑誌」で、全体の59％を占めています。第9位は「まんが」で全体の58％を占めています。そして、第10位は「映画やライブのチケット」で全体の53％を占めています。

　一方、日本人高校生の場合、第1位は「友達との外食・軽食代」で、全体の89％を占めています。そして、第2位は「おやつなどの飲食物」で、全体の88％を占めています。第3位は「休日に遊びにいくときの

交通費」で全体の79%を占めています。第4位は「友達へのプレゼント」で全体の77%を占めています。第5位は「昼食」で全体の73%を占めています。第6位は「家の人へのプレゼント」で全体の70%を占めています。第7位は「映画やライブのチケット」で全体の69%を占めています。第8位は「文房具」で、全体の65%を占めています。第9位は「小説や雑誌」で、全体の60%を占めています。第10位は「まんが」で全体の57%を占めています。

　そして、日本人中学生と高校生のお小遣いの使い方を比べると、第1位と第2位は同じです。みな「友達との外食・軽食代」と「おやつなどの飲食物」です。大きく違うところが4つあります。一つ目は、「休日に遊びにいくときの交通費」で、中学生の中では第6位ですが、高校生の中では第3位です。つまり、中学生に比べて、高校生のほうが外へ遊びに行く機会が多いです。二つ目は「映画やライブのチケット」で、中学生の中で第10位ですが、高校生の中で第7位です。つまり、中学生に比べて、高校生のほうがもっと映画やライブを楽しんでいます。三つ目は、「ゲーム代」で、中学生の中で第7位ですが、高校生の中で上位10位には入っていません。つまり、ゲームに興味を持つ高校生の割合は中学生ほど高くありません。四つ目は、「昼食」で、高校生の中で第5位ですが、中学生の中で上位10位には入っていません。つまり、昼食にお小遣いを使う中学生の割合は高校生ほど高くありません。

十二、

①ボランティアに行った　②夢の話をした　③将来は貧しい人　④働きたいんだ　⑤人の役に立ちたい
⑥無駄な買い物をしていたなあ　⑦誰に何をするべきなのか　⑧お金についての自分の考え
⑨私も読んでみたいな　⑩感想を教えてね

ステップ3とステップ4

一、

1. C　2. B　3. C　4. B　5. B

二、

1. ほかの人のために　2. ある中学生が書いた作文　3. 毎月2千円ずつ　4. 一度しかもらっていません
5. 満足してはいけません　6. 後悔している　7. きっと実現する　8. 故郷に帰らない

三、

1. ×　2. ○　3. ×　4. ○　5. ×

四、

1. ぎもん　2. ひさいち　3. しゃかい　4. ぶつり　5. こうこく　6. こうかい　7. げいじゅつか　8. せんしゅ
9. まんぞく　10. ちょうさ　11. けいさん　12. ごうけい　13. ちいき　14. みんぞく　15. しょうたい
16. えんりょ

五、

1. 腹が立つ　2. 広告に出る　3. 玩具をもらう　4. 力を借りる　5. 目標を決める　6. オリンピックの選手
7. レートが変わる　8. 血圧を下げる　9. 熱が下がる　10. 血が出る　11. せきが出る　12. 早く寝る

六、

1. 空に雲がたくさんあるから、もうすぐ雨が降るだろう。
　空に雲がたくさんあるから、もうすぐ雨が降るでしょう。

2. 前の試験は簡単すぎたから、きっと次の試験は難しくなるだろう。

前の試験は簡単すぎたから、きっと次の試験は難しくなるでしょう。

3. 仕事が全然終わらないって言っていたから、今夜のパーティーに彼は来られないだろう。

仕事が全然終わらないって言っていたから、今夜のパーティーに彼は来られないでしょう。

4. このあたりはスーパーもデパートもないから、生活はきっと不便だろう。

このあたりはスーパーもデパートもないから、生活はきっと不便でしょう。

5. 今月はアルバイトにあまり行かなかったから、給料は少ないだろう。

今月はアルバイトにあまり行かなかったから、給料は少ないでしょう。

七、

1. 彼自身がどう考えているのかは分かりません。

2. これは私自身の考えです。

3. このことは彼自身しか分からない。

4. この車は彼女自身が購入したものです。

5. あの時の自分自身の行動を振り返ると、とても恥ずかしいです。

八、

1. 道路が濡れていることから、雨が降ったことが分かる。

2. 彼女は顔色が良いことから、病気ではないと自分で判断した。

3. 二人の顔が似ていることから、兄弟だと分かった。

4. 残された指紋から、警察は彼が犯人だと断定した。

5. この成績から、留学に行くことができないと判断できる。

6. この文章の書き方から、中学生が書いたものだと判断できる。

九、

①B ②B ③A ④B ⑤A ⑥B ⑦D ⑧C ⑨A ⑩B

十、

①B ②A ③D ④C

十一、

　　今までは、古くなった物を何も考えないで捨ててしまいました。しかし、古いものの多くはリサイクルできます。例えば、古い新聞紙からはトイレットペーパーやノートを作ることができます。だから、これからはリサイクルのことを考えなければならないと思います。こうすれば、資源を大切に使うことができるのです。

十二、

①ハッとした　②すぐにそれを買った　③すぐに捨てた　④自分だけのお金　⑤一生懸命に働いて得た
⑥満足してはいけない　⑦長期的な視点から　⑧管理しなければならない　⑨とても大切なことだ
⑩長所と短所

第11課 自然災害への対応

ステップ1とステップ2

一、

1. B　2. C　3. B　4. C　5. A

二、

1. 頭を守りながら　2. 調べておいてくださいね　3. ガラスなどが落ちてくる　4. よく止まります

5. 正確な情報　6. 上の階に　7. 人が流される　8. 壊れてしまいました

三、

1. ×　2. ×　3. ×　4. ×　5. ○

四、

1. つなみ　2. たな　3. こうつうきかん　4. しゅと　5. あんぜん　6. せいかく　7. とち　8. こうりゅうかい

9. せいり　10. しんせき　11. あさねぼう　12. りっぱ　13. くちびる　14. した　15. れいぞうこ

16. にんきりょうり

五、

1. トイレを流す　2. 計算を間違える　3. 部屋を片付ける　4. 文字で交流する　5. 安全な方法　6. 正確な発音

7. 山に逃げる　8. 羨ましく思う　9. けがをする　10. 骨が折れる　11. 様子を見る　12. 氷で冷やす

六、

V ことがある	例：12時間以上寝る	私はたまに12時間以上寝ることもある。
	1日中ゲームする	私はたまに1日中ゲームすることがある。
	1日に20キロ以上歩く	私は1日に20キロ以上歩くことがある。
	1食ご飯を3杯以上食べる	私は1食ご飯を3杯以上食べることがある。
Vない ことがある	例：1週間お風呂に入らない	私は1週間お風呂に入らないことがある。
	1週間お金を1銭も使わない	私は1週間お金を1銭も使わないことがある。
	2日間、携帯を使わない	私は2日間携帯を使わないことがある。
	1日一言も話さない	私は1日一言も話さないことがある。

七、

1. おいしいケーキを買っておきます。

　得意な料理を準備しておきます。

2. アルバイトする理由を考えておきます。

　その会社に関する資料を調べておきます。

　自己紹介の原稿を作っておきます。

3. 日本円の両替をしておきます。

　飛行機のチケットを買っておきます。

ホテルを予約しておきます。

八、

1. 母が入院しましたから、病院に行けるだけ行くつもりです。

2. ここにある漢字を読めるだけ読んでください。

3. 知っている国の名前を書けるだけ書いてみよう。

4. この店は食べ放題だから、食べられるだけ食べたい。

5. 日本のお土産を買えるだけ買って国へ帰ります。

6. 家にある本を持ってこられるだけ持ってきてください。

7. 学生のうちに資格は取れるだけ取るつもりです。

8. ここにある箱を持てるだけ持って、二階へ行ってください。

9. 悲しいときは泣きたいだけ泣いてもいいよ。

10. 今日は好きなだけケーキを食べてもいいですよ。

九、

1. スマートフォン　2. サイト　3. メディア　4. ブログ　5. アドレス　6. ゲームソフト

十、

①B　②B　③A　④B　⑤D　⑥C　⑦A　⑧C　⑨B　⑩A

十一、

1. 東日本大震災の規模はマグニチュード9でした。

2. 東日本大震災で死者の数は15,467名でした。

3. 東日本大震災で行方不明者の数は7,482名でした。

4. 東日本大震災で負傷者の数は5,388名でした。

5. 東日本大震災で避難者の数は124,594名でした。

6. 東日本大震災で建物が全壊した世帯数は103,981戸でした。

7. 東日本大震災で建物が半壊した世帯数は96,621戸でした。

8. 東日本大震災で建物が一部損壊した世帯数は371,258戸でした。

十二、

①地震がとても多い　②津波が来る　③地震が起きたら　④慌てて外へ逃げよう　⑤物が落ち
⑥棚が倒れ　⑦机の下などに入ってください　⑧火を止めなければなりません　⑨火を止めよう
⑩注意しましょう

ステップ3とステップ4

一、

1. B　2. C　3. B　4. A　5. A

二、

1. どれぐらいかかりますか　2. 1か月　3. 羨ましいです　4. 髪が長い　5. 駅に近ければ近いほど
6. 波が高くなりますよ　7. 面白くなります　8. 考えれば考えるほど

三、

1. ×　2. ×　3. ×　4. ○　5. ×

四、

1. なみ　2. かいがん　3. いのち　4. じどうしゃ　5. はば　6. ひよう　7. ちかてつ　8. じゅうたい

9. ひかく　10. かんしん　11. ほどう　12. けっこん　13. よこ　14. たて　15. かんさつ　16. ほご

五、

1. 自然災害が起きる　2. 家族との連絡方法　3. 複雑な問題　4. 駅に近い　5. 足が速い／走るのが速い

6. 道路が渋滞する　7. 狭い道路/狭い道　8. 避難をする　9. 外へ逃げる　10. 物が落ちる　11. 本棚が倒れる

12. 交通機関が止まる

六、

1. ①今回の旅行はどれぐらいお金がかかりますか。

　　②ホテルからコロンス島（鼓浪屿）までどれぐらい遠いですか。

2. ①お客さんはどれぐらい来ますか。/お客さんは何人ぐらい来ますか。

　　②料理はどれぐらい頼んだほうがいいですか。

　　③会場はどれぐらい広いですか。

3. ①○○大学は、どれぐらいの歴史がありますか。

　　②○○大学は、どれぐらい有名ですか。

　　③○○大学には、どれぐらいの学生がいますか。

七、

1. お父さんは髪が短いです。　　2. お父さんは鼻が高いです。　　3. お母さんは目が大きいです。

4. お母さんは足が長いです。　　5. 女の子は顔が丸いです。　　6. 女の子は髪が長いです。

7. 男の子は背が低いです。　　8. 男の子は髪が短いです。

八、

1. お金があまりないので、安ければ安いほどいいです。

2. 辛いものが好きなので、辛ければ辛いほどうれしいです。

3. お知らせを出すのは早ければ早いほどいいです。

4. 試験は簡単ならば簡単なほどうれしいです。

5. 仕事は危険ならば危険なほど、重要になります。

6. 休日は暇ならば暇なほどいいです。

7. 頑張れば頑張るほど給料がもらえます。

8. この問題は考えれば考えるほど分からなくなります。

9. 山頂に近づけば近づくほど空気が薄いです。

九、

①A　②D　③A　④B　⑤B　⑥A　⑦C　⑧D　⑨A　⑩B

十、

4→1→3→2

十一、

日本ではロボットが広く利用されています。例えば、多くの工場ではロボットを利用して自動車を作ったり、ものを包んだりしています。けれども、これらのロボットは、人の形をしていないから、機械にしか見えません。

十二、

①どれくらいなの　②速くなります　③新幹線の速さと同じくらい　④それよりも速いのです
⑤命を守れないのです　⑥自動車を使ってもいい　⑦歩いて避難します　⑧道路が渋滞してしまう
⑨その通りです　⑩亡くなりました　⑪冷静に避難をすること

▌第12課　美しい地球を守ろう

ステップ1とステップ2

一、

1. B　2. A　3. B　4. C　5. A

二、

1. 込んでいた　2. 写真を撮ってばかりいた　3. 特に興味があったらしい　4. 途中で雨が降ってきた
5. 白い砂、大きな石　6. 海、島　7. ホテルに戻ろう、雨がやんだ　8. すべての生徒が参加する旅行

三、

1. ○　2. ○　3. ×　4. ×　5. ○

四、

1. ちきゅう　2. おんだんか　3. せいぶつ　4. にんげんかんけい　5. せいふ　6. さばくか　7. げんいん
8. たいさく　9. えいきょう　10. きぼ　11. じさ　12. じっこう　13. はかい　14. こうどう　15. よてい
16. かんけい

五、

1. ニュースをみる　2. 環境を守る　3. 水を節約する/水を大事にする　4. 東から西へ　5. 友達を誘う
6. いいアイディア　7. 汚染が広がる　8. 森が消える　9. 計画を進める　10. 氷が溶ける
11. 宣伝用のポスターを作る　12. 対策を取る

六、

1. （1）流れに沿って形を変える　　　　（2）流れに沿った道
2. （1）線路に沿って歩く　　　　　　　（2）線路に沿ったコース
3. （1）政府の方針に沿って実施する　　（2）政府の方針に沿った政策
4. （1）川に沿って電車が走る　　　　　（2）川に沿った電車の走るコース

七、

1. CO_2/使い捨ての物の使用
2. 温暖化/砂漠化/オゾン層の破壊/川の汚染
3. 自然/地球環境/野生動物/熱帯雨林
4. 省エネ/森林保護/CO_2削減/リサイクルの推進/ゴミ処理に関する法律の制定

八、

1. 鍋　2. テーブル　3. 自転車　4. かばん　5. ソファー　6. 腕時計

九、

1. ○　2. ○　3. ○　4. ○　5. ○　6. ○　7. ×　8. ×　9. ×　10. ×　11. ×　12. ×

十、

1. キャンペーン　2. メッセージ　3. アイディア　4. ポスター　5. オゾン　6. キロメートル
7. イントネーション

十一、

1. といった→という　2. 見ません→見られません　3. しかある→しかない　4. 守る→守ろう
5. 豊かな→豊かで　6. いなくなってしまったら→なくなってしまったら　7. 二度に→二度と

十二、

①B　②A　③D　④B　⑤C　⑥C　⑦B　⑧C　⑨B　⑩A

十三、

①すべて中国語　②もうすぐだと言っていました　③毎年同じ日にするのではない
④3月の最後の土曜日なので　⑤夜8時半から9時半まで　⑥世界最大規模の環境キャンペーン
⑦順番に電気が消えていくん　⑧一人ひとりの努力は小さくても　⑨それは大きなメッセージ
⑩26日の予定　⑪いいアイディア

ステップ3とステップ4

一、

1. A　2. C　3. A　4. C　5. B

二、

1. 「アース・アワー」　2. 省エネについて考える　3. 地球の環境を守る　4. 一人ひとりの努力
5. せきが出たり　6. 寒くて雪が多い　7. 毎年2月の初め　8. アルバイトをしています

三、

1. ○　2. ×　3. ○　4. ○　5. ×

四、

1. さんぎょう　2. かのう　3. きり　4. いち　5. みなと　6. しばい　7. てぶくろ　8. どうぐ　9. ふせぐ
10. えがく　11. みせる　12. えがお　13. けが　14. すもう　15. ちこく　16. とうばん

五、

1. 情報を集める　2. 川が流れる　3. 興味がある/興味を持つ　4. おなかが痛い　5. 霧が深い
6. 軽い食事/簡単な食事　7. 都合がいい　8. 迷惑をかける　9. 腹が立つ/頭に来る/怒る　10. 意見が合わない
11. 体を動かす　12. 気が楽になる

六、

1. ①人々の生活がよくなってきました。
　②大都市から故郷に戻った人が増えてきました。
　③自分でお店を開く若い人が増えてきました。

2. ①中国の科学技術のレベルがますます高くなってきました。

　　②交通がますます便利になってきました。

　　③65歳以上の人口がますます多くなってきました。

3. ①世界競争がますます激しくなってきました。

　　②環境がますます悪くなってきました。

　　③水不足がますます深刻な問題になってきました。

七、

1. A：お茶でも飲まない？/お茶でも飲みませんか。/お茶でも飲みましょうか。

　　B：いいよ。/いいですよ。

2. A：お寿司でも食べない？/お寿司でも食べませんか。/お寿司でも食べましょうか。

　　B：いいよ。/いいですよ。

3. A：いちごでも食べない？/いちごでも食べませんか。/いちごでも食べましょうか。

　　B：いいよ。/いいですよ。

4. A：映画でも見に行かない？/映画でも見に行きませんか。/映画でも見に行きましょう。

　　B：いいよ。/いいですよ。

5. A：日本語の朗読でもしない？/日本語の朗読でもしませんか。/日本語の朗読でもしましょうか。

　　B：いいよ。/いいですよ。

6. A：雲南にでも行かない？/雲南にでも行きませんか。/雲南にでも行きましょうか。

　　B：いいよ。/いいですよ。

八、

どんな時	だれが	何を	感謝の言葉
朝	母	おいしい朝ご飯を作る	朝、母においしい朝ご飯を作ってもらいました。とても感謝しています。
朝	父	車で学校まで送る	朝、父に車で学校まで送ってもらいました。とても感謝しています。
1時限目	王先生	日本語を教える	1時限目に王先生に日本語を教えてもらいました。とても感謝しています。
2時限目	李先生	数学を教える	2時限目に李先生に数学を教えてもらいました。とても感謝しています。
3時限目	孫先生	物理を教える	3時限目に孫先生に物理の問題を教えてもらいました。とても感謝しています。
4時限目	張先生	体育を教える	4時限目に張先生にサッカーを教えてもらいました。とても感謝しています。
授業中	周さん	ノートを貸す	授業中、周さんにノートを貸してもらいました。とても感謝しています。

どんな時	だれが	何を	感謝の言葉
休み時間	呉_ごさん	面白い本	休み時間に呉さんに面白い本を貸してもらいました。とても感謝しています。
放課後	朱_{しゅ}さん	図書館に行く	放課後、朱さんに一緒に図書館に行ってもらいました。とても感謝しています。
放課後	姉	おいしいケーキ	放課後、姉においしいケーキを買ってもらいました。とても感謝しています。
夜	兄	化学の問題を教える	夜、兄に化学の問題を教えてもらいました。とても感謝しています。
夜	弟	静かにする	夜、弟に静かにしてもらいました。とても感謝しています。

九、

1. E　2. B　3. C　4. G　5. D　6. F　7. H　8. A

十、

1. 目を→目が　2. 増えていきます→増えてきました　3. お正月ので→お正月なので

4. 貸してあげた→貸してもらった　5. 見せてくれた→見せてあげた　6. ことを→ことに

7. 環境を→環境に　8. によって→による

十一、

①C　②D　③A　④C　⑤C　⑥A　⑦D　⑧B　⑨B　⑩D

十二、

3→4→2→1

十三、

　富士山は日本で一番高い山で、約3776メートルもある。今年の夏休みに初めて富士山に登った。最初はバスで富士山の途中まで行った。山の上で朝日を見るために、夜10時ごろから登り始めた。夏でも山の上のほうはほんとうに寒かったし、山の道を歩くのは大変で、途中でもう帰りたいと思った。頑張って頂上まで登って、朝日を見た時、疲れも消えてしまった。

十四、

①人間の活動　②増えてきました　③上がっています　④異常気象　⑤地球温暖化を防ぐ　⑥省エネをする

⑦必要なのではないでしょうか　⑧世界中の人が1年に1回、1時間だけ、周りの電気をすべて消す

⑨何もできなくなってしまいました　⑩散歩でもしようか　⑪家族いっしょの楽しい時間

⑫とても小さなもの　⑬アース・アワー　⑭省エネ　⑮家の電気をすべて消す

第三单元总结

一、

1. C　2. A　3. B　4. B　5. A

二、

1. ×　2. ×　3. ○　4. ×　5. ○

三、

①3年　②整理　③磨きながら　④やるべき　⑤身につける　⑥頑張っています　⑦アルバイト
⑧大学に通っています

四、

1. B　2. A　3. C　4. B　5. C　6. A　7. B　8. A　9. C　10. A　11. B　12. C

五、

1. 規則　2. 梅雨　3. 飼　4. 影響　5. 温　6. 無駄　7. 広告　8. 予定　9. 破壊　10. 道具

六、

中国語	日本語	中国語	日本語
演讲比赛	スピーチコンテスト	海报	ポスター
地球一小时行动	アース・アワー	臭氧	オゾン
打工	アルバイト	气体，煤气	ガス
消息，声明	メッセージ	票，券	チケット
咖啡	コーヒー	宣传活动	キャンペーン
博客	ブログ	口袋，衣袋	ポケット
想法	アイディア	千米	キロメートル
网址，地址	アドレス	软件	ソフト
媒体，媒介	メディア	卡片	カード
取消，解约	キャンセル	智能手机	スマートフォン
语调，声调	イントネーション	比率	レート
网站	サイト	衬衣	ワイシャツ

七、

1. 上がる　2. 起こる　3. 揺れる　4. 避ける　5. 治す　6. 足りる　7. 下げる　8. 慌てる　9. 逃げる　10. 流す
11. 間違える　12. 広がる　13. 消える　14. 進める　15. 防ぐ　16. 見せる　17. 描く　18. 信じる

八、

1. C　2. E　3. A　4. F　5. D　6. G　7. B　8. H

九、

1.危険な　2.重要な　3.悔しい　4.貧しい　5.偉い　6.羨ましい

十、

1.A　2.D　3.C　4.B　5.A

十一、

1.A　2.A　3.B　4.C　5.D　6.C　7.A　8.B　9.B　10.A　11.D　12.D　13.C　14.B　15.A　16.D
17.D　18.B　19.A　20.C　21.C　22.B　23.B　24.C　25.A　26.D　27.B　28.B　29.D　30.A

十二、

1.D　2.B　3.A　4.D　5.D　6.C

十三、

1.信じた→信じられていた　2.ことで→ことに　3.引く→引かれる/持つ
4.農薬では→農薬には　5.化学物質と→化学物質に　6.分野に→分野で

十四、

①C　②D　③B　④A　⑤D　⑥C　⑦A　⑧B　⑨B　⑩D

十五、

①B　②D　③A　④E　⑤C

十六、

　　一只口渴的蚂蚁去河边喝水，结果被河水冲走，眼看就要被淹死了。一只鸽子在树上看到了这一切，于是丢给蚂蚁一片树叶。蚂蚁爬到树叶上，划到岸边，得救了。这时来了一个猎人，想要抓住鸽子。蚂蚁在猎人的脚上咬了一口。猎人吓了一跳，丢掉了竹竿。多亏了蚂蚁的帮助，鸽子安全逃脱了。

第1課　学校生活

ステップ1とステップ2

一、

1.

　田中：鈴木さん、元気ないね。どうしたの。

　鈴木：夕べ、よく眠れなかったんだよ。

2.

　母親：真希、誕生日おめでとう！これ、プレゼントだよ。

　真希：わあ、かわいい！前からこんなかばんがほしかったの。ありがとう。

3.

　男：この紙は1人に何枚ずつ配りますか。

　女：1人に4枚ずつお願いします。

4.

　田中さんはピアノが弾けます。三味線も弾けます。でも、笛は吹けません。

5.

　私は去年から日本語を勉強しています。今は日本語で日記が書けるようになりました。でも、日本語の新聞はまだ読めません。

6.

　私は去年から、天気がいい時は、毎日30分ぐらい走るようにしています。でも、雨の日は走りません。ときどき、傘を差して雨の中を歩きます。

二、

　1. 机の上に本を立てます。

　2. 先週、おいしいレストランを見つけました。

　3. あの人はいつも仕事に熱心です。

　4. 私は毎日、バスで学校に通っています。

　5. 仕事が忙しかったので、久しぶりに故郷へ帰りました。

　6. 試験の前に病気になったので、試験に失敗してしまいました。

　7. 日本に来て一番大変なことは、やっぱりお母さんの手料理が食べられないことです。

　8. 中国は広いので、北と南では食べ物がかなり違います。

　9. 外国人と付き合うようになってから、文化の多様性に気付きました。

　10. この町は10年前と比べると変化が激しいです。

三、

　『ドラえもん』は私が好きな漫画の一つです。日本の子供たちはドラえもんが大好きです。ドラえもんは漫画の主人公_{しゅじんこう}で、猫の形のロボットです。不思議_{ふしぎ}なポケット（神奇的口袋）を持っていて、いろいろな物が出せます。例えば「タケコプター」（竹蜻蜓）や「タイムテレビ」（时光电视）や「どこでもドア」（任意门）などです。「タケコプター」を頭につけると、自由に空を飛べます。「タイムテレビ」では昔の自分や将来の自分が見られます。

　私が一番欲しい物は「どこでもドア」です。このドアを開けると、行きたい所へはどこでも行けます。みなさん、ドラえもんに会えたら、どんな物を出してもらいたいですか。

ステップ3とステップ4

一、

1.
　甲：大学に入ったら、何について勉強したいですか。
　乙：経済について勉強したいです。

2.
　甲：佐藤さんは毎日どんな運動をしますか。
　乙：私は毎日晩ご飯の後、散歩します。忙しくてもします。

3.
　田中さんは風邪を引いて熱が出ました。電話で先生に授業を休むことを伝えました。先生は最後に何と言いますか。

4.
　甲：もうすぐ夏休みですね。どこかへ行きますか。
　乙：ハワイへ旅行に行こうと思います。
　甲：それは楽しみですね。

5.
　甲：この公園、中に入れますか。
　乙：すみません、今日はもう終わりました。明日来てください。

二、

1. 寝る前に、お菓子をたくさん食べないようにします。
2. 野菜は嫌いでも、毎日食べてください。
3. 靴を脱いだ後には、必ず揃えるようにしています。
4. 弟は高校に入ってから、たくさん成長したと思います。
5. 今は日本語の単語が速く覚えられるようになりました。
6. 学校の食堂のメニューについてどう思いますか。

三、

1.
　男：田中さん、こんにちは。
　女：佐藤さん、こんにちは。最近どうですか。

男：ずっと忙しかったですが、先週からやっと暇ができて、週末には温泉旅行に行ってきました。

女：温泉旅行ですか。うらやましいですね。どうでしたか。

男：ホテルは静かできれいでした。食事もとてもおいしかったです。

女：それはよかったですね。値段はどうでしたか。

男：そうですね。値段はあまり安くなかったです。

女：そうですか。

2.

男：李さん、来月には帰国しますね。帰る前に、みんなでさようならパーティーをしたいんですが、いつがいいですか。

女：ありがとうございます。22日から24日までは試験です。試験が終わってから、お願いします。

男：分かりました。それじゃ、26日はどうですか。土曜日ですが。

女：26日ですね。いいですよ。よろしくお願いします。

3.

おはようございます。今日の東京の天気予報をお伝えします。今日のお昼は曇りになるでしょう。夕方からは雨が降るでしょう。夜には激しい雨になって、風も強くなりますから、気を付けたほうがいいでしょう。

4. 5.

男：李さん、日本に来てどれぐらい経ちましたか。

女：9月に来て今はもう12月ですから、あっという間に3か月経ちましたね。

男：学校生活の中で何か不便なところはありますか。

女：最初は先生の話がうまく理解できなかったり、黒板の字が読めなかったりして、大変でした。

男：そうですか。

女：でも、周りの人たちがみんな親切にしてくれて、今は特に困ることはありません。あ、そう言えば、1つだけありますね。ときどき母の料理が食べたくなりますね。

男：それはそうですね。頑張ってください。

6. 7.

男：みなさん、こんにちは！これはうちの会社で作ったロボットです。聞きたいことがあれば、何でも聞いてください。

女：そのロボットの名前は何ですか。

男：「ホニー」です。

女：かわいい名前ですね。人と会話することができますか。

男：日本語の会話はできますよ。でも、英語はできません。また、掃除や洗濯などもできます。

女：すごいですね。

男：ほかに、このロボットは感じることもできます。例えば、うれしい時は顔が赤くなって、悲しい時は青くなります。

女：怒った時はどうなりますか。

男：怒った時は顔が黒くなります。

女：おもしろいですね。私もこんなロボットがほしいです。

第2課　課外活動

ステップ1とステップ2

一、

1.
男：佐藤さんは何の部活に参加していますか。

女：中学の時は運動部でバドミントンをやっていましたが、今は茶道部でお茶を習っています。

2.
男：李さん、足、どうしましたか。

女：バスの中で知らない人に踏まれてしまったんです。

男：それは大変でしたね。

3.
女：山本さんは健康のために何をしていますか。

男：私は毎日30分ぐらい走ります。

女：そうですか。私は体操をしています。

4.
　父：真希、明日は何時に起きるの？

真希：8時に試験があるので、早く起きなければならないんだ。

　父：じゃ、7時ごろ？

真希：ううん、6時半に起きなきゃならないよ。

5.
男：佐藤さん、どうして怒っているんですか。

女：母に日記を読まれてしまったんですよ。ひどいでしょう。

6.
女：山田さんはサッカーだけでなく、テニスも上手だそうですね。

男：まあ、少しできるぐらいですよ。

女：野球もできますか。

男：いいえ、野球は全然できません。

二、

1. デパートの店員の話によると、今年は緑色がはやっているそうです。

2. 私の学校では男子サッカーがとても盛んです。

3. 野球部では休日にはほかの高校と練習試合をすることもあります。

4. 茶道は日本の伝統文化の一つです。

5. 環境をよくするために、木を植えました。

6. 日本人は子供だけでなく、大人もよく漫画を読んでいます。

7. 友達に約束を破られて、とても残念でした。

8. 成績を上げるためには、まず授業態度がまじめでなければなりません。

9. インターネットを通して、どの国の商品でも簡単に買えます。

10. 物理部では好きな内容を自由に研究できます。

三、

　　みなさんは日本の京都を知っていますか。京都には見学するところがたくさんあります。その中で一つ有名なのは金閣寺です。一般には「金閣寺」と呼ばれていますが、正式の名前は「鹿苑寺」と言います。金閣寺は1397年に足利義満によって建てられました。700年以上の歴史があります。元の建物は1950年に火事で焼けてしまいました。今の建物は1955年に新しく建てられたもので、世界文化遺産に登録されています。

ステップ3とステップ4

一、

1.

　　女：山本さんは去年何の課外活動に参加しましたか。

　　男：去年は漢字大会に参加しました。

　　女：今年も参加しますか。

　　男：今年はスピーチ大会に参加したいです。

2.

　　女：すみません、この部屋に入ってもいいですか。

　　男：今は会議中ですからだめですよ。会議が終わってからはいいですよ。

　　女：分かりました。

3.

　　女：亮、今日何かいいことでもあったの？

　　男：お母さん、今日学校でね、先生に作文を褒められたの。

　　女：本当？よかったね。

4.

　　女：その時計、かっこいいですね。

　　男：ありがとう。大学入学の時に、父からもらったんだよ。

5.

　　男：昨日の野球の試合見た？

　　女：いいえ、昨日は用事があって、先に帰ったよ。どうだった？

　　男：6対1で相手のチームを破ったよ。

　　女：すごい！

6.

　　女：昨日も遅くまで勉強しましたか。

　　男：昨日は突然友達に来られて、全然勉強できませんでした。今日の試験どうしよう。

二、

1. 人に誘われた時、嫌ならば無理をしないで、断ってもいいですよ。

2. あの歌手は5年前より人気が落ちましたね。

3. 高校に入ってから、将来について悩むようになりました。

4. りんごは種類によって味が違います。

5. 一人一人が部活に求めることは違いますね。

6. 中国は広いですから、地方によって気候に大きな差がありますね。

三、

女：山田さん、かわいい絵ですね。これは何ですか。

男：これはアトムです。漫画の中に出てくるロボットですよ。

女：そうですか。どんなロボットですか。

男：人間を助ける優しいロボットです。空を飛ぶこともできます。子供たちに人気がありますよ。

女：へえ～。私もこんなロボットがほしいですね。

男：今、日本にはたくさんのロボットがあるんですよ。

女：ええ、車の工場で働いているロボットは有名ですね。

男：ええ。そのほかにも、ピアノを弾くロボットや絵を描くロボットなどいろいろあります。また、人間が入れない、危ない所で仕事をするロボットもあります。

女：それはすばらしいですね。

第3課　「食」から見る世界

ステップ1とステップ2

一、

1.

男：李さんは日本の映画を見たことがありますか。

女：いいえ、まだ1度も見たことがありません。ジョージさんは？

男：私もありませんよ。

2.

男：張さんの家では、春節に何を食べますか。

女：私の家は南の地方にありますから、「白玉団子」を食べます。

男：そうですか。

女：ええ、中国は広いですから、地方によって食文化が違いますよ。北京のおじの家では春節に餃子を食べます。

3.

男：佐藤さん、お出かけですか。

女：ええ、駅前の本屋さんに行こうと思って……

男：ああ、あの赤い看板の本屋さんですね。あの本屋、昨日は休みでした。

女：そうですか。じゃ、まず電話して、今日休みかどうか聞いてみましょう。

4.

女：山本さん、その自転車、すてきですね。

男：ありがとうございます。誕生日のプレゼントに、父がくれたんです。

女：そうですか。うれしかったでしょう。

男：そうですね。

女：今まで一番うれしかったプレゼントは何ですか。

男：ええと、やっぱり小学校の時、おばがくれたゲーム機だと思います。

5.

男：佐藤さん、経済学部の高橋さん、知っていますか。

女：ああ、高橋さんですね。知っていますよ。

男：高橋さんはどこの出身ですか。東京ですか。

女：いいえ、京都の出身ですよ。

6.

男：李さん、七夕の短冊に願いを書きましたか。

女：ええ、書きました。

男：どんな願いを書きましたか。

女：ええと、早く日本語が上手に話せるようにと書きました。田中さんは？

男：私は背がもっと高くなるようにと書きました。

二、

1. 料理に使う野菜などを用意しておきました。

2. おばあさんが早く元気になるように願っています。

3. 将来、後悔しないように、今頑張りたいです。

4. 夏休みに国へ帰るかどうか考えています。

5. 誕生日に父は私がずっとほしかったスマホをくれました。

6. 中国語の「内巻」って、現在の流行語ですよね。聞いたことがありますか。

7. あの二人が兄弟かどうかは知りませんが、顔は似ていると思います。

8. 私はまだ1度もお節料理を食べたことがありません。

三、

1. 翔くん、お帰りなさい。冷蔵庫にケーキとジュースが入れてあるよ。食べたあとは、お皿とコップをきれいに洗っておいてね。6時ごろ帰る。

2. 営業部の高橋さんから電話がありました。出張のことで、相談したいことがありますので、お戻りになりましたら、電話をくださいということです。明日の会議の資料はメールで送っておきました。今日はお先に失礼します。

3. 今晩は部活の先輩たちと食事するから、晩ご飯は要らないよ。あ、私の部屋のテレビには触らないで。今晩8時からの番組が予約してあるから。

4. 花子ちゃん、昨日は本当にごめん。僕が悪かった。今晩は早く帰る。ケーキ買って帰るね。

ステップ3とステップ4

一、

1. お客様が気持ちよく泊まれるように、部屋の掃除をしたり、必要なものを送ったりします。

2. ここは本を読むところですから、大きい声で話をしないようにしてください。

3. 学生たちの英語がうまくなるように、いろいろと工夫しています。

4. まもなく電車が参りますから、白線から出ないように気をつけてください。

5. 事故を起こさないように、いつも気をつけて運転しています。

6. オリンピックで優勝できるように、毎日練習しています。

二、

　　私は部屋の窓から外を見るのが好きです。遠くに富士山が雪の帽子をかぶっているのが見えます。飛行機が飛んでいるのも見えます。どこへ行くのでしょうか。乗っているのはどんな人たちでしょうか。私が今度帰国するのは夏休みです。両親や友達と日本の話をするのが楽しみです。あっ、大変。宿題をするのを忘れていました。宿題の作文を書くのに2、3時間かかるでしょう。頑張ろう！

三、

　　男：佐藤さん、何にする？

　　女：そうねえ。紅茶にしようかな。田中さんは？

　　男：この喫茶店で人気なのはコーヒーだよ。ほら、これが一番人気のコーヒーだよ。

　　女：そうなの。じゃ、これにしよう。

　　男：熱いのと冷たいのとどちらにする？

　　女：今日は寒いから熱いのにしよう。

　　男：私は冷たいのが飲みたいなあ。ほかに、ケーキはどう？

　　女：いいよ。そのいちごケーキ、食べたいわ。

　　男：ぼくはさっきお菓子を食べたから、ケーキは要らない。今日は僕が払うよ。

　　女：いいの？ありがとう。

第4課　「静かな」日本

ステップ1とステップ2

一、

1. 授業中、携帯電話を使ってはいけません。

2. 美術館の中では、写真を撮ってはいけません。

3. 図書館の中では、食べたり飲んだりしてはいけません。

4. 赤信号ですから、道を渡ってはいけません。

5. このレストランの中では、タバコを吸ってはいけません。

6. この部屋の中に入ってはいけません。

二、

1. 先週の土曜日に、バスに乗ったら、中学時代のクラスメートに会ったんです。

2. 先週、温泉旅館に泊まったんです。部屋に入って、窓を開けたら、富士山が見えました。

3. 先月から毎日30分ぐらいジョギングするようにしています。1か月走ったら、5キロも痩せました。着られなくなった服がまた着られるようになって、大変うれしいです。

4. 父は来月から大阪に転勤することになりました。単身赴任は大変だから、家族みんなで行くと母が言いました。妹は友達と別れるのが嫌なので、毎日「行かない、行かない」と泣いています。でも、私は大丈夫

です。大阪なら、何よりもユニバーサルスタジオジャパンが楽しみです。

三、

　今から日本語の試験について説明します。まず、名前はカタカナで書いてください。漢字を使う国の人は漢字で書いてもいいです。ひらがなや英語で書いてはいけません。次に、答えは鉛筆と消しゴムを使ってきれいに書いてください。ボールペンや万年筆を使ってはいけません。えーと、みなさん、鉛筆はみんな持っていますか。持っていない人は私の鉛筆を使ってもいいですよ。それから、試験時間は1時間です。教室の壁に時計があります。それを見てください。携帯電話の時計を見てはいけません。もちろん、辞書も見てはいけません。何か質問はありますか。

ステップ3とステップ4

一、

1.
　男：週末の天気はどうでしょうか。
　女：土曜日は雨が降るかもしれません。
　男：そうですか。土曜日は試合があるのに、困りますね。

2.
　女：これはどう？
　男：ああ、いい色だね。でも、ちょっと小さいかもしれないよ。
　女：じゃ、ちょっと着てみるね。

3.
　男：これにする？
　女：あ、これは少し長すぎるんじゃない？
　男：そうか。じゃ、これは？
　女：これ、おもしろいと聞いたよ。これにしよう。

4.
　男：明日は山田さんの誕生日だよね。何かあげたいんだけど、何がいいのかなあ。
　女：そうね。食べ物なら、山田さんは甘いものが好きなんだよ。
　男：じゃ、チョコレートがいいかもしれないね。
　女：うん、チョコレートなら、喜ぶかもしれないよ。

5.
　男：お母さん、来週の月曜日はさくら大学へ見学に行くことになったよ。
　女：そうなの。それじゃ、その日の授業は休みなの？
　男：見学は午後だから、午前の授業はやるよ。
　女：分かった。

二、

　女：ポスター、できましたよ。どうですか。
　男：そうですね。タイトルの文字をもう少し大きくしたほうがいいかもしれませんね。
　女：じゃ、ポスターの紙ももっと大きくしたほうがいいですか。

男：いや、紙の大きさは変えないほうがいいと思いますよ。紙の大きさを変えないで、参加者の名前だけ少し小さくしたほうがいいと思います。

女：分かりました。それから、活動の場所の地図も入れたほうがいいですか。

男：それは入れないほうがいいかもしれませんね。

女：私もそう思います。じゃ、ポスターができたらどこに貼ったほうがいいですか。

男：そうですね。よく見えるところがいいですから、食堂の前はどうですか。

女：いいと思いますよ。

三、

　みなさんは日本を旅行したことがありますか。日本は細長い島国で、一年中どの季節に来ても楽しめる所です。桜を見るなら春ですが、紅葉を見るなら秋がいいですよ。お寺や神社を見るなら、関西の京都や奈良を回ったらいいと思います。京都には清水寺、平安神宮、金閣寺、銀閣寺などの有名な観光名所がたくさんあります。奈良の東大寺は大仏が有名で、観光客が多いです。買い物や遊園地で楽しみたいなら、東京がお勧めです。ディズニーランドやディズニーシー、スカイツリーなどはとても人気があります。

第一単元総結

ステップ1とステップ2

一、

1.

女：はい、工藤です。

男：あのう、合唱部の山本ですが、真希さんはいますか。

女：はい、さっき学校から帰ってきましたよ。今、部屋で勉強をしています。すぐ呼んできますね。ちょっと待ってください。

男：はい、お願いします。

2.

女：王さん、来週のパーティーは私の家でしましょう。おいしいケーキを作りますよ。

男：いいですね。

女：ジュースは田中君が買ってくると言いました。

男：そうですか。ぼくは何をしましょうか。

女：じゃあ、王さんには中国の歌をお願いします。

男：えっ！歌はあまり得意じゃないんですが。

女：大丈夫ですよ。みんな中国の歌が聞きたいと言ったので、ぜひお願いします。

男：それじゃ、頑張って歌ってみます。

3.

男：いいお天気ですね。

女：そうですね。私は午後友達と花見に行きます。山田君も一緒に行きませんか。

男：ありがとう。私も行きたいですね。でも、今日はちょっと……。

女：ほかに約束があるんですか。

男：いいえ、実は明日英語の試験があるんです。

女：試験ですか。大変ですね。

男：ええ、だから、今日は図書館で勉強します。

女：じゃ、今度一緒に行きましょうね。

4.

女：亮、明日は学校、何時に終わるの？

男：授業は4時までで、その後は部活だよ。

女：それじゃ、帰りはだいたい7時ごろ？

男：ううん、明日は高橋君の誕生日だから、部活が終わってから、みんなで食事に行くと約束したんだよ。

女：そうなの。じゃ、きっと遅いよね。

男：いつもよりは遅いけど、9時ごろには帰ってくるよ。

女：じゃ、気をつけてね。

5.

男：ねえ、佐藤さん、授業の後、コーヒーを飲みに行きたいけど、どこかいいところある？

女：そうね。駅の近くに一つと、映画館の前に一つあるけど、どっちがいいかな？

男：コーヒーはどっちがおいしい？

女：同じぐらいかな。

男：じゃ、どっちが静かなの？

女：そうね。駅の近くの店が静かかもしれない。映画館の前の店は近くにデパートもあるから、いつも人が多いんだよ。

男：じゃあ、私、静かな所が好きだから、そこへ行こう。

二、

女：今日は留学生のジャックさんに、いろいろ質問したいと思います。ジャックさん、よろしくお願いします。

男：こちらこそどうぞよろしく。

女：ジャックさんは日本に来てどれぐらいですか。

男：ちょうど桜の季節に来たので、もうすぐ6か月になります。

女：そうですか。日本についてどう思いますか。

男：そうですね。とてもきれいな国だと思います。道にはあまりごみがなくて、店や公園などもきれいですね。

女：そうですか。

男：それから、日本は環境問題のことをよく考えていると思います。ぼくは最初ゴミを分けるのは大変でしたけど、今は大丈夫です。

女：そうですか。じゃ、日本人に何か言いたいことはありませんか。

男：そうですね……日本人はみんなとても疲れているので、もっと休んだほうがいいと思います。

女：なるほど。そうですね。私も今日はよく寝て休もうと思います。ジャックさん、今日はどうもありが

とうございました。

三、

　地球は温暖化していると言われます。また、最近、40度を超える日が続いたり、大雨が降ったり、異常気象と言われる現象が世界各地で起きています。

　地球の温暖化はどうして起きるのでしょうか。また、温暖化の結果、海面が高くなると言われていますが、どれぐらい高くなるのでしょうか。今の地球の平均気温は約15℃です。もし地球に空気がなければ、何度ぐらいになるでしょうか。答えは−20℃です。この温度では人は地球に住めません。また、木や草も育たないでしょう。空気の中には、水蒸気とCO_2があります。この２つのおかげで、温度が35℃も高くなっているのです。空気は、太陽の光は通しますが、地球から出る紫外線は通さないで吸収します。そして、熱の一部を地球に返します。これを「温室効果」と言います。

第5課　伝統文化

ステップ1とステップ2

一、

1.

　男：ああ、今日はよか天気ばい。

　女：え！今何といいましたか。ようか……。

　男：あ、「よか天気ばい」と言いました。「いい天気だ」という意味です。熊本の言葉ですよ。

　女：ああ、そうですか。

2.

　女：じゃ、失礼します。

　男：また、こられえ。

　女：え！今何といいましたか。

　男：ああ、「また、こられえ」です。「また来てください」と同じですよ。岡山の言葉です。

　女：あ、そうですか。今日はありがとうございました。また来ます。

3.

　女：どうぞこちらに座ってください。

　男：おおきに。

　女：え、大きい？何が大きいですか。

　男：いえ、「おおきに」と言いました。大阪の言葉で、「ありがとう」の意味ですよ。

　女：あ、そうですか。おもしろいですね。

4.

　男：おばんです。

　女：え、今何と言いましたか。「おばん」ですか。

　男：ええ、秋田の言葉ですよ。「おばんです」は「こんばんは」と同じです。

　女：へーえ、おもしろいですね。

二、

1. 私は班長として、今回の事件に責任を感じています。

2. 電話によるご相談は、午前10時から午後6時までです。

3. 鈴木さんは私と高さんの共通の友達です。

4. 私のふるさとは自然が美しい観光地として有名です。

5. 今回の失敗の原因を早く分析したほうがいいでしょう。

6. うちの会社は海外で成功するために、何年も前から準備しています。

7. さっき、佐藤さんという女性から電話がありました。

三、

　おなかが痛い、頭が痛い、体がだるい、熱がある、咳が出るなどということは、みんな病気の印です。病気は夏と冬とで、その種類が違います。暑くなると、おなかを壊す人が増えます。これは体の働きが弱くなり、食べ物も腐りやすいからです。昔から「病気は口から」という言葉があります。いろんなばい菌（細菌）が食べ物や手に付いて口から入ることが多いからです。寒い時に多い病気は風邪です。風邪は軽い病気だと言ってあまり気にかけない人もいますが、これは間違っています。「風邪は万病の元」という言葉もあります。風邪が原因で、非常に重い病気になることもありますから、気をつけたほうがいいです。

ステップ3とステップ4

一、

1. 試験は予想ほど難しくなかったです。

2. 3年間一緒に勉強していた友達と別れて、寂しい気持ちになった。

3. この料理の名前の由来を知っていますか。

4. 田中さんは中国にどのような印象を持っていますか。

5. 夢を実現するために、どのような努力をしていますか。

6. 張さんは音楽の面で才能があります。

7. 毎日、父が駅まで迎えにきてくれます。

8. 工場の人が畳の作り方について紹介してくれました。

二、

　今日はとても幸せな1日だった。たくさんの人が私のためにさようならパーティーを開いてくれた。田中さんは私の絵を描いてくれた。国へ帰って、私の部屋に飾っておきたい。山本さんは歌を歌ってくれた。とても上手だった。佐藤さんは尺八を吹いてくれた。とてもいい音だった。今度、機会があれば私も習いたい。鈴木さんはおいしいケーキを作ってくれた。いちごの味のケーキで、本当においしかった。

三、

　日本では古くから年に2回贈り物をする習慣があります。七月にあげるのをお中元と言って、十二月にあげるのをお歳暮と言います。

　この時期には、どこのデパートも特別な売り場を作って、お中元、お歳暮のセール（促銷）に力を入れます。だから、デパートの中は大変込んでいます。以前は、お中元とお歳暮は自分で直接持っていきましたが、今では、デパートに頼めば、郵便で送ってくれます。

　日本人がお中元とお歳暮にもらいたいと思っているのは商品券が1位ですが、実際にもらうのは食品や

飲み物やタオルなどが多いです。また、最近は食事券や省エネ（节能，环保）関係の商品もたくさんあります。

第6課　「勇気」を出すということ

ステップ1とステップ2

一、

例：甲：このマーク（标记）は何の意味ですか。

　　乙：それは「止まれ」という意味です。

1. 甲：このマークは何の意味ですか。

　　乙：それは「信号に気を付けろ」という意味です。

2. 甲：このマークは何の意味ですか。

　　乙：それは「左へ曲がれ」という意味です。

3. 甲：このマークは何の意味ですか。

　　乙：それは「ゴミはゴミ箱に捨てろ」という意味です。

4. 甲：このマークは何の意味ですか。

　　乙：それは「気をつけろ」という意味です。

5. 甲：このマークは何の意味ですか。

　　乙：それは「まっすぐ行け」という意味です。

6. 甲：このマークは何の意味ですか。

　　乙：それは「右へ曲がれ」という意味です。

二、

　　最近の子どもは学校から帰ってから、いろいろなことを習っていますね。スポーツ、ピアノ、英語などです。今日は「6歳から12歳までの子供とスポーツ」について調べたことを話します。スポーツをしている子供は62%で、していない子供は38%です。子供がしているスポーツの中では、水泳が一番多くて51%、2番目はサッカーで19%、3番目は体操で13%です。スポーツは子供の体と心にいいと思っている人が多いですね。

三、

　　　張：ジャックさん、ちょっと起きて。ねえ、起きろよ。

ジャック：何だよ。

　　　張：変なにおいがするよ。あ、ほら、見ろよ。向こうの家が赤いよ。

ジャック：あ、大変だ。火事だ。逃げろ。

　　　張：ちょっと待てよ。落ち着け。まず、110番に電話だ。

ジャック：何言ってるんだ。火事は119番、119番だ。早く。

……

　　　張：ああ、もしもし……

消防署員：はい、こちら119番です。火事ですか。救急ですか。

張：あの、火事です！火事です！
消防署員：はい、落ち着いてください。住所をどうぞ。
張：ええと、ええと、住所、住所は……

ステップ3とステップ4

一、

1. この野菜は生のままで食べられます。

2. A 4ぐらいの大きさをしたかばんがほしいです。

3. 李さんは最近、試験の準備で忙しいようです。

4. あの建物はおもしろい形をしていますね。

5. 昨夜、窓を開けたまま寝て、風邪を引いてしまいました。

6. 家族にはもう2か月も会っていませんが、みんな元気なようです。

7. 山田さんは話しているうちに、顔が赤くなった。

8. まだ4月なのに、夏のような暑さだ。

二、

1.
男：鈴木さんに連絡できましたか。もう家に帰っているでしょう。
女：いいえ、さっきから何回も電話をしているんですが、全然出ないんです。

2.
女：台風はどうですか。ひどいんでしょうか。
男：ええ、さっきのニュースでは、たくさんの家が壊れたと言っていました。

3.
男：夏休みは後1週間で終わりますね。
女：そうですね。本当に早いですね。
男：あ、キムさん、マリーさんはこの夏休みにアメリカに帰ったかどうか知っていますか。
女：ええと、マリーさんとはときどき大学の図書館で会いましたよ。

4.
男：美恵さんは、さっきからフランスのエマーさんと話していますね。フランス語が得意なんでしょうか。
女：ええ、美恵さんは大学の時、フランス語を勉強していて、フランスに留学したことがあるそうですよ。

5.
女：田中さん、山下さんは新しい仕事、決まったんでしょうか。
男：さあ、昨日までまだいろいろな会社に電話をかけていましたよ。

三、

李：田中さん、ちょっと相談したいことがあるんですが……
田中：ああ、李さん、どうしたんですか。
李：実は先週出した日本語の作文の成績がすごく悪かったんです。ぼくは書くのが苦手だから、もっと書く練習をすることにしたんですが、他に何かアドバイスをもらえませんか。
田中：そうですねえ。簡単な日記を書いてみたらどうですか。いい練習になると思いますよ。

李：ああ、それはいいアイディアですね。じゃあ、今晩から毎日日記を書くことにします。

田中：それから、日本語の本を読むのもいいと思いますよ。

李：そうですか……最近、あまり本を読んでいなかったけど、それじゃ、これからは、毎日寝る前に本を読むことにします。

田中：ところで、先生にはもう相談してみましたか。きっといいアドバイスがもらえると思いますよ。

李：そうですね。明日、先生に相談してみることにします。

田中：たくさん練習すれば、少しずつ上手に書けるようになると思いますから、大丈夫ですよ。

李：そうですね。必要以上に心配しないことにします。今日は話を聞いてくれてどうもありがとう。

田中：どういたしまして。

第7課　一休さん

ステップ1とステップ2

一、

1.

男：王さん、『マッチ売りの少女』はドイツの物語ですか。

女：いいえ、デンマークの物語です。

男：そうですか。ありがとうございます。

2.

男：李さん、『赤ずきん』という物語を読んだことがありますか。

女：はい、小さい時、何度も読みました。

男：じゃ、その粗筋を教えてくださいませんか。

女：いいですよ。

3.

女：山本さんは最近日曜日忙しいですね。

男：ええ、ボランティアで市の図書館で子供たちに本を読んであげているよ。

女：どんな本を読んでいますか。

男：科学の本を読んであげています。

4.

男：王さん、日本の『一休さん』というアニメを見たことがありますか。

女：ええ、小さい時、よく見ました。一休さんは本当に頭がいいですね。

男：そうですね。

女：そして、とても正義感がありますね。

5.

男：はい、今、この物語を読み終わりました。何かアドバイスがありますか。

女：そうですね。スピードはこのままでいいと思います。

男：はい。

女：おばあちゃんたちに読んであげるでしょう。

男：はい。

女：もっと大きな声で読んだほうがいいと思いますよ。

男：どうもありがとうございます。

二、

1. 高校を卒業したらどの大学に入るのかまだ考えていない。

2. この研究にはどんな意味があるのか全然分かりません。

3. 今度王さんに、会議に参加しないのはどんな理由があるのか聞いてみます。

4. うちの犬はかわいいんだよ。今度、見せてあげるね。

5. どのように計画を立てたらいいのか、教えてあげますね。

6. おいしいジャージャン麺を作ってあげますから、たくさん食べてくださいね。

7. カーテンの色はどれがいいかなあ。

8. 王さんに直接連絡したほうがいいかなあ。

9. 激しい運動をやめたほうがいいかなあ。

三、

　今日は、「母の日」です。どの花屋にもカーネーション（康乃馨）が置いてありました。私は、仕事からの帰り道、駅前の花屋で一束のカーネーションを買いました。そして、デパートに行って母の好きなお寿司を買いました。母は今年60歳になりました。いつもボランティアで近所の外国人の留学生たちに日本語を教えています。毎日がとても充実しているようです。私は母が大好きです。母と仲がよくて友達のような関係です。

ステップ3とステップ4

一、

1. 日本の親はよく子供に絵本を読みます。

2. この荷物、重くない？手伝ってあげるよ。

3. 田中先生についてどんなイメージを持っていますか。

4. ドアを開けると、そこに知らない人が立っていた。

5. もう7時なのに仕事がまだたくさん残っています。

二、

1. 朝、昨日買った花を見ると、もう枯れてしまっていた。

2. 山を越えると、海が見えてきた。

3. 弟は晩ご飯を食べ終わると、すぐ勉強を始めた。

4. うれしそうだね。何かいいことがあったの？

5. 妹は泣きそうな顔をしています。

6. 空が曇っていて、雨が降りそうですね。

7. 金曜日までにレポートを書かなければなりません。

8. 日本に行くまでに1級試験に合格しなければなりません。

9. 高校を卒業するまでに一度ボランティアをしてみたいです。

三、

1.

男：ぼくのシャツはどこにある？引き出しの中にはない。

女：ベッドの上にある？

男：ない。

女：あっ、洗濯機の中に忘れていた。

2.

男：お手紙を書いた後、何をしましたか。

女：郵便局に行きました。

男：手紙を出すために？

女：いいえ、切手を買うために。

3.

女：巻き寿司と焼きそばを買う？

男：あまりおいしくなさそうだね。

女：じゃ、このてんぷらはどう？

男：あ、それはおいしそうだね。

女：じゃ、これを買おう。

4.

女：今日はこれで失礼します。

男：もう少し話をしませんか。

女：10時までに家に帰らなければならないので。

男：そうですか。じゃ、車でおうちまで送ります。

5.

男：今年の春は寒いですね。

女：そうですね。桜は全然咲きそうにもありません。

男：でも、梅の花がきれいに咲いています。

女：梅は寒さに強いですね。

第8課　ボランティア活動

ステップ1とステップ2

一、

1.

男：せっかく北京に来たのだから、故宮を見学しに行きませんか。

女：いいですね。できれば、万里の長城も見学したいですが。

男：時間はあまりないので、万里の長城には行けないかもしれません。

女：分かりました。

2.

男：山田さん、今日、山登りに行きませんか。

女：せっかく誘ってくれたのに、風邪をひいてしまって……

男：そうですか。ゆっくり休んでください。また、今度一緒に行きましょう。

3.

女：みなさん、明日は運動会ですから、運動靴で来てくださいね。

男：先生、運動服も着ますか。

女：それは自由です。着ても着なくても大丈夫です。

男：分かりました。

4.

男：明日、どんな服を着たほうがいいですか。

女：明日、そんなに寒くないから、セーター1枚で十分でしょう。

男：でも、ハルビンに着いたら寒いでしょう。2枚のほうがいいと思います。

女：セーター2枚はいやですよ。私はセーターのうえにコートを着ます。

5.

男：日本の温泉は水着を着て入りますか。

女：いいえ、裸で入りますよ。

男：そうですか。中国の温泉は普通、水着を着たまま入ります。

女：へえ。初めて聞きました。

男：水着を着ているから、男の人も女の人も一緒に入れます。家族にとって便利です。

二、

1. このホテルの係が毎日笑顔でお客様を迎えています。

2. せっかく友達が来てくれたのに、突然の会議で会うことができなかった。

3. 鈴木さんのお母さんは市役所で受付の仕事をしているらしいです。

4. 交差点で事故があったらしく、今、騒いでいます。

5. 朝6時半に目覚まし時計を掛けておいたのに、止めて寝てしまったらしい。

6. 学生は先生の質問には答えられるが、自分からはなかなか質問しようとしない。

7. アメリカの大学での勉強は、考えていたよりずっと大変です。

8. 今日は給料が入ったので、結婚記念日のプレゼントを買いに行った。

9. そんなにテレビをつけたり消したりすると、壊れちゃうよ。

三、

今日は、いろいろ大変だった。朝、遅刻しそうだったので、駅まで自転車で行ったのだが、駅に着いてから、財布がないことに気づいた。かばんの中を探したのだが、ない。家を出る時、ハンカチと一緒にかばんに入れたのは覚えていたので、道に落ちていないのかと注意しながら、家まで歩いて帰った。しかし、なかった。どうしようと思っていた時に、警察から電話があった。私の財布を拾った人が、警察に届けてくれたのだという。ああ、よかった。

一、

1.

　男：陳先生は学校に来ましたか。

　女：いいえ、上海へ出張に行っています。

　男：いつ帰りますか。

　女：来週帰ります。

2.

　男：陳さん、黒い眼鏡をかけた人は誰ですか。

　女：李さんです。

　男：そうですか。王さんだと思いました。

3.

　女：田中さん、窓を閉めてください。

　男：窓は閉まっていますよ。

　女：じゃ、ドアを開けてください。

　男：ドアは開いていますよ。

4.

　女：どんな人がこのアニメが好きだと思いますか。

　男：子供が好きでしょう。

　女：いいえ、実は子供たちのお父さんとお母さんが好きなんですよ。

　男：ええ、面白いですね。

5.

　男：この文章のどの部分を読んで感動しましたか。

　女：一番感動したのは最初の部分です。

　男：ぼくは最後の部分を読んで感動しました。

　女：そうですね。真ん中の部分も素晴らしいですね。

二、

1.遠山正瑛は農学の研究者で、中国の砂漠で一番早く植林を行った日本人です。

2.砂の海が続いていることに驚いたそうです。

3.私たちは3日間で2500本の木を植えることができました。

4.続けることができれば成功で、やめた時は失敗です。

5.この時計は2時に止まっています。

6.単語を少しずつ覚えていくことにしました。

7.これから子供の数が減るでしょう。

8.人々の生活が大きく変わりました。

三、

　「クーラー」とは夏に部屋の中を涼しくするものです。しかし、クーラーのある部屋は、本当に秋のように気持ちの良い部屋になるのでしょうか。実は、会社で働いている女の人の多くが夏でもセーターを着ているのです。部屋の外は夏ですが、部屋の中は冬のようになります。そんな部屋で働いていると、病気になる人も出てきます。クーラーでかかった病気は「冷房病」と言います。

第二単元総结

ステップ1とステップ2

一、

1.

　女：高橋さん、仕事は決まった？

　男：うん、先週決まったよ。さくら病院に勤めることになったんだ。

　女：それはよかったわ。頑張ってね。

　男：うん、ありがとう。鈴木さんは？

　女：私はいろいろ考えたけど、やっぱりアメリカへ留学することにしたの。

　男：そう？それもいいね。

2.

　男：うわあ、おいしそうですね。これ、全部張さんが作ったんですか。

　女：ええ、料理を作るのが好きなんです。

　男：日本料理もできるんですか。すごい！

　女：簡単な日本料理ならできますよ。さあ、食べてください。

　男：はい、いただきます。

3.

　男：森さん、来週の会議の準備なんですが、会場の予約をしてくれませんか。

　女：はい、すぐ予約します。

　男：あと、新商品のポスターも用意しなければなりませんが……

　女：その件は絵が上手な佐藤さんにもうお願いしてあります。

　男：それはよかった。助かりました。

4.

　女：昨日はゆっくり休めましたか。

　男：いやあ、せっかくの休みだったので、家で本を読んだり、テレビを見たりしてゆっくり過ごそうと思ったのに……

　女：それで、どうしたんですか。

　男：弟が買いたいものがあるからどうしても一緒に買い物に行こうと言ったので……一日歩いて疲れましたよ。

　女：そうですか。

5.

女：すみません。新宿駅に行きたいんですが、次の電車は新宿駅に止まりますか。

男：新宿駅ですか。止まりますよ。でも、1番線の電車に乗ったほうが早く着きますよ。

女：ここは何番線ですか。

男：2番線です。1番線は隣のホームです。

女：分かりました。ありがとうございます。

二、

女：こんにちは。

男：こんにちは。あのう、昨日隣に引っ越してきたキムです。

女：あ、そうですか。あ、キムさんは韓国人ですか。

男：はい、そうです。よろしくお願いします。

女：こちらこそ。何か分からないことがあったら、何でも聞いてください。

男：ありがとうございます。あっ、そうだ。ゴミはどこに出せばいいんでしょうか。

女：ええ、ごみはあそこです。ほら、あの白い建物の向こうに見えるでしょう。あそこ。

男：ああ、はい、あそこですね。分かりました。

女：燃えるゴミは月、水、金の朝9時に集めに来ますから、それに間に合うように出せばいいですよ。

男：月曜日と水曜日と金曜日の朝9時までにですね。瓶や缶も一緒に捨ててもいいですか。

女：いいえ、瓶や缶などは資源ゴミです。資源ゴミは1か月に1回、毎月の最後の木曜日に取りに来ます。

男：毎月の最後の木曜日ですね。忘れないように書いておきます。今日はありがとうございました。

三、

留学生：先生、質問があるんですが。

先生：はい、何でしょうか。

留学生：日本ではテストや宿題をした時、先生は正しい答えに○を書きますね。私の国では間違った答えに
　　　　○を書いて返してくれるんです。始めのころ、私は正しい答えを書いたのに、○がついていて、ど
　　　　うしてかなあと思いました。

先生：そうですか。日本と違いますね。

留学生：ええ、日本では正しい時に、どうして○を使うんでしょうか。

先生：そうですね。○は昔から太陽を表していました。丸の形を見てください。太陽と同じでしょう。○
　　　は世界中で太陽の意味で使われているんですね。

留学生：そう言えば、子供の絵を見ると、太陽を○で描いていますね。

先生：そうでしょう。○は太陽やそれから、宇宙を表します。それで、○は全部とか全体とかという意味
　　　になりました。

留学生：ええ。

先生：それから、仏教では、白い紙に○を書く練習をして、気持ちが静かな状態になるようにしました。
　　　○がきれいに書けた時は、心が落ち着いて、いい状態になっていると考えられます。

留学生：そうですか。おもしろいですね。

第9課　携帯電話と私たちの生活

ステップ1とステップ2

一、

1.
男：田中さんの兄弟では誰がよく勉強しますか。

女：兄と比べて、弟がよく勉強します。

男：そうですか。田中さんは？

女：弟と比べて、私のほうがよく勉強します。

2.
女：今年は雨の量が多いですね。

男：そうですね。でも、一昨年や去年に比べて少ないほうですよ。

女：へえ、そうですか。じゃ、一昨年と去年はどちらがもっとすごかったんですか。

男：一昨年ですね。

3.
女：亮君は勉強している？

男：全然、最近テレビばかり見ている。

女：注意してあげたら？

男：全然聞いてくれないよ。

4.
男：田中さんの家にはスマートフォンに関する規則がありますか。

女：特にありません。

男：いいですね。うちはルールが多いんですよ。そして、厳しいんですよ。

女：そうなんですか。

5.
男：この新しい携帯はいいですね。

女：そうですね。軽くてかわいいです。

男：何か欠点がありますか。

女：欠点と言えるかどうか分かりませんが、値段は結構高いですね。

二、

1. 人生は苦しいことに比べて、楽しいことのほうが多いかもしれません。

2. 隣に住んでいる夫婦は、犬の自慢ばかりしています。

3. 食べてばかりいると、太りますよ。

4. 李さんは友達に誘われて、相撲を見に行きました。

5. この犬は小さいのに、大きな耳をしていてかわいいです。

6. 試験の説明に関して、何か質問がありますか。

7. 成績に関する質問はここでは答えません。

8. 新しい知識を学ぶ一方で、学んだ知識を復習することも大事です。

三、

　700人の大学生を対象にインターネットでアンケート調査をしました。80%の人が自分のコンピューターを持って、30%が今度の夏休みに旅行をすると答えました。一方、75%の人は、授業以外の時間を使って家庭教師をしたりお店で働いたりしています。その理由について、35%の人が洋服やカバンなどを買うためだと答えました。25%の人が社会勉強のためだと答えました。

ステップ3とステップ4

一、

1.

　男：地震が起きた時、教室にいましたか。

　女：はい、授業中でした。李さんは？

　男：私は運動場で運動していました。あまり地震を感じませんでした。

2.

　男：陳さん、昨日の地震は何時何分に起きたのですか。

　女：夜の11時22分です。

　男：そうですか。ぼくは昨日10時にもう寝てしまいました。

　女：あっ、違います。止まったのは11時22分で、揺れはじめたのは11時18分でした。

3.

　女：田中さん、咳がひどいですね。どうしたのですか。

　男：ええ、風邪をひいてしまったんです。

　女：すぐ家に帰って休んでください。

　男：はい、家でちょっと様子を見ます。

4.

　女：曹さんの夢は何ですか。

　男：小さい時はサッカー選手になりたかったんです。でも、高校の時から歌手になりたいと思うようになりました。

　女：そうですか。今も？

　男：はい、ぼくは夢を実現できるように頑張ります。

5.

　男：鈴木さん、いつもみかんをどのように食べていますか。

　女：そのまま食べますよ。田中さんは？

　男：ぼくはいつもみかんジュースにします。

　女：そうなんですね。お風呂に入れる人もいますね。

二、

1. 日本の高校では授業の後や休みの日に部活動が行われています。

2. 部活動を通して、一生の友達ができる人も多いです。

3. 速く走れ！スピードが落ちているぞ！

4. 皆さんはその料理の名前の由来を知っていますか。

5.「昆布」が「喜ぶ」と掛け言葉だからです。

6. 幼稚園の建設に反対するニュースを見て、びっくりしました。

7. 帰国することになったので、お礼の食事会をしたい。

8. 私を支えてくれる家族のために、大学に合格しなければなりません。

三、

　9月に九州の友達に会いに行こうと思っています。東京から九州の福岡まで新幹線でだいたい5時間半かかります。チケットは2万円ぐらいです。飛行機の場合、1時間半かかって、チケットは3万円ぐらいです。このように、飛行機は新幹線より高いですが、出発時間によって飛行機の安いチケットを買うこともできます。値段はもともとの値段の4割引きです。だいたい、1.8万円です。新幹線よりも安いです。いろいろ考えて、今回は割引のチケットを買って飛行機で行くことに決めました。とても楽しみです。

第10課　お小遣い

ステップ1とステップ2

一、

1.

　男：佐藤さんは小学生の時、毎月のお小遣いはどれぐらいでしたか。

　女：確か500円ぐらいでした。鈴木さんは？

　男：私は600円でした。ちょっとほかの人にも聞きましたが、一番多くもらっていた人は800円で、一番少なかった人は300円でした。

　女：そうなんですか。

2.

　女：お金を管理する能力はすごく大事だと思います。

　男：そうですね。でも、ぼくはお金の管理を勉強したことがないので苦手ですよ。

　女：この本を読むといいです。

　男：ありがとうございます。

3.

　女：仕事を休むんだったら、もっと早く言うべきです。

　男：すみません。さきほど家から連絡があって……

　女：急に言われても無理ですよ。

　男：分かりました。今日は普通通り出勤して、明日から休みます。

　女：そのようにお願いします。

4.

　女：今日は、高校の時の友達にお金を貸してくれって頼まれた。

　男：どれぐらい？

　女：20万。

　男：貸してあげた？

女：私もそんなお金はないから、助けてあげたくてもできないんですね。

5.

男：レストランの人に聞いてみたけど、予約のキャンセルはできないって。

女：えっ、そうなんですか。じゃ、キャンセルではなく、時間を変えてもらえませんか。

男：どのように変えたいですか。

女：例えば、土曜日夜7時の予約を日曜日の同じ時間に変えるとかできないでしょうか。

男：聞いてみます。

二、

1. うちはお金に関するルールが厳しいです。

2. このズボンは二つのポケットがあります。

3. 私たちは貧しい人を助けるべきですよ。

4. 多くの国民はこの意見に反対します。

5. 田中さんはすぐ来るって言っていますよ。

6. 毎月のお小遣いは何に使っているの？

7. 最近、お金が足りなくて困っています。

8. アルバイトは、大学生になるまでできない。

三、

　日本に来て3ヵ月が経ちました。今、やっと落ち着いてきました。最初の1か月は、生活で大変でした。幸い、1か月ぐらい経って、だいぶ慣れてきました。その後、生活面では問題はありませんでしたが、学校の勉強は大変でした。毎日、授業の予習と復習と宿題ばかりで、遊びに行く時間もありませんでした。でも、今は学校の授業にも慣れました。先週、試験がありましたが、満点でした。せっかく日本にやってきたのだから、友達を作ってもっと充実した留学生活を過ごしたいと思います。

ステップ3とステップ4

一、

1.

男：李さんはどんなことにお小遣いを使っていますか。

女：お菓子と文房具。田中さんは？

男：ぼくは映画のチケットと昼食です。

2.

男：アンナさん、お帰り。

女：山田さん、お久しぶりです。

男：アンナさんのご家族はお元気ですか。

女：ええ、おかげさまでとても元気です。

3.

女：田中さん、一人暮らしをしたことがありますか。

男：ぼく自身はありません。でも、兄は東京で一人暮らしをしています。

女：一人暮らしは自由でいいですね。

男：そうですね。でも、お金がかかりますよ。そして、家事と料理、全部自分でやらなければなりません。

4.

女：山本さんは小学生の頃、家事をしましたか。

男：ええ、食事の準備とか、お風呂の掃除とか、たくさんしましたよ。

女：すごかったんですね。

男：そのおかげで、今、家事をするのは全然苦労していません。

5.

女：王さんは携帯を使って主に何をしますか。

男：ゲームをすることです。林さんは？

女：私は映画を見ることですね。でも、調査によると、友達と情報交換をするのが一番多いんだって。

男：そうなんですか。

二、

1. 私自身、今までほかの人のためにお金を使ったことはありません。

2. 私は、インターネットである中学生が書いた作文を読んで感動しました。

3. おばあさんは、毎月2千円ずつ継続的に被災地に募金を送っていました。

4. 私はお年玉をもらったことがありますが、一度しかもらっていません。

5. 1回人を助けただけで満足してはいけません。

6. 困った友達を助けなかったことを後悔しています。

7. 私は砂漠を緑にする夢がきっと実現すると信じています。

8. 今度の夏休みに故郷に帰らないつもりです。

三、

　この調査は290校の小学校・中学校・高等学校のご協力を得て、50,149名の児童・生徒に参加してもらいました。お金に関する意識をみると、「お金をたくさん貯めたい」と思っている児童・生徒は7〜9割を占めています。「お金よりも大事なものがある」と思っている児童・生徒は7〜8割を占めています。また、中学生・高校生の7〜8割が「お金はコツコツ働いて貯めるものだ」と思っています。

第11課　自然災害への対応

ステップ1とステップ2

一、

1.

女：鈴木さんは毎日朝ご飯を食べますか。

男：たまに朝ご飯を食べないことがあります。

女：どうしてですか。

男：時々朝寝坊をするから。

2.

女：亮君、明日、友達が家に来るので、部屋を片付けておいてください。

男：何時に来ますか。

女：午前中は試合を見に行きます。それが12時に終わります。で、その後は外で食事をしますから、だいたい2時までおしゃべりをすると思います。その後、うちに来ます。

男：はい、分かりました。

3.

女：必要なだけ取っていいですよ。

男：ほんと？雑誌2冊と本3冊でいいですか。

女：どうぞ。どうぞ。この辞書もどうぞ。

男：よかった。ありがとうございます。

4.

女：中村さん、新しい仕事はどうですか。

男：夜遅くまで仕事をして、疲れて眼鏡をかけたまま寝てしまうことがあります。

女：そうなんですか。体に気を付けてください。

男：ありがとうございます。

5.

女：田中さん、日本語のイントネーションは重要ですか。

男：もちろん重要です。

女：どうしてですか。

男：イントネーションを間違えると、相手に誤解されることがあります。

二、

1. 頭を守りながら、安全な場所に逃げましょう。

2. 家の近くの安全な場所を調べておいてくださいね。

3. ビルの近くにいると、上からガラスなどが落ちてくることがあります。

4. 大きな地震が起きると、電車やバスがよく止まります。

5. テレビ、ラジオ、インターネットなどで正確な情報を調べてみてください。

6. 丈夫な建物を見つけて、できるだけ上の階に逃げましょう。

7. 津波は強い力を持つので、人が流されることがあります。

8. 2m以上の津波が来た場所では、70％の建物が壊れてしまいました。

三、

　　昨日寝ているときに地震がありました。私は今まで地震を経験したことがなかったので、どうしたらいいか全然分かりませんでした。幸い、その地震はすぐ止まったので問題はありませんでした。後で分かったのですが、地震が起きたら、まず自分の安全を守ります。部屋にいる時、テーブルの下に入ります。火がついていたら、火を消します。ドアが閉まっていたら、開けるようにします。

ステップ3とステップ4

一、

1.

男：北京から天津（てんしん）まで高速鉄道でどれぐらい時間がかかりますか。

女：40分ぐらいかかります。

男：速いですね。

女：そうですね。20年前は普通の列車で2時間半かかりました。

2.

男：参加者がどれぐらい来るのか分かったら、教えてください。

女：予定は100人ですが、昨日までの申し込みは120人です。

男：今日はもっと増えるでしょう。

女：ええ、150人を超えると思います。

3.

女：王さん、東北料理を食べたことがありますか。

男：もちろんです。ぼくは東北出身ですから。

女：じゃ、ここの福建料理と比べてどうですか。

男：そうですね。福建料理は味が薄いですね。福建料理と比べて、東北料理は味が濃いです。

4.

女：柳（りゅう）さんは本当に足が速いですね。

男：昔、スポーツ選手でした。

女：すごいですね。知りませんでした。

男：でも、昔と比べて、スピードが落ちたのですよ。

5.

女：田中さんのテニスは最近うまくなりましたね。

男：ええ、毎日2時間練習しています。

女：本当に練習すればするほど上手になります。私も練習に力を入れましょう。

二、

1. 昆明（こんめい）まで飛行機でどれぐらいかかりますか。

2. このレポートを完成するまで、1か月かかりました。

3. 蘭さんの家は庭が広いので、羨ましいです。

4. 姉は髪が長いです。

5. 駅に近ければ近いほど、値段が高いんです。

6. 陸地に近いほど、波が高くなりますよ。

7. このゲームはやればやるほど、面白くなります。

8. この問題は考えれば考えるほど、難しく感じます。

三、

スポーツクラブ（健身倶楽部）は運動するために行くところです。しかし、私の父にとってそれ以上の場

所でした。父は半年前に骨が折れて、体が弱くなりました。幸い、友達に誘われて、近くのスポーツクラブに通い始めました。すると、ただ1ヶ月で全く違う人のように元気になりました。若い人たちと同じ場所で運動したり、同じくらいの年の仲間と一緒に頑張ったりするのはスポーツクラブだからできることです。私は今心から父の通っているスポーツクラブに感謝しています。

第12課　美しい地球を守ろう

ステップ1とステップ2

一、

1.

　女：この工場の商品制作の基準はありますか。

　男：もちろんありますよ。国の安全基準に沿って、商品が作られています。

　女：では、その基準を教えてください。

　男：ほら、壁に張ってありますよ。

2.

　女：この新しい政策の目的は何ですか。

　男：環境を守るためです。

　女：じゃ、どのように実施すればいいですか。

　男：政府の方針に沿って実施すればいいです。

3.

　女：あの、すみません。駅までどれぐらいかかりますか。

　男：歩いて行きますか、バスで行きますか。

　女：歩いて行きます。

　男：この道に沿って歩いていけば、40分ぐらいで着きます。

　女：少し遠いですね。

　男：バスで行けば、10分しかかかりません。

4.

　女：中村さん、昨日はどれぐらい走りましたか。

　男：川に沿って2時間ほど走りました。

　女：走ってみてどうでしたか。

　男：とても気持ちよかったです。夜はよく眠れました。

5.

　男：来週の運動会はどうしますか。

　女：クラスのみんなで決めた計画に沿って、準備を進めていきます。

　男：そうですか。じゃ、頑張ってください。

二、

1. 朝早いから混んでいないと思ったが、実はとて混込んでいた。

2. 母は美しい景色を見て、「きれいですね」と言いながら、写真を撮ってばかりいた。

3. 日本人形が置かれている部屋に、特に興味があったらしい。

4. 途中で雨が降ってきたので、傘をさして道を歩いた。

5. 石庭（せきてい）は細かい白い砂と15個の大きな石（こま）でできている。

6. 白い砂は海を表（あらわ）し、大きな石は島を表（あらわ）していると言われている。

7. ホテルに戻ろうと思ったが，雨がやんだので嵐山（あらしやま）へ行った。

8. 修学（しゅうがく）旅行は小学校、中学校、高校のすべての生徒が参加する旅行のことだ。

三、

　　昔の日本では、何でも直して使ったり、再利用したりするリサイクル社会が発達していました。では、どうして今ゴミについて問題視されているのでしょうか。技術が発達し、便利な時代になったと同時に、電気製品をよく買い替（か）えたり、商品を必要以上に包んだりすることが増えてきました。また、使い捨て商品も増えてきました。生活用品など安い値段で買えるものが増えたことで、ものを大切にしなくなったのが原因として挙げられています。

ステップ3とステップ4

一、

1.

　　男：1年前になくなった本がたんすの中から出てきました。

　　女：よかったですね。

　　男：図書館から借りた本なので見つからなかった時、大変でしたよ。

　　女：その時、どうしたのですか。

　　男：仕方なく新しい本を買って図書館に返したんですよ。

2.

　　男：まだ1時間ぐらい時間があるので、コーヒーでも飲みましょうか。

　　女：いいですよ。佐藤さんはコーヒーが好きですか。

　　男：ええ、一日に4、5杯も飲んでいます。

　　女：そうですか。私はたまにしか飲まないんです。

3.

　　女：昨日、母に餃子を作ってもらったんです。

　　男：そうですか。お母さんはよく餃子を作りますか。

　　女：ええ、うちでは週1回作りますね。でも、私は去年の9月に大学に入ってからあまり食べられなくなりました。だいたい月に1回ぐらい食堂で食べるんです。

4.

　　女：昨日、山田さんに日本語の歌を教えてもらいました。

　　男：そうですか。どうでしたか。

　　女：日本語の歌は美しかったんですが、なかなか覚えることができません。そして、山田さんはとても厳しかったです。

　　男：えっ？あんなに優しい山田さんが歌を教える時、厳しいんだって？ちょっと信じられませんね。

女：本当ですよ。

5.

　　女：中学生のあなたが、その問題が解けたとはすごいですね。

　　男：すぐ解けたのではなく、1週間考えて解けたのですよ。

　　女：それでもすごいですよ。

　　男：ぼくの弟は、1日で解けたのですよ。

　　女：それはもっとすごいですね。私なら、多分1か月かけても解けないと思います。

二、

1. 私はこれからも毎年「アース・アワー」に参加しようと考えています。

2. みんな省エネについて考えることが大事です。

3. 私たちには、地球の環境を守る責任があります。

4. 「低炭素生活」を行うために、一人ひとりの努力が必要です。

5. この頃、時々、喉が痛くなったり、ちょっとせきが出たりするんです。

6. 北海道は、冬、寒くて雪が多いところです。

7. その雪を利用して、毎年2月の初めに「さっぽろ雪まつり」が行われます。

8. タイ料理のレストランでアルバイトをしています。

三、

　　人は昼間、活動している時、体温が高くなり、夜休む時は、体温が低くなります。人は体温が下がると、眠くなるのです。この体温の変化を助ける方法の1つが、お風呂に入ることです。温かいお風呂に入ると、体が温まってきます。体が温まれば、血管が広がります。そうすると、お風呂から出た後には、体から熱がどんどん逃げていきます。そのため、体温が下がります。つまり、お風呂に入ることで眠りやすくなるというわけです。だから、寝る前にお風呂に入ってください。

▌第三単元总结

ステップ1とステップ2

一、

1.

　　女：高橋さん、携帯料金はどこが安いか知っていますか。

　　男：夏休みに携帯を売るお店でアルバイトをしていたので知っていますよ。

　　女：ぜひ教えてください。

　　男：通話時間無制限の場合、A社は7315円で、B社は7238円で、C社も7238円で、D社は3278円です。

　　女：ええ、そんなに違いますか。

　　男：ええ、ほとんど知られていませんね。

2.

　　男：携帯電話に対して、これまで一番薄いものが求められてきました。

　　女：そうですね。小さくて軽いものがほしいですね。

男：でも、今はそれだけでなく、機能の高いものが求められてきています。

女：機能の高いものとは？

男：インターネットが使えることです。例えば、テレビは見られて当然、オンライン会議に出られて当然、ネットショッピングができて当然になってきているんです。

女：そうですか。

3.

男：森さん、日本人のお小遣いは平均してどれぐらいですか。

女：給料の10％です。例えば、給料は20万円だと、お小遣いは2万円です。

男：それはちょっと少ないですね。

女：ええ、給料の35万円の人はお小遣いが3.5万円が多いようです。ボーナスの時、また少しもらえる人が多いです。

男：それはいいですね。

女：2019年の調査によると、平均して3万6747円だそうです。

4.

女：ある調査によると、男の人がお小遣いを一番使うところはお昼です。

男：ええ、弁当を持って行くんじゃないですか。

女：弁当を持って行く人もいますが、平均的に見れば、お小遣いの40％以上を毎日の昼ご飯で使ってしまっている結果になっています。

男：そうなんですか。じゃ、2番目は何ですか。

女：携帯電話の料金です。

5.

女：8月5日に台風が来て大雨になりました。

男：被害はひどかったんですか。

女：ニュースによると、2棟の建物が完全に壊されたそうです。

男：かなりひどかったんですね。怪我をした人がいましたか。

女：亡くなった人は1人です。

男：大変でしたね。

二、

女：京都は、今日とても暑くて、熱中症の危険性が極めて高いことが予測されます。

男：そうなんですか。外に出ようと思っているところなんです。

女：今日は、なるべく出かけないほうがいいと思います。

男：そうですね。

女：できるだけ部屋を涼しくしてください。

男：運動はだめですか。

女：そうですね。運動もしないほうがいいと思います。とても暑いですから、気を付けてください。

三、

（一）

私は中学時代不登校でしたが、この学校で過ごした3年という歳月で自分の気持ちに整理をつけることがで

きました。去年、大学を卒業して、会社に入ることができ、さらに自分を磨きながら頑張りたいと思います。

（二）

高校生活を通じて、悩みながらも目標を持つことができ、やるべきことに対して真摯に向き合う姿勢を身につけることができました。現在では介護関係の仕事に就き毎日頑張っています。

（三）

地球環境高校に転校し、アルバイトをして、お金を貯めて、念願の語学留学をしました。現在は英語の知識をさらに広げるため大学に通っています。将来は、国際会議で活躍できるような人材になりたいです。